新世纪研究生教学用书·会计系列

含

MPAcc、MAud
及MBA、EMBA财会方向

U0674810

财务会计学

Financial Accounting

王冬梅 主编

东北财经大学出版社 大 连

Dongbei University of Finance & Economics Press

图书在版编目（CIP）数据

财务会计学 / 王冬梅主编. —大连：东北财经大学出版社，2022.6
（新世纪研究生教学用书·会计系列）
ISBN 978-7-5654-4514-9

Ⅰ. 财… Ⅱ. 王… Ⅲ. 财务会计–研究生–教材 Ⅳ. F234.4

中国版本图书馆CIP数据核字（2022）第068052号

东北财经大学出版社出版
（大连市黑石礁尖山街217号 邮政编码 116025）
网 址：http：//www.dufep.cn
读者信箱：dufep@dufe.edu.cn
大连图腾彩色印刷有限公司印刷 东北财经大学出版社发行
幅面尺寸：170mm×240mm 字数：401千字 印张：19
2022年6月第1版 2022年6月第1次印刷
责任编辑：王 莹 刘晓彤 责任校对：王 筱
封面设计：张智波 版式设计：钟福建

定价：42.00元

教学支持 售后服务 联系电话：（0411）84710309
版权所有 侵权必究 举报电话：（0411）84710523
如有印装质量问题，请联系营销部：（0411）84710711

前　言

　　早在十年前，东北财经大学出版社就邀请我编写一本适用于MBA学生的财务会计学教材。由于当时了解到财政部正在酝酿修订多项具体会计准则，故将编写计划延迟至今。自2017年起，财政部修订并发布了多项具体会计准则，并规定实务界分梯次实施，例如，2017年实施的政府补助准则，2019年非A+H股内地上市公司实施的三项新金融工具会计准则，2020年实施的新收入准则，2021年实施的新租赁准则等。至此，会计规范趋于稳定，所以，编写一本财务会计学教材的计划提上了日程。中国科学院大学采用的是院所（研究院、研究所）融合、科教融合的办学模式，科研力量一如既往的强大，但在组织教材编写和出版方面还有许多值得努力的空间，学校和二级学院都十分鼓励任课教师尤其是讲授专业课多年的教师编写适合自身课程的教材。我所讲授的一门学术型硕士专业核心课"财务报表阅读与分析"于2019年入选校级优秀课程和院级精品课程建设项目，所编写的一本教材《会计报表分析经典案例解读》获得中国科学院大学教材出版中心资助并于2020年6月出版。本教材是由中国科学院大学经济与管理学院资助的，是MBA核心课教材系列之会计学教材。

　　本书包括17章内容。其中，第1~4章讲述了会计学原理，包括会计要素、会计平衡公式、借贷复式记账法、结转分录、明细分类核算、账项调整和实务中的会计循环。第5~6章讲述了利润表上主要项目和利润分配过程的会计核算，其中的重点和难点是收入的确认和计量。第7~12章讲述了资产负债表上主要项目的会计核算，其中的金融资产和长期股权投资既是重点也是难点。第13章讲述了现金流量表，包括概述和编制两个部分，其中的间接法编制经营活动现金净流量是重点和难点内容。第14~15章实际上属于高级财务会计内容，其中，第14章讲述了合并报表及其抵销分录的编制，第15章讲述了高级财务会计的两个专题——股份支付和所得税的核算，这两章内容任课教师可以根据课程梯次决定是否讲授，或详讲或略讲。第16~17章关于会计报表分析内容，其中，第16章讲述了基本的财务比率、杜邦模型和合并倍数分析法，第17章以中国铁建股份有限公司（简称中国铁建）为例讲述了如何通过报表分析来诊断企业债务风险，其是关于报表分析具体应用的一个示例。

作为专业教材，其最基本的要求是无遗漏地覆盖一门课程的全部内容，而详略可由编者决定，本书也不例外。除此之外，本书还有以下三大特色：其一是注重实际操作。如第4章具体展示了如何使用"用友畅捷通"来完成一个会计循环，以便初学者建立起对会计工作的感性认识。其二是注重思政课堂的设计并关注企业实践。如本书设计有正文拓展型、课后政策思考和课程思政案例等形式的思政课堂教学单元，其中涉及多家实体企业，选题包括中科曙光的研发投入、可转换公司债券，全聚德的现金流量是否会断流，云南白药的金融资产投资损失及其影响、股份支付及对盈利业绩的影响等。其三是注重将编者的最新研究成果融入教材的有关章节。如第8章专辟一节综述了实体企业金融化的研究文献，并提出了几个亟待解决的关键问题及其解决方案。这部分研究成果得到了中国科学院大学数字经济监测预测预警与政策仿真教育部哲学社会科学实验室（培育）基金资助。

本书适合于会计专业本科生、学术型硕士研究生选作专业课"财务会计"的教材。鉴于本书将案例分析与思政课堂相融合，并且案例丰富，所以，本书也适合作为MBA、EMBA和金融专硕作为核心课"会计学"的教材。本书亦可作为"财务会计"课程的参考用书。

本书是在王冬梅多年讲授学术型硕士研究生专业核心课"财务会计"和MBA核心课"会计学"所积累的课件内容基础上，经过整理、加工、更新和完善而成的。本书的编写分工如下：第1～3章、第8章、第13章、第16章由王冬梅编写；第4章由王莉丽、王冬梅编写；第5～6章由刘松培、王冬梅编写；第7章、第9～12章、第14章由王冬梅、王虹霄编写；第15章由王冬梅、李志伟编写；第17章由邹程程、王冬梅编写。本书每章的练习题库，以及综合练习题和思政课堂均由王冬梅设计。最后，本书由王冬梅负责统稿和定稿。

虽然编者在本书编写过程中始终保持认真严谨的态度，但错误和疏漏之处难免，恳请读者批评指正，以利本书将来可能的修订。

编　者
2022年5月

课程思政元素

本书课程思政元素的设计立足于培养学生的专业精神、职业道德、质疑精神、风险意识、谨慎态度、客观公正和求实精神，贯彻对投资者的保护意识和对投资者的教育，并彰显我国上市公司在大国复兴进程中的家国情怀和时代担当，以及我国政府部门和企业既具有与时俱进的精神又具有一定的前瞻性的积极方面。栏目设计包括政策思考、案例分析和正文拓展等类型，所覆盖的知识点有借贷复式记账法、会计平衡公式、收入确认方法的选择、坏账准备的计提与转回、交易性金融资产、研发投入、可转换公司债券转股、预计负债、永续债、现金流量表和股份支付，具体如表1所示。在表1中，通过思考题将财务会计学的专业知识无缝融入课程思政环节，目的在于提高本科生、研究生明辨是非、缘事析理的能力，立足培养德智体美劳全面发展的高级专业人才。

需要说明的是，财务会计学专业性很强，深入挖掘的话，思政元素会非常丰富。本书所提供的只是依据编者的经验和积累呈现出来的一部分，仅供各位同行参考，不当之处敬请批评指正。

表1 　　　　　　　　　　　　　　　　**财务会计学课程思政设计**

序 号	栏目类型	覆盖的专业知识点	思考题	思政元素
1	政策思考型	借贷复式记账法、会计平衡公式	1.我国财政部决定采用借贷复式记账法和会计平衡公式有何积极意义？ 2.我国在会计改革的进程中如何处理好保持中国特色和顺应时代潮流之间的关系？	与时俱进
2	政策思考型	收入确认方法的选择	1.黄山旅游自2013年起园林开发业务和索道及缆车业务的收入即改按净额法确认，与新收入准则的要求一致且具有超前性。这是否归因于黄山旅游上市时间较早，管理较为规范？ 2.黄山旅游部分业务收入确认采用净额法与新收入准则所提的净额法是一样的吗？	中国企业的超前意识

序　号	栏目类型	覆盖的专业知识点	思考题	思政元素
3	案例分析型	坏账准备的计提与转回	1.得润电子真的谨慎吗？ 2.得润电子2019年有没有"利润大洗澡"行为？	谨慎性原则、职业规范
4	案例分析型	交易性金融资产	1.投资者的质疑和上市公司的官方回应，你觉得哪个更可信？ 2.结合本书第8章中8.6节的论述，你觉得云南白药过度金融化了吗？ 3.云南白药的金融化行为与股权激励计划的实施有关联吗？其目的是达到股权激励的业绩门槛吗？ 4.云南白药的金融化行为与大股东陈发树被誉为"股神"的金融背景有关吗？ 5.云南白药官方回应，其投资交易性金融资产的出发点是提高资金的使用效率，其金融化行为并未挤出研发投入，也未影响主业发展壮大，主业依旧稳健，你觉得可信吗？	投资者教育、质疑精神、风险意识
5	正文拓展型	研发投入	1.如何衡量研发强度？ 2.研发投入资本化的比重代表什么？如何衡量高科技企业的研发实力？ 3.中科曙光如何应对美国商务部将其列入"实体名单"？	大国复兴、时代担当、家国情怀
6	正文拓展型	可转换公司债券转股	1.中科曙光于2020年提前完成可转债转股和剩余债券的赎回，是否为了避免利息费用的支付从而提高企业的盈利业绩如营业利润？ 2.中科曙光的这一行为是否构成了盈余管理？	求实精神
7	案例分析型	预计负债	1.金风科技产品质量保证金的计提是否合理？其是否存在操纵利润的嫌疑？请从占风机销售收入的相对比例和占营业利润的相对比例的角度来判断。 2.金风科技预计负债中的资产弃置费用是什么资产的弃置所造成的？这部分预计负债的估计是否合理？ 3.金风科技计提大额预计负债遵从了什么会计原则？	谨慎性原则、风险意识、质疑精神、会计精神

序　号	栏目类型	覆盖的专业知识点	思考题	思政元素
8	政策思考型	永续债	1.永续债这种融资工具对投资者有何实质性保护？投资者持有永续债的回报仅限于因触发强制付息条款而支付的利息吗？ 2.金风科技因发行永续债对降低资产负债率有明显的效果吗？ 3.永续债最终会演变成一种国企和央企降杠杆的制度红利吗？	风险意识、投资者保护意识、投资者教育
9	案例分析型	现金流量表	1.全聚德后续年度真的会有现金断流的风险吗？ 2.如果全聚德发生现金断流的情况，应通过何种渠道融资或处置何种资产获取资金？	风险意识、专业精神
10	案例分析型	股份支付	1.云南白药的股份支付对其盈利业绩的影响应该被剔除吗？ 2.云南白药的股权激励计划起到应有的激励作用了吗？ 3.云南白药的股权激励计划促进其价值的提升了吗？	客观公正、职业道德

目　录

第 1 章

会计要素与会计平衡公式

【学习目标】

通过本章的学习，您应该：（1）能够识别资产负债表上的会计要素并理解资产负债表上的会计平衡公式；（2）能够识别利润表上的会计要素并理解利润表上的会计平衡公式；（3）能够理解为什么只需要资产负债表上的会计平衡公式且会计平衡公式是一个恒等式。

● 1.1 资产负债表要素与会计平衡公式

1.1.1 资产负债表要素

表1-1是中科曙光2017—2020年的合并资产负债表。

表1-1　　　　　　　　　中科曙光（603019）资产负债表　　　　　　　　单位：万元

项　目	2020年12月31日	2019年12月31日	2018年12月31日	2017年12月31日
货币资金	822 412.06	289 149.51	201 840.86	251 671.40
交易性金融资产	—	8 000.00	—	—
应收票据	9 396.24	36 414.53	14 366.66	33 519.62
应收账款	209 665.60	182 128.40	253 032.91	205 140.64
应收款项融资	—	59.83	—	—
预付款项	25 127.78	15 198.05	31 711.51	32 613.96
其他应收款	19 963.93	70 092.20	39 164.13	33 561.81
存货	278 052.21	337 645.47	232 901.14	128 572.48
合同资产	675.17	—	—	—

续表

项　目	2020 年 12 月 31 日	2019 年 12 月 31 日	2018 年 12 月 31 日	2017 年 12 月 31 日
其他流动资产	63 344.91	49 216.12	40 291.26	21 763.73
流动资产合计	1 428 637.90	987 904.11	813 308.47	706 843.64
可供出售金融资产	—	—	615.00	615.00
长期股权投资	304 419.62	213 635.47	228 567.75	82 513.68
其他权益工具投资	639.33	430.54	—	—
固定资产	140 069.89	149 230.26	126 628.72	108 090.95
在建工程	16 541.89	14 064.90	10 955.96	6 925.45
无形资产	102 538.06	91 651.56	31 662.37	36 242.67
开发支出	23 206.14	13 299.59	51 725.76	30 031.10
商誉	427.65	427.65	427.65	5 728.30
长期待摊费用	3 801.69	3 478.32	5 659.50	2 659.78
递延所得税资产	9 321.47	8 778.22	8 244.68	4 967.59
其他非流动资产	66 794.27	194 027.50	38 934.62	24 127.26
非流动资产合计	667 760.01	689 023.99	503 422.01	301 901.79
资产总计	2 096 397.91	1 676 928.10	1 316 730.48	1 008 745.42
短期借款	—	78 105.94	235 452.80	280 735.30
应付账款	179 432.55	293 353.51	218 638.35	190 332.30
预收款项	2 844.27	113 524.18	43 355.92	45 678.44
合同负债	133 530.36	—	—	—
应付职工薪酬	14 857.46	15 688.23	10 097.92	5 581.72
应交税费	10 879.31	9 292.41	9 983.02	6 450.53
其他应付款（合计）	2 857.60	2 509.23	4 944.61	3 917.38
其中：应付利息	—	—	765.76	547.58
一年内到期的非流动负债	7 038.05	73 384.35	—	2 000.00
其他流动负债	17 073.36	—	—	—
流动负债合计	368 512.96	585 857.85	522 472.62	534 695.67

项　目	2020年12月31日	2019年12月31日	2018年12月31日	2017年12月31日
长期借款	50 000.00	7 000.00	73 000.00	30 000.00
应付债券	—	98 274.82	93 662.73	—
长期应付款（合计）	185 918.36	381 943.20	105 700.19	36 353.52
预计负债	5 312.84	—	—	—
递延收益	209 500.43	139 154.35	111 354.43	63 066.14
递延所得税负债	496.75	2 570.18	5 482.69	1 132.24
其他非流动负债	81 172.14	—	—	—
非流动负债合计	532 400.53	628 942.56	389 200.04	130 551.89
负债合计	900 913.49	1 214 800.40	911 672.67	665 247.56
实收资本（或股本）	145 072.90	90 030.90	64 302.40	64 302.40
其他权益工具	—	16 239.26	16 279.43	—
资本公积	772 250.17	145 086.74	170 139.52	157 141.24
其他综合收益	697.89	2 202.89	1 463.67	218.02
盈余公积	18 234.75	12 800.08	9 935.17	7 269.35
未分配利润	226 622.99	166 021.42	119 733.55	85 746.64
归属于母公司股东权益合计	1 162 878.70	432 381.28	381 853.74	314 677.64
少数股东权益	32 605.72	29 746.42	23 204.07	28 820.22
所有者权益（或股东权益）合计	1 195 484.43	462 127.70	405 057.81	343 497.87
负债和所有者权益（或股东权益）总计	2 096 397.91	1 676 928.10	1 316 730.48	1 008 745.42

资料来源：根据新浪财经披露的上市公司年报整理而得。

从表1-1可以看出，其大类项目包括资产、负债和所有者权益，通常称之为资产负债表上的会计要素。这些大类项目还可以进一步细分，如资产可以细分为流动资产和非流动资产，负债可以细分为流动负债和非流动负债。如果再进一步细分的话，就是报表上看到的一个个的项目。报表项目又可以再细分为最基本的单元，这就是账户了。所以，可以这样理解：报表项目就是会计账户经过运算而形成的，如合并或分列。例如，存货项目可以是原材料、库存商品、低值易耗品和包装物等合并而成的，当然还需要进行账实核对和财产清查等环节才能列示在报表上。下面就对资产负债表上的三大要素进行会计意义上的界定。

1）资产要素

资产是指过去的交易或事项形成并由企业拥有或控制的资源，该资源预期会给企业带来经济利益的流入。资产具有如下特点：其一，能够给企业带来经济利益；其二，为企业所拥有，或者即使不为企业所拥有，但也要为企业所控制；其三，资产都是企业在过去的交易或事项中获得的。只有过去的交易或事项才能增加或减少企业的资产，不能根据谈判中的交易或计划中的经济业务来确认一笔资产。如表1-1所示，2020年12月31日，中科曙光的应收账款为209 665.60万元，即表示该公司过去发生赊销业务而形成的应收债权的金额。资产确认的关键是看能否给企业带来未来的经济利益。

2）负债要素

负债是指过去的交易或事项所形成的现时义务，履行该义务预期会导致经济利益流出企业。负债具有如下特点：其一，是由过去的交易或事项所引起的、企业当前所承担的义务；其二，将要由企业在未来某个时日加以清偿；其三，为了清偿负债，企业往往需要在将来转移资产或提供劳务。关于负债要素的理解，对于会计初学者来说有一点至关重要，即会计意义上的负债，不是单指企业从银行或其他金融机构所获得的贷款，而是泛指一切尚未履行的义务。如表1-1所示，2020年12月31日，中科曙光的应付职工薪酬为14 857.46万元，即表示该企业截至当日尚有一笔义务没有清偿，而这笔义务的发生是因为职工为企业付出的劳动而形成的。所以，几乎没有企业在资产负债表上没有负债，零负债的企业是不太可能存在的。负债确认的关键是：与该义务有关的经济利益很可能流出企业，未来流出的经济利益的金额能够可靠地计量。

3）所有者权益要素

所有者权益是指企业所有者对企业净资产的要求权，其金额为资产减去负债后的余额。所以，所有者权益也被称为净资产。对于股份有限公司，所有者权益则被称为股东权益。从所有者权益的定义看，该要素是一个非独立要素，其来源有：所有者投入的资本、直接计入所有者权益的利得和损失及留存收益。如表1-1所示，2020年12月31日，中科曙光的未分配利润为226 622.99万元，即表示企业净利润经过分配之后的剩余利润历年滚存的金额，这个项目属于留存收益，自然就属于所有者权益。

1.1.2 资产负债表上的会计平衡公式

从表1-1可以看出，2017—2020年，中科曙光的资产负债表上的三大要素之间都满足这样一个关系：资产总计等于负债合计与所有者权益合计之和。这就是资产负债表上的会计平衡公式，如公式（1.1）所示。

资产=负债+所有者权益 (1.1)

● 1.2　利润表要素与会计平衡公式

1.2.1　利润表要素

表 1-2 是中科曙光 2017—2020 年的合并利润表。

表1-2　　　　　　　　　　中科曙光（603019）利润表　　　　　　　　　　单位：万元

项　目	2020 年	2019 年	2018 年	2017 年
一、营业总收入	1 016 113.38	952 647.04	905 687.95	629 422.34
营业收入	1 016 113.38	952 647.04	905 687.95	629 422.34
二、营业总成本	933 103.38	902 729.22	874 727.77	605 963.90
营业成本	791 274.97	742 354.08	739 902.96	519 814.50
税金及附加	3 579.81	3 517.28	3 680.91	3 252.15
销售费用	40 874.47	46 015.80	38 456.88	31 995.04
管理费用	22 266.66	22 761.62	19 931.54	15 591.68
研发费用	73 498.08	73 773.44	50 680.81	23 195.15
财务费用	1 609.38	14 307.00	14 030.11	8 348.04
其中：利息费用	5 479.08	17 865.80	16 913.50	10 212.76
利息收入	5 028.52	4 169.18	3 421.45	2 659.73
加：其他收益	30 567.86	22 243.53	15 659.43	6 713.32
投资收益	−3 952.42	11 426.33	−49.28	−2 201.59
其中：对联营企业和合营企业的投资收益	−4 873.21	6 776.02	−56.09	−2 211.59
以摊余成本计量的金融资产终止确认收益	−101.03	0	—	—
信用减值损失	−916.46	−3 476.55	—	—
资产减值损失	−4 939.98	−7 137.37	8 044.55	3 787.33
资产处置收益	283.70	−0.97	6 621.33	8 163.13
三、营业利润	104 052.70	72 972.78	53 191.65	36 133.31
加：营业外收入	1 726.07	1 672.60	693.83	1 083.07
减：营业外支出	526.03	594.28	171.57	89.22
四、利润总额	105 252.74	74 051.10	53 713.91	37 127.16
减：所得税费用	16 505.73	10 211.62	6 959.83	4 460.92
五、净利润	88 747.00	63 839.48	46 754.08	32 666.24
归属于母公司所有者的净利润	82 238.18	59 363.30	43 060.46	30 882.27
少数股东损益	6 508.83	4 476.18	3 693.62	1 783.97
六、其他综合收益的税后净额	−1 505.04	774.13	1 245.66	−1 202.27
七、综合收益总额	87 241.96	64 613.61	47 999.74	31 463.97
归属于母公司所有者的综合收益总额	80 733.18	60 137.43	44 306.12	29 680.00
归属于少数股东的综合收益总额	6 508.79	4 476.18	3 693.62	1 783.97
八、每股收益				
基本每股收益（元/股）	0.62	0.66	0.67	0.48
稀释每股收益（元/股）	0.62	0.66	0.67	0.48

资料来源：根据新浪财经披露的上市公司年报整理而得。

1）收入要素

收入是指企业在日常活动中形成的、会导致所有者权益增加的、与所有者投入资本无关的经济利益的总流入。这里需要注意的是：所有者向企业投入资本虽然也会导致经济利益流入企业，但不能作为收入确认。收入的发生会增加企业的资源，会导致所有者权益的增加。当然，最重要的是：有些交易或事项虽然也能为企业带来经济利益，但由于不是从企业的日常活动中产生的，就不属于企业的收入，而是作为利得确认。由此就形成了一组成对的概念：收入和利得。如表1-2所示，中科曙光2020年的营业外收入为1 726.07万元，就不属于收入，而属于利得。收入确认的关键是：只有在经济利益很可能流入从而导致资产增加或负债减少且经济利益的流入额能够可靠计量时，才能予以确认。

2）费用要素

费用是指企业在日常活动中发生的、会导致所有者权益减少的、与向所有者分配利润无关的经济利益的总流出。这里需要注意的是：向所有者分配利润虽然也有经济利益流出企业，但不能作为费用确认。费用最终将会减少企业的资源，会减少企业的所有者权益。当然，最重要的是：费用是企业在日常活动中所发生的资金耗费，非日常活动中发生的资金耗费不能作为费用确认，而是作为损失确认。同时，企业在日常活动中所发生的资金耗费如果能够对象化，则称之为成本。所以，成本与对象相联系，费用与期间相联系，费用和成本是为了取得收益而发生的，损失则不然，其是偶发性的。因此就形成了一组成对的概念：费用（包括成本）和损失。如表1-2所示，中科曙光2020年的营业成本为791 274.97万元，就属于成本的概念；所得税费用为16 505.73万元，则属于费用的概念；信用减值损失为916.46万元，则属于损失的概念。

3）利润要素

利润是指企业在一定会计期间的经营成果。利润包括收入减去费用后的净额、直接计入当期利润的利得和损失等。这里需要注意两点：一是利润为一个非独立要素，它可以通过收入减去费用（包括成本）再加上利得减去损失得出。二是利润的确认遵从总额观，不但包括前述收入要素减去费用要素之后的差额，还包括利得减去损失。所以，前后似乎有些矛盾。

1.2.2　利润表上的会计平衡公式

从表1-2可以看出，2017—2020年，中科曙光的利润表上存在一个做减法的公式如下：

收入-费用=利润　　　　　　　　　　　　　　　　　　　　　　　　（1.2）

这就是利润表上的会计平衡公式。

● 1.3　会计恒等式

通过细心观察可以发现，会计平衡公式（1.2）可以插入到公式（1.1）中，因为企业为所有者拥有，企业一定期间的经营成果自然属于所有者。这样，通常所说的会计平衡公式指的就是资产负债表上的会计平衡公式，其用英文表示如下（首字母缩写）：

A（Assets）=L（Liabilities）+OE（The Owners' Equity）　　　　　　　　（1.3）

下面我们要证明会计平衡公式是一个恒等式，因为只有恒等式才可以作为会计信息处理流程如设置账户、登记账户等的理论基础。

1.3.1　会计恒等式的证明过程

证明会计平衡公式是一个恒等式的过程其实非常简单，我们只要证明任何时候任何经济业务的发生都不会打破会计平衡公式就可以了。如表 1-3 所示，根据排列组合规则，会计平衡公式有四种情况、九种变化，所涉及的具体业务均没有影响会计平衡公式的成立。假设一家公司收到某位投资者的现金出资 300 万元，其中注册为股本的资金为 250 万元，剩余的 50 万元作为资本公积入账，就属于 "A+，OE+" 这种变化，其没有打破会计平衡公式；其他依此类推。所以说，会计平衡公式是一个恒等式。

表1-3　　　　　　　会计平衡公式的不同情况、变化及具体业务举例

情　况	变　化	具体业务举例
资产、负债和所有者权益内部有增有减，相互抵销	A+，A-	用现金支票购买零部件
	L+，L-	借新债还旧债
	OE+，OE-	资本公积转增股本
负债和所有者权益有增有减，相互抵销	L+，OE-	宣告现金红利的分配
	L-，OE+	债转股
资产与负债同增同减	A+，L+	从银行获得短期信用借款
	A-，L-	归还银行贷款本息
资产与所有者权益同增同减	A+，OE+	收到所有者现金出资
	A-，OE-	股份回购

1.3.2　对会计平衡公式的正确理解

为了建立对会计平衡公式的正确理解，需要注意以下两点：第一，会计平衡公式中的 A、L 和 OE 都是不断变动的，而不是静止不动的，其是在变动中达成新的平衡。换句话说，A=L+OE，无论在期初、期中还是期末都是成立的。如表 1-1 所示，2017—2020 年，中科曙光的资产总计分别为 1 008 745.42 万元、1 316 730.48 万元、1 676 928.10 万元和 2 096 397.91 万元，呈增长态势；同期，负债合计分别为 665 247.56

万元、911 672.67万元、1 214 800.40万元和900 913.49万元，呈先增后降趋势；同期，股东权益合计分别为343 497.87万元、405 057.81万元、462 127.70万元和1 195 484.43万元，呈增长态势。但各期资产总计都等于负债合计加上股东权益合计。第二，会计平衡公式的左边资产表示资金的占用形态，如占用在货币资金、存货、应收账款、固定资产乃至无形资产上的形态，会计平衡公式的右边负债和所有者权益表示资金的两大来源，如来源于短期借款还是长期借款或是股东出资。这只是同一笔资金不停地转换形态而已，不需要重复计算为两笔同等金额的资金。

【总结与结论】

本章结合中科曙光2017—2020年的资产负债表和利润表直观地界定了六大会计要素：资产、负债和所有者权益以及收入、费用和利润。在介绍利润表上的会计要素时，重点辨析了两组成对的概念：收入和利得；费用（成本）和损失。同时，指出通常所说的会计平衡公式就是资产负债表上的会计平衡公式，并证明了这是一个恒等式。最后，提请读者注意要正确地理解会计平衡公式。

【练习题库】

★ 思考题

1.若有企业高管声称自己的企业既无内债也无外债，你觉得可信吗？请说明理由。

2.表1-2中的其他收益属于收入吗？税金及附加属于费用吗？资产处置收益属于利得吗？资产减值损失属于损失吗？

★ 业务题

三江公司为一家商品流通企业，2021年4月份发生如下经济业务：

（1）赊销商品一批，价款25 000元；同时，结转销售成本20 000元。

（2）行政办公室小汤出差预借差旅费5 000元。

（3）计提管理人员工资10 000元。

（4）收到销售业务的货款25 000元。

（5）小汤出差归来，报销差旅费4 850元，交回现金150元。

（6）从银行账户支付承兑汇票手续费150元。

（7）通过银行发放工资。

要求：分析上述经济业务对会计平衡公式的影响并指出属于表1-3中的哪种变化。

第 2 章

借贷复式记账法

【学习目标】

通过本章的学习，您应该：（1）牢记不同性质的账户的借贷规则；（2）能够用"借""贷"记账符号将比较简单的经济业务登记到演示版的账户中；（3）能够编制简单的会计分录；（4）能够编制结转损益的会计分录。

● 2.1　账户及其基本结构

2.1.1　设置账户的原则

提到设置账户的原则，在我国，财政部在国家统一会计制度中对账户的设置有明确的规定，详见表2-1的一般企业常用会计科目。科目就是账户的名称，如今，科目与账户已经不再区分，可以互用。

表2-1　　　　　　　　　　一般企业常用会计科目表（共99个）

编　号	账户名称	备　注
一、	资产类（49个）	
1001	库存现金	
1002	银行存款	
1012	其他货币资金	
1101	交易性金融资产	
1121	应收票据	
1122	应收账款	
1123	预付账款	

编　号	账户名称	备　注
1131	**应收股利**	
1132	**应收利息**	2016年以后在资产负债表上并为其他应收款
1221	**其他应收款**	
1231	坏账准备	
1401	材料采购	
1402	在途物资	
1403	原材料	
1405	库存商品	
1406	发出商品	
1408	委托加工物资	
1471	存货跌价准备	
1473	**合同资产**	执行新收入准则之后出现的科目
1474	**合同资产减值准备**	执行新收入准则之后出现的科目
1475	**合同履约成本**	执行新收入准则之后出现的科目
1476	**合同履约成本减值准备**	执行新收入准则之后出现的科目
1477	**合同取得成本**	执行新收入准则之后出现的科目
1478	**合同取得成本减值准备**	执行新收入准则之后出现的科目
1485	**应收退货成本**	执行新收入准则之后出现的科目
1501	**债权投资**	执行新金融工具会计准则之前名称为持有至到期投资
1502	债权投资减值准备	
1503	**其他债权投资**	执行新金融工具会计准则之前名称为可供出售金融资产
1504	**其他权益工具投资**	执行新金融工具会计准则之前名称为可供出售金融资产
1511	**长期股权投资**	
1512	长期股权投资减值准备	
1521	投资性房地产	
1531	长期应收款	

编 号	账户名称	备 注
1532	未实现融资收益	
1601	固定资产	
1602	累计折旧	
1603	固定资产减值准备	
1604	在建工程	2016年以后在资产负债表上并为在建工程
1605	工程物资	
1606	固定资产清理	2016年以后在资产负债表上并为固定资产
1701	无形资产	
1702	累计摊销	
1703	无形资产减值准备	
1704	使用权资产	执行《企业会计准则第21号——租赁》（修订）之后出现的科目
1705	使用权资产累计折旧	执行《企业会计准则第21号——租赁》（修订）之后出现的科目
1706	使用权资产减值准备	执行《企业会计准则第21号——租赁》（修订）之后出现的科目
1711	商誉	
1801	长期待摊费用	
1811	递延所得税资产	
二、	负债类（19个）	
2001	短期借款	
2201	应付票据	
2202	应付账款	
2203	预收账款	
2205	合同负债	执行新收入准则之后出现的科目
2211	应付职工薪酬	
2221	应交税费	
2231	应付利息	
2232	应付股利	2016年以后在资产负债表上并为其他应付款
2241	其他应付款	

编 号	账户名称	备 注
2401	递延收益	
2501	长期借款	
2502	应付债券	
2701	长期应付款	
2702	未确认融资费用	
2703	**租赁负债**	执行《企业会计准则第21号——租赁》（修订）之后出现的科目
2711	**专项应付款**	2016年以后在资产负债表上并为长期应付款
2801	预计负债	
2901	递延所得税负债	
三、	所有者权益类（8个）	
4001	实收资本（股本）	
4002	资本公积	
4003	其他综合收益	
4101	盈余公积	
4103	本年利润	
4104	利润分配	
4201	库存股	
4401	**其他权益工具**	企业发行的除普通股以外的归类为权益工具的各种金融工具
四、	成本类（4个）	
5001	生产成本	
5101	制造费用	
5201	劳务成本	
5301	研发支出	
五、	损益类（19个）	
6001	主营业务收入	
6051	其他业务收入	

编 号	账户名称	备 注
6061	汇兑损益	
6101	公允价值变动损益	
6111	投资收益	
6115	**资产处置收益**	自 2017 年起执行《企业会计准则第 42 号——持有待售的非流动资产、处置组和终止经营》准则之后出现的科目
6117	**其他收益**	自 2017 年起执行《企业会计准则第 16 号——政府补助》准则之后出现的科目,统计的是与企业日常活动相关的政府补助
6301	**营业外收入**	自 2017 年起执行《企业会计准则第 16 号——政府补助》准则之后,与企业日常活动无关的政府补助还保留在此科目
6401	主营业务成本	
6402	其他业务成本	
6403	税金及附加	
6601	销售费用	
6602	管理费用	
5301	**研发费用**	自 2018 年起从管理费用中剥离出来,是 5301 "研发支出"一级科目下的二级科目"费用化研发支出"
6603	财务费用	
6701	资产减值损失	
6702	**信用减值损失**	执行新金融工具会计准则之后从资产减值损失中剥离出来
6711	营业外支出	
6801	所得税费用	

资料来源:根据财政部发布的国家统一会计制度和自 2017 年起新修订的相关会计准则整理而成。

从表 2-1 可以看出,一般企业常用会计科目并不多,共 99 个。其基本上按所反映的经济业务的内容来划分,即按会计要素来划分,共分为:资产类 49 个,负债类 19 个,所有者权益类 8 个,成本类 4 个,损益类 19 个。其中,资产类科目有一些属于备抵性质的,与原账户构成相减的关系,所以借贷规则是相反的。这类科目有:坏账准备、存货跌价准备、债权投资减值准备、长期股权投资减值准备、累计折旧、固定资产减值准备、累计摊销、无形资产减值准备等。之所以将这类账户划归为资产类,是因为它们要与原账户成对地出现。另外,损益类科目划分在同一类其实是不合理的。从表2-1可以看出，从主营业务收入到营业外收入属于同一类性质的科目，用来核算收入和利得；从主营业务成本到所得税费用属于另一类性质的科目，用来核算费用（成本）和损失。之所以将这两类不同性质的账户均划归为损益类，是因为它们都是构成利润表项目的来源，利润表就是用来列示损益的。

在我国，一般企业在账户的设置上还应遵从统一性与灵活性相结合的原则，但更强调统一性。企业已有的科目，不得随意改变其名称和编号。如"本年利润"科目，核算的是企业截至本年某个时间点的经营成果。如果不是一年的利润核算，学生中经常有初学者在写作业时将其改称"本期利润"科目，认为这样更合理，更名实相符，其实是不允许的。但也不是没有一点灵活性的，从表2-1可以明显地看到，科目的编号常常是不连续的，那些有间断的地方，企业可以根据需要插入一些新的科目用于核算新出现的业务。

从2017年起，财政部修订并发布了一系列的会计准则，其中包括政府补助、新金融工具会计准则、新收入准则和新租赁准则等。一些会计科目也有所变动，如持有至到期投资变更为债权投资、可供出售金融资产变更为其他债权投资和其他权益工具投资等。除此之外，还出现了一些新的会计科目，如合同资产、合同负债、其他收益、资产处置收益、研发费用、信用减值损失、使用权资产、租赁负债等。这些新的会计科目的编号已经可以查到，此等情况在表2-1中的备注栏内做了说明。以2016年为界，一般企业的会计报表格式也有所调整，如2016年之后的其他应收款包括应收利息和应收股利，其他应付款包括应付利息和应付股利，固定资产包括固定资产清理，在建工程包括工程物资，长期应付款包括专项应付款等。自2018年起，研发费用不再包含在管理费用内等。这些变动也在表2-1中的备注栏内做了标明，在此提请读者在辨识账户与报表项目之间的对应关系时务必注意。

2.1.2　账户的基本结构

1）账户的定义

账户是一种记账工具，是连续、系统、分类地记录经济业务的形式或格式。

2）账户结构的设置

账户要完成分类、归集与整理并加工会计信息的任务，在设置账户时，就要赋予一个便于分类、归集、整理和加工的结构。纵观每一笔经济业务，其所引起数量金额的变化，只出现"增加"与"减少"两种情况，而变化后的结果就是"增加"或"减少"后的余额。所以，在设置账户的基本结构时，规定每个账户都要有两个部分：一个用于登记增加额，另一个用于登记减少额。在借贷复式记账法下，用"借"或"贷"作为记账符号，演示版账户的基本结构就是一个丁字形，亦称"T"形账户，如图2-1所示。

借方	账户的名称	贷方
借方总在左边，简写为 Dr.	贷方总在右边，简写为 Cr.	

图2-1 演示版账户的基本结构

需要注意的是，借方一定要标注在左边，贷方一定要标注在右边，不容颠倒；账户的名称则位于中间位置。所谓演示版的"T"形账户，指的是教师授课、学生做练习或会计人员打草稿时使用的账户结构。

3）不同性质账户的借贷规则

在借贷复式记账法下，"借"与"贷"同"增加"与"减少"并不是同义语。增加与减少、借方与贷方以及正常余额的方向取决于账户的性质。假定明确资产类账户的借贷规则为借方表示增加，贷方表示减少，则负债和所有者权益这两类账户的借贷规则就为贷方表示增加，借方表示减少。收入的增加会导致所有者权益的增加，所以，收入类账户的借贷规则与所有者权益类账户是一致的，即贷方表示增加，借方表示减少。费用（成本）的发生会导致所有者权益的减少，所以，费用（成本）类账户的借贷规则就与所有者权益类账户相反，而与资产类账户一致，即借方表示增加，贷方表示减少。不同性质账户的借贷规则，具体见表2-2。其中，"*"表示账户正常余额的方向。

表2-2 六类不同性质账户的借贷规则

借	贷
资产* （+）	资产 （-）
负债 （-）	负债* （+）
所有者权益 （-）	所有者权益* （+）
收入 （-）	收入 （+）
成本 （+）	成本 （-）
费用 （+）	费用 （-）

4）如何登记账户

【实例2-1】

假定一家企业有如下两笔经济业务：2021年4月5日，赊购办公用品1 000元，办公设备50 000元；2021年7月12日，开出现金支票购买原材料，总计价值3 000元。要求分别登记演示版的账户和实务版的账户。

（1）演示版的账户登记：演示版的账户登记相对简单。首先分析第一笔经济业务，该笔业务的发生引起了三个账户的变化，分别是低值易耗品、固定资产和应付账款。其中，低值易耗品增加，金额为1 000元，记在借方；固定资产增加，金额为50 000元，记在借方；应付账款也增加，金额为51 000元，记在贷方。其次分析第二笔经济业务，该笔业务的发生引起了两个账户的变化，分别是原材料和银行存款。其中，原材料增加，金额为 3 000 元，记在借方；银行存款减少，金额也为 3 000 元，记在贷方。演示版账户的具体登记示例，如图2-2所示。

借方	低值易耗品	贷方
1 000		

借方	固定资产	贷方
50 000		

借方	应付账款	贷方
		51 000

借方	原材料	贷方
3 000		51 000

借方	银行存款	贷方
		3 000

图2-2　演示版账户的登记示例

（2）实务版的账户登记：实务版的账户登记则要烦琐得多。表2-3至表2-7具体展示了这一登记过程。每本账的账页格式均是借、贷、余三栏式。每期都有期初余额。每笔账都要从左至右登记一行，从日期（年月日）开始，接连是凭证号数（指的是登记账簿的依据即记账凭证的编号）、摘要（对经济业务的简要概括）、借方发生额、贷方发生额和期末余额，其中期末余额还要指明方向，表明是在借方还是在贷方。目前这一过程可用会计软件来完成，效率得到大大提高，称之为过账。

表 2-3　　　　　　　　　　　　　　　　低值易耗品

2021年		凭证号数	摘要	借方金额	贷方金额	借或贷	余额
月	日						
4	1		期初余额			借	100
4	5	转字第3号	赊购办公用品	1 000		借	1 100

表 2-4　　　　　　　　　　　　　　　　固定资产

2021年		凭证号数	摘要	借方金额	贷方金额	借或贷	余额
月	日						
4	1		期初余额			借	10 000
4	5	转字第3号	赊购固定资产	50 000		借	60 000

表 2-5　　　　　　　　　　　　　　　　应付账款

| 2021年 | | 凭证号数 | 摘 要 | 借方金额 | 贷方金额 | 借或贷 | 余 额 |
月	日						
4	1		期初余额			贷	1 000
4	5	转字第3号	赊购办公用品和固定资产		51 000	贷	52 000

表 2-6　　　　　　　　　　　　　　　　原材料

| 2021年 | | 凭证号数 | 摘 要 | 借方金额 | 贷方金额 | 借或贷 | 余 额 |
月	日						
7	1		期初余额			借	2 000
7	12	付字第8号	购买原材料	3 000		借	5 000

表 2-7　　　　　　　　　　　　　　　　银行存款

| 2021年 | | 凭证号数 | 摘 要 | 借方金额 | 贷方金额 | 借或贷 | 余 额 |
月	日						
7	1		期初余额			借	8 000
7	12	付字第8号	购买原材料		3 000	借	5 000

2.1.3　账户的本期发生额、期初余额和期末余额及其计算

从上述登记账户的过程可以观察到账户的本期发生额、期初余额和期末余额之间存在如下运算关系：

①期末借方余额=期初借方余额+本期借方发生额-本期贷方发生额

如"银行存款"账户，期末借方余额为 5 000 元，等于期初借方余额 8 000 元，加上本期借方发生额 0，再减去本期贷方发生额 3 000 元。

②期末贷方余额=期初贷方余额+本期贷方发生额-本期借方发生额

如"应付账款"账户，期末贷方余额为 52 000 元，等于期初贷方余额 1 000 元，加上本期贷方发生额 51 000 元，再减去本期借方发生额 0。

此处特别需要注意的是：账户的余额是分方向的，所以有借方余额与贷方余额之分。在计算每一个会计期的余额时，一定要将期初余额考虑在内。实际上，本期的期末就是下期的期初。登记账户时，余额是滚动式累计的。

● 2.2　会计循环

借贷复式记账法（Double Entry Accounting System）指的是以"借"或"贷"作为记账符号，对发生的每一笔经济业务，都以相等的金额在两个或两个以上相互联系的账户中进行登记的一种记账方法。借贷复式记账法的理论基础就是会计平衡

公式。借贷复式记账法在会计循环的诸多环节中都有应用。所谓会计循环，就是企业或独立核算组织在一个会计期内的会计信息生产过程中所遵从的先后继起的一系列工作流程所构成的一个闭环。由于这样的流程周而复始，循环往复，故称之为会计循环。会计循环的步骤一般包括：编制会计分录、登记账户（或称过账）、试算平衡和编制会计报表。

2.2.1　编制会计分录

1）会计分录的定义

会计分录是指对每项经济业务，都按照借贷复式记账法的要求，分别列出应借应贷的账户名称和金额的一种记录。因此，会计分录的三要素为：账户名称、记账金额和记账方向。在实务中，会计分录指的就是记账凭证。演示版的会计分录的编制相对简单。而在会计工作实务中，编制会计分录即记账凭证比较烦琐，将在第4章实务中的会计循环中进行详细介绍。

【实例2-2】

假设三江公司的一名行政办公室人员出差预借差旅费5 000元，3个月后出差归来，填写差旅费报销单，合计应予报销的金额为4 850元，缴回现金150元。要求编制相应的会计分录。

通过分析可知，这一过程包括如下两笔经济业务：

（1）第一笔经济业务发生在预借差旅费时。企业职工向企业预借差旅费，需要填写借款单，然后从出纳处获取现金5 000元。这时，企业为会计主体，是债权人，而职工是债务人。但由于不是赊销而形成的应收而未收的款项，故使用"其他应收款"账户处理。相应的演示版的会计分录如下：

借：其他应收款　　　　　　　　　　　　　　　　　　　　　5 000
　贷：库存现金　　　　　　　　　　　　　　　　　　　　　　5 000

（2）第二笔经济业务发生在报销差旅费时。这时，企业收回债权，发生的差旅费归于管理费用，因为出差人员在行政办公室工作，故费用的增加记在借方。相应的演示版的会计分录如下：

借：库存现金　　　　　　　　　　　　　　　　　　　　　　　150
　　管理费用　　　　　　　　　　　　　　　　　　　　　　　4 850
　贷：其他应收款　　　　　　　　　　　　　　　　　　　　　5 000

2）会计分录的分类

会计分录可分为简单会计分录、复合会计分录和复杂会计分录。其中，简单会计分录（一借一贷），如上述预借差旅费的会计分录；复合会计分录（一借多贷或多借一贷），如上述报销差旅费的会计分录，即为二借一贷的复合会计分录；复杂会计分录（多借多贷），其一般不允许使用，应尽量避免。

3）会计分录的编制原则

编制会计分录应遵从的原则是：使账户之间的对应关系清晰、明确，即遵从十字诀——"有借必有贷，借贷必相等"。

4）记账规则的具体运用

将借贷复式记账法的规则推广到编制所有经济业务的会计分录时，有两个问题需要考虑。其一，每项经济业务到底引起哪些账户的变化；其二，这些账户都属于什么性质的账户，以便确定记入账户的方向到底是借方还是贷方。这两个问题一直困扰着初学者，那么有什么好办法能够解决该问题呢？其实很简单，就是跟着任课教师的进度不停地学习、记忆，久而久之，就掌握了，也理解得更清晰了。

2.2.2　过账

过账即登记账户，在2.1.2账户的基本结构中已经做了介绍。此处需要强调的是，在会计工作实务中，编制会计分录这一流程其实是发生在登记账户之前的，因为登记账户需要记账凭证，而记账凭证的编制就是做会计分录。现将【实例2-2】中的会计分录的过账结果列示，如图2-3所示。

借方	库存现金	贷方
20 000		
150		5 000

借方	其他应收款	贷方
5 000		5 000

借方	管理费用	贷方
4 850		

图2-3　过账流程示意图

2.2.3　试算平衡

企业在一个会计期的全部账户登记完毕之后，下一个流程就是试算平衡（Trial Balance）。所谓试算平衡，就是检查账户记录有无差错的步骤，可以使用如下三个试算平衡公式：

全部账户的借方发生额合计=全部账户的贷方发生额合计

全部账户的借方期初余额合计=全部账户的贷方期初余额合计

全部账户的借方期末余额合计=全部账户的贷方期末余额合计

上述试算平衡公式可以分别称为发生额试算平衡和余额试算平衡。其中，第一个试算平衡公式其实就是验算企业会计人员在登记账户时是否遵从了十字诀。若没有遵从十字诀的规则，账户记录肯定有错误。第二个和第三个试算平衡公式其实就是检验会计平衡公式在期初和期末是否成立。因为会计平衡公式是设置会计信息生产流程的理论基础，若会计平衡公式被打破了，账户记录也肯定有错误。但需要注意的是，上述试算平衡公式若成立，也并不表示账户记录没有错误；反之，也不成立。这时，还需要排除重记、漏记和颠倒错记的情形。在实务中，每期期末均编制试算平衡表进行验算。目前，企业是利用会计软件来完成操作的，用鼠标选择试算平衡表，会自动显示验算结果。若不平衡，会用红字显示；若平衡，就会显示试算已平衡。下面用一个实例来展示这一验算过程。

【实例2-3】

假定三江公司2021年4月各账户的期初余额见表2-8，4月份发生【实例2-2】中提及的两笔经济业务。则截至2021年4月30日编制的完整的、结转损益前的试算平衡表见表2-8。

表2-8 三江公司试算平衡表

2021年4月30日 单位：元

账户名称	期初余额		本期发生额		期末余额	
	借方	贷方	借方	贷方	借方	贷方
库存现金	20 000		150	5 000	15 150	
银行存款	180 000				180 000	
应收账款	20 000				20 000	
其他应收款			5 000	5 000		
库存商品	1 155 000				1 155 000	
管理费用			4 850		4 850	
短期借款		20 000				20 000
应付账款		15 000				15 000
长期借款		200 000				200 000
应付债券		100 000				100 000
实收资本		1 000 000				1 000 000
资本公积		20 000				20 000
盈余公积		10 000				10 000
未分配利润		10 000				10 000
合 计	1 375 000	1 375 000	10 000	10 000	1 375 000	1 375 000

依据表2-8所示的内容，三江公司无论是本期发生额还是期初、期末余额，其试算后都是平衡的。

2.2.4 编制会计报表和会计循环结束

企业在一个会计期的所有经济业务经过分析并编制会计分录之后，通过过账程序将会计分录登记到账簿上，账簿记录经过试算平衡验算无误后，就是账实核对、财产清查和期末出纳轧账流程，最后点击锤子型结账标记，输出会计报表。至此，一个会计循环就结束了，而下一个会计循环又可以开始了，如图2-4所示。

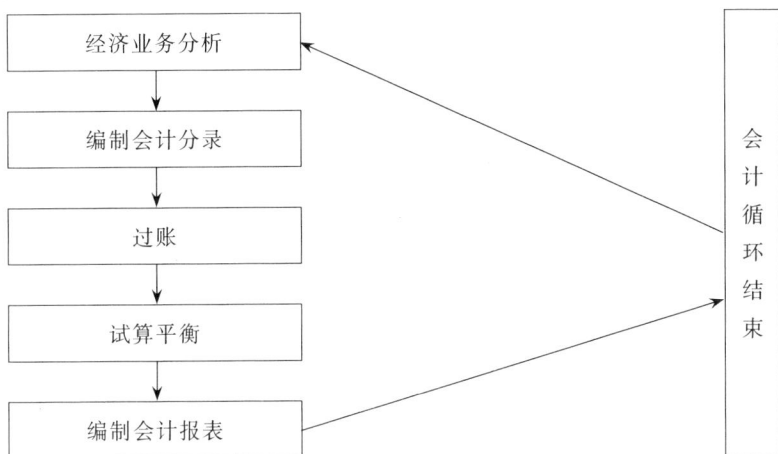

图2-4 会计循环流程图

● 2.3 结转损益与结转分录

结转分录（Closing Entries），是指结转损益时编制的会计分录。要清楚什么是结转分录，首先要了解账户的另一种分类。

2.3.1 账户的另一种分类

（1）永久性账户（Real Accounts），也称实账户，是指资产类、负债类和所有者权益类账户，这些账户一旦开立，就始终存在，直至企业清算为止。这些账户的期末余额经过合并或分立之后，会出现在资产负债表上，成为资产负债表上的项目。

（2）暂记性账户（Nominal Accounts），也称虚账户，是指收入类、成本类、费用类账户，这些账户开立之后，期末在计算企业经营成果时会被结平，即关闭，而下一期需要时再开立。这些账户结转损益之前的期末余额经过合并或分立之后，会出现在利润表上，成为利润表上的项目。

2.3.2 结转分录的编制步骤

每一个会计期末，都需要结转损益，以便编制利润表。这时，就需要编制结转分录，也称结账分录。编制这类会计分录在手工账下一般分为三个步骤，常常称为"三步结转法"。其具体步骤如下：

（1）将所有收入类账户结转到"本年利润"的贷方；

（2）将所有费用类和成本类账户结转到"本年利润"的借方；

（3）将"本年利润"的贷方余额结转到"利润分配"的贷方。

2.3.3 结转分录的编制与过账

【实例2-4】

假设某制造企业2020年12月31日各账户的期末余额为：主营业务收入280万元，其他业务收入120万元，主营业务成本200万元，财务费用20万元，销售费用40万元，管理费用80万元。要求编制结转损益的会计分录。

相关结转过程如下（金额单位以万元表示）：

借：主营业务收入		280
其他业务收入		120
贷：本年利润		400
借：本年利润		340
贷：主营业务成本		200
财务费用		20
销售费用		40
管理费用		80
借：本年利润		60
贷：利润分配		60

需要说明的是，在会计软件中，结转损益的会计分录是系统自动生成的，无需手工录入。将上述会计分录合并在一张记账凭证上，结果如下：

借：主营业务收入		280
其他业务收入		120
贷：本年利润		400
借：本年利润		340
贷：主营业务成本		200
财务费用		20
销售费用		40
管理费用		80

图2-5是结转损益的会计分录过账之后的效果示意图（金额单位以万元表示）。

借方	主营业务收入	贷方
①280		280

借方	其他业务收入	贷方
①120		120

借方	本年利润	贷方
②340		①400
③60		

借方	利润分配	贷方
		③60

借方	主营业务成本	贷方
200		②200

借方	财务费用	贷方
20		②20

借方	销售费用	贷方
40		②40

借方	管理费用	贷方
80		②80

图2-5　结转损益过账示意图

从图2-5可以看出，经过结转之后，收入类、成本类和费用类账户均已结平，期末无余额。本年利润出现贷方余额60万元，表示本年盈利60万元。该账户经过结转之后，也被结平，期末无余额。最后只有利润分配有贷方余额60万元，表示可供分配的利润。

● 2.4　总分类核算与明细分类核算

2.4.1　总分类核算与明细分类核算定义的对比

（1）总分类核算，是指运用货币指标，总括反映六大会计要素的核算。在总分类核算中所使用的账户称为总分类账户或一级账户（或称为总分类科目或一级科目）。

（2）不仅运用货币指标，而且使用实物指标，详细、具体地反映每项经济业务的基本内容所进行的核算，称为明细分类核算（或称为二级或以下的账户，二级或以下的科目）。

总分类核算与明细分类核算之间的关系为统驭与补充说明的关系。

2.4.2　平行登记的原则

【实例2-5】

某公司赊销货物一批，总计金额为10 000元，其中，甲工厂8 000元，乙工厂2 000元。则包含明细分类核算的会计分录如下：

借：应收账款　　　　　　　　　　　　　　　　　　　　10 000

　　——甲工厂　　　　　　　　　　　　　　　　　　　 8 000

　　——乙工厂　　　　　　　　　　　　　　　　　　　 2 000

　　贷：主营业务收入　　　　　　　　　　　　　　　　　　　10 000

　　表2-9将总分类核算和明细分类核算平行登记的原则与借贷复式记账法的记账规则进行了详细的对比。其主要区别在于：前者不要求借方、贷方账户同时登记，后者则要求；前者登记的方向相同，而后者登记的方向相反；前者登记的金额是相加相等的关系，而后者是相等的关系。

表2-9　　　　　　　　平行登记原则与复式记账规则的对比

总、分平行登记的原则	借贷复式记账法的记账规则
登记依据相同	登记时间相同
登记方向一致	登记方向相反
登记的金额相等	登记的金额相等
同据、同向、等额	同时、反向、等额

2.4.3　试算平衡

　　总分类核算与明细分类核算之间在账户登记之后也需要进行试算平衡验算，验算所用的三个试算平衡公式如下：

　　总分类账户的本期发生额=所属明细分类账户的本期发生额之和

　　总分类账户的期初余额=所属明细分类账户的期初余额之和

　　总分类账户的期末余额=所属明细分类账户的期末余额之和

　　上述试算平衡公式可以分别称为发生额试算平衡和余额试算平衡。

【总结与结论】

　　本章介绍了设置账户的原则、账户的基本结构，以及六类账户资产、负债、所有者权益、收入、成本和费用的借贷规则（这部分内容需要读者牢记在心）；随后讲解了会计循环的流程，即如何运用借贷复式记账法编制会计分录、过账，如何试算平衡以及编制会计报表，至此会计循环结束。除此之外，本章还讲述了如何结转损益并编制结账分录，以及总分类核算和明细分类核算平行登记的原则，且与借贷复式记账法的记账规则进行了对比。本章的重点是如何运用借贷复式记账法的记账规则编制常见业务的会计分录。对于初学者来说，这也是难点，初学者务必反复练习以求得正确运用。

【练习题库】

　　★选择题

　　下列等式中不属于会计平衡公式的是（　　　　）。

A. 资产类账户的期初余额合计=负债类账户的期初余额合计+所有者权益类账户的期初余额合计

B. 资产类账户的期末余额合计=负债类账户的期末余额合计+所有者权益类账户的期末余额合计

C. 资产类账户的借方本期发生额合计=负债类账户的贷方本期发生额合计+所有者权益类账户的贷方本期发生额合计

D. 所有账户的借方本期发生额合计=所有账户的贷方本期发生额合计

★ 业务题

九州股份有限公司 2021 年 10 月份发生的全部经济业务如下，所有账户均无期初余额。

（1）1 日，投资人出资新开立一家咨询公司，公司名称为九州股份有限公司。所有投资款共计 4 000 万元已存入公司的银行存款结算户。

（2）1 日，预付 3 个月的租金 1 500 元。

（3）2 日，开出一张商业汇票赊购一台电脑，价值 4 000 元，电脑的残值为 400 元，使用寿命为 2 年。

（4）3 日，赊购 800 元的办公用品。

（5）10 日，提供价值 3 200 元的咨询服务，收入记账（未收现）。

（6）12 日，提供价值 1 200 元的咨询服务，收入记账（未收现）。

（7）15 日，收到 10 日提供的记账收入的部分付款 1 600 元。

（8）20 日，提供价值 2 000 元的咨询服务，收入记账（未收现）。

（9）25 日，支付销售部门的通信费 375 元。

（10）26 日，支付管理部门的电费 225 元。

（11）31 日，编制调整分录，记录本月的租金费用。

（12）31 日，编制调整分录，记录本月的办公用品费用，购入的办公用品已有一半被消耗。

（13）31 日，用直线折旧法记录本月的办公设备折旧费（按照惯例，当月增加的固定资产当月不计提折旧，但本题为了练习折旧的核算，假定计提折旧）。

（14）31 日，编制结转分录，并编制当月的利润表（编制利润表时有金额的项目填写，没有的则省略）。

要求：编制上述全部经济业务的会计分录并编制 10 月份的利润表（空白的利润表格式见表 2-10）。另外，本题所用到的全部账户名称如下：银行存款、预付账款、应收账款、低值易耗品、固定资产、累计折旧、应付账款、应付票据、主营业务收入、管理费用、销售费用、股本、本年利润、利润分配。

表 2-10

九州股份有限公司利润表

2021 年 10 月

单位：元

项　目	本年累计数
一、营业收入	
减：营业成本	
管理费用	
销售费用	
二、营业利润（亏损以"-"号填列）	
加：营业外收入	
减：营业外支出	
三、利润总额（亏损总额以"-"号填列）	
减：所得税费用	
四、净利润（净亏损以"-"号填列）	

【政策思考】

我国也决定采用借贷复式记账法和会计平衡公式

我国一般企业在 1993 年以前采用的是苏联的"增""减"记账法。1993 年企业会计改革之后，改用"借""贷"复式记账法，并不再使用资金平衡公式即资金来源=资金占用，而改用资产=负债+所有者权益这一会计平衡公式。我国行政事业单位在 1998 年以前采用的是"收""付"记账法，其后也改用"借""贷"复式记账法。现今全世界范围内所有的国家和地区均采用"借""贷"复式记账法。

请思考：我国财政部这一改革举措有何积极意义？我国在会计改革的进程中如何处理好保持中国特色和顺应时代潮流之间的关系？

【延伸阅读文献】

[1] 周华.我国企业会计准则体系的建立：国际趋同 [J]. 财会月刊，2019（21）：39-46.

[2] 周华.我国企业会计准则体系的持续趋同评析 [J]. 财会月刊，2019（21）：61-68.

第 3 章

账项调整与调整分录

【学习目标】

通过本章的学习，您应该：（1）深刻理会会计分期假设和权责发生制的要求是进行跨期事项调整的根本原因；（2）了解权责发生制与收付实现制在确认收入和费用及计算利润时的差异；（3）了解账项调整有哪些类型；（4）掌握四类调整事项调整分录的编制。

● 3.1　会计分期假设

会计分期假设亦称会计分期概念（Time-period Concept）。从理论上讲，一家企业真实的财务状况只有当其清算时才能准确知道。但在实际工作中，我们希望企业能够基业长青。所以，为了能够及时地反映企业的财务状况、经营成果和现金流转情况，有必要将企业存续期划分成一个个相对较短的时间间隔，这种做法称为会计分期。通常，一个会计期可以是一个星期、一个月、一个季度，甚至是一年。目前企业都建有会计信息系统，甚至可以实时在线查看报表。如果一个会计期正好包含12个月，称为财年（Fiscal Year）；如果一个企业的财年正好于每年的12月31日结束，称为按历年报告（Report at Calendar Year）。财年和历年有时是吻合的，而有时是不吻合的。我国企业的财年与历年是吻合的，都终止于每年的12月31日。

● 3.2　现金制与应计制

3.2.1　现金制（Cash Basis）

现金制又称收付实现制。它是以现金收到或付出为标准来记录收入的实现或费用的发生。也就是说，现金收支行为在其发生的期间全部记作收入和费用，而不考虑与现金收支行为相关联的经济业务实质上是否发生。

3.2.2 应计制（Accrual Basis）

应计制也称权责发生制。它是以权利或责任的发生与否来确认收入和费用。也就是说，凡是收取一项收入的权利已经具备，不论企业是否取得这项收入的现金，都应该确认为收入；同样地，只要主体已经承担某项费用的义务，即使与该项义务相关联的现金支出行为尚未发生，也应作为费用来处理。

3.2.3 现金制与应计制的比较

【实例3-1】

鸿达公司2021年9月份发生如下经济业务：

（1）3日，销售产品60 000元，货款当日收妥并送存银行；

（2）6日，销售产品120 000元，货款尚未收到；

（3）10日，以银行存款预付6个月租金12 000元；

（4）15日，收到上月应收货款50 000元并存入银行；

（5）20日，收到某购货单位预付款28 000元并存入银行，下月交货；

（6）26日，以银行存款支付进货运费3 000元；

（7）本月应负担长期借款利息5 000元，年底支付。

要求计算权责发生制与收付实现制下鸿达公司9月份的利润。

表3-1具体对比了两种制度下鸿达公司2021年9月份的利润计算过程。

表3-1　　　鸿达公司2021年9月份权责发生制与收付实现制下利润的对比　　　单位：元

业务号	权责发生制		收付实现制	
	收入	费用	收入	费用
1	60 000		60 000	
2	120 000			
3		2 000		12 000
4			50 000	
5			28 000	
6		3 000		3 000
7		5 000		
合计	180 000	10 000	138 000	15 000

从中可以明显地看出，两种制度下计算的利润差异较大，分别为：

利润（应计制）=180 000-10 000=80 000（元）

利润（现金制）=138 000-15 000=123 000（元）

不过上述差异属于时间性差异，是由于应收应付和预收预付项目的时间差异造成的。在一段时间内，应收的会收到，应付的会付出，预收的要履行义务，预付的对方也要履行义务，这种差异就会自动地消失。我国企业会计制度规定：企业在核算收入和费用时，应采用应计制；而在编制现金流量表的经营活动现金净流量时，则采用现金制。这也是为什么在资产负债表和利润表之后，又出现了现金流量表的原因。

● 3.3　账项调整及其账务处理

3.3.1　定义

每一个会计期末，按照权责发生制的要求对部分会计事项（跨期事项）予以调整，以便合理地确认收入和费用，因而合理地反映企业的财务状况和经营成果的行为，就是账项调整（Adjustments）。账项调整时所编制的会计分录，就是调整分录（Adjusting Entries）。

3.3.2　账项调整的内容

账项调整可分为两大类、四小类，具体为：

（1）经济业务的发生在现金收支行为之前：这类调整事项没有原始分录，包括应计收入（Unrecorded Revenues）的记录和应计费用（Unrecorded Expenses）的记录。

（2）经济业务的发生在现金收支行为之后：这类调整事项是有原始分录的，包括预收收入（Unearned Revenues）的分配和预付费用（Prepaid Expenses）的摊销。

3.3.3　账项调整的账务处理

账项调整的会计分录应该如何编制，下面通过一个具体的例子加以说明。

【实例 3-2】

伺服公司调整前后的试算平衡表尚不完整，具体见表 3-2。要求在调整栏内直接输入调整分录，其中主营业务收入受到不止一个调整分录的影响。

表 3-2　　　　　　　伺服公司调整前后的试算平衡表

2021 年 6 月 30 日　　　　　　　　　　　　　　单位：元

账户名称	调整前试算平衡		调整分录		调整后试算平衡	
	借	贷	借	贷	借	贷
库存现金	5 000				5 000	
应收账款	8 500		600		9 100	
低值易耗品	3 040			240	2 800	
固定资产	34 300				34 300	
累计折旧		16 040		360		16 400
应付职工薪酬				900		900
预收账款		900	210			690
实收资本		28 360				28 360
主营业务收入		13 630		810（600+210）		14 440
管理费用——薪酬	4 690		900		5 590	
销售费用	3 400				3 400	
管理费用——折旧			360		360	
管理费用——低值易耗品			240		240	
合　计	58 930	58 930	2 310	2 310	60 790	60 790

根据表3-2提供的各账户期初余额与期末余额之间的差异，可以很容易地计算出调整分录应调整的金额。编制会计分录的形式为：

（1）借：应收账款   600
      贷：主营业务收入   600

（2）借：管理费用——低值易耗品   240
      贷：低值易耗品   240

（3）借：管理费用——折旧   360
      贷：累计折旧   360

（4）借：管理费用——薪酬   900
      贷：应付职工薪酬   900

（5）借：预收账款   210
      贷：主营业务收入   210

上述调整分录中，第1个调整分录属于应计收入的记录，第2个和第3个调整分录属于预付费用的摊销，第4个调整分录属于应计费用的记录，第5个调整分录属于预收收入的分配。

【总结与结论】

本章介绍了由于应遵从会计分期假设和权责发生制的要求，跨期业务需要做账项调整并编制调整分录；而后对比了现金制和应计制下收入和费用核算的差异以及利润计算的差异。在此基础上，本章讲述了账项调整的分类、具体内容，以及如何编制调整分录。理解和编制调整分录是会计学原理部分的一个难点，也是一个重点。读者只有建立了对调整分录的正确理解，才能充分理解财务会计的后续内容，如利润表和资产负债表上所涉及的会计事项该如何进行账务处理。

【练习题库】

★思考题

1.为什么要做账项调整并编制调整分录？

2.有的调整分录在会计期末系统会自动生成，而有的不会，请各举例说明。

★业务题

永兴公司2021年6月份发生如下经济业务：

（1）1日，股东追加投资5 000万元，款项已存入银行。

（2）5日，采购供销售的货物3 000万元，款项已用转账支票支付。

（3）7日，从银行获得贷款1 000万元，3年期，年利率6%，到期一次还本付息。贷款用于一项在建工程，工程自下一季度起开工。

（4）13日，赊销货物一批，价款4 000万元，该批货物的成本为3 500万元。

（5）22 日，计提本月工资费用 100 万元，其中，销售人员工资 30 万元，行政人员工资 70 万元。

（6）28 日，通过银行支付工资。

要求：对比现金制和应计制下永兴公司 2021 年 6 月份的利润差异并识别哪项业务需要做账项调整，编制相关调整分录。

第 4 章

实务中的会计循环

【学习目标】

通过本章的学习，您应该：（1）能够感性认识原始凭证、记账凭证、账簿和会计报表；（2）了解手工账务处理流程；（3）了解原始凭证的分类、填制及审核要求，记账凭证的分类及填制要求；（4）了解账簿的格式及登记账簿的要求；（5）掌握电子账务处理流程以及常见会计软件如金蝶标准版或用友畅捷通T+的实际操作。

● 4.1 手工账务处理流程

4.1.1 手工账下的结账流程

下面以科目汇总表核算形式为例，具体讲述手工账务处理流程。图4-1是科目汇总表核算形式手工账下的结账示意图。在手工账务处理流程中，经济业务发生后，首先是获取或填制原始凭证，然后是填制记账凭证、登记库存现金和银行存款日记账，这两本日记账其实就是明细账，之后再登记其他明细账。在登记总账之前，首先在草稿上制作丁字账，汇算出借方发生额、贷方发生额和期末余额，然后填列科目汇总表，最后根据科目汇总表登记总账。总账经核对无误并确认账实相符后，就可以结账了，最终生成会计报表。这样，一个会计循环就结束了。图4-2是对图4-1的细化。

4.1.2 原始凭证的分类、填制及审核要求

1）原始凭证的分类

原始凭证分为外来原始凭证和自制原始凭证。外来原始凭证是指在经济业务发生时自外部获取的原始单据，如发票、出租汽车票、飞机票和火车票等。图4-3的购买口红发票就是一张外来原始凭证。自制原始凭证是指按单位内部规定的格式填制的原始单据，如差旅费报销单、出库单、原材料领用单等。

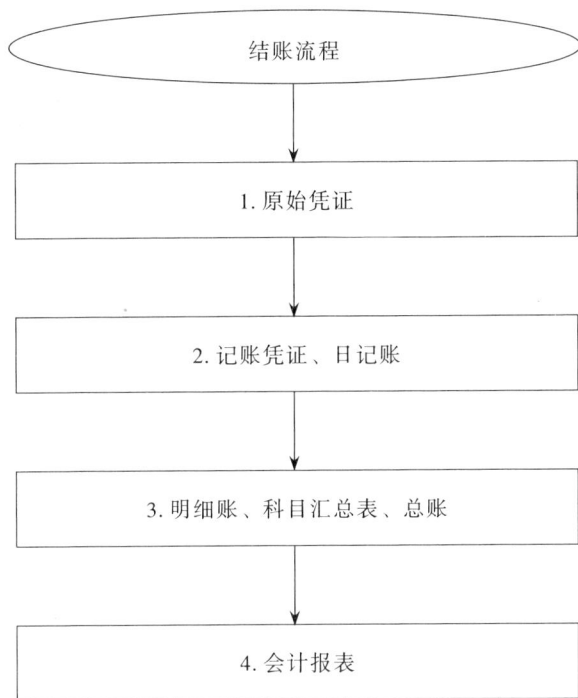

图4-1　科目汇总表核算形式的手工结账流程

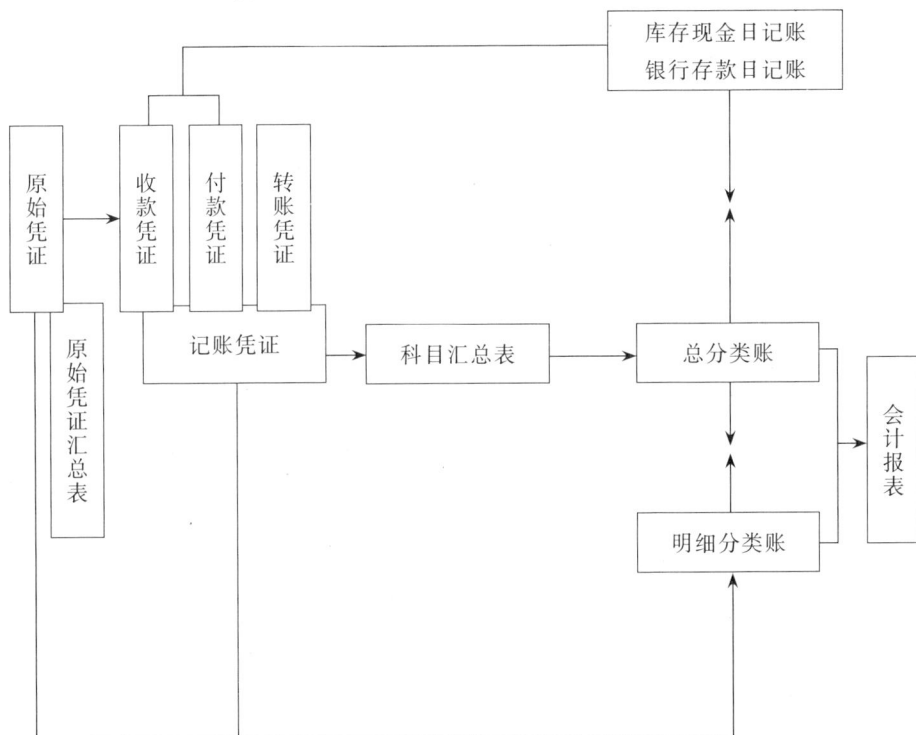

图4-2　科目汇总表核算形式的手工结账流程细化

发票代码：
发票号码：
开票日期：2021 年 10 月 18 日
校验码：

上海增值税电子普通发票

机器编号：

购买方	名　　称：					密码区			
	纳税人识别号：								
	地址、电话：								
	开户行及账号：								
货物或应税劳务、服务名称	规格型号	单位	数　量	单　价	金　额		税率		税　额
美容护肤品 炫亮魅力唇膏丝绒系列 哑光口红 58 57			1	300.88	300.88		13%		39.12
合　计					￥300.88				￥39.12
价税合计（大写）	⊗叁佰肆拾元整							（小写）￥340.00	
销售方	名　　称：					备注			
	纳税人识别号：								
	地址、电话：								
	开户行及账号：								

收款人：　　　　　复核：　　　　　开票人：

图4-3　原始凭证样例

2）原始凭证的填制要求

原始凭证的填制要求一般有以下几点：

（1）复写的要求，即不能使用铅笔；

（2）货币金额的大小写必须正确；

（3）连续编号的原始凭证，发生差错重新填写时，要加盖"作废"戳，并全部留存，不得撕毁；

（4）红线改错或注销要在改错处加盖经办人员的印章，以示负责；

（5）提交银行的各种结算凭证的大小写金额一律不准更改。

3）原始凭证的审核要求

原始凭证重在审核，一般要求审核其真实性、合法性和合规性。真实性的审核，目前可以联网进行，如发票联网查询即可得知其真伪。然而现实中经常会出现"真的假发票"，即发票是真的，但发票背后的经济业务是假的。这时就需要会计人员进行实质性审核。假设某单位有一张金额为30万元的发票需要报销，经联网查询发票是真的，但按照发票上提供的销货单位查询，所涉企业是一家规模很小的公司，全年的营业额也没有超过13万元。会计人员即可据此认定该项经济业务是假的。如果经过纪检监察部门调查属实，则这张发票不予报销，涉事人员也要被严肃处理。

4.1.3　记账凭证的分类及填制要求

1）记账凭证的分类

记账凭证可采用通用记账凭证和专用记账凭证两类。通用记账凭证统一标注为记账凭证，白底黑字样式。专用记账凭证细分为收款凭证、付款凭证和转账凭证，前两类记账凭证与货币资金的收付有关，常用的颜色分别为白底红字、白底黑字和白底绿字。在手工账下，采用专用记账凭证能带来诸多便利，如收款凭证和付款凭证可直接用来登记日记账和编制现金流量表。在电子账下，这种便利就不明显了。所以，在会计软件系统中是采用通用记账凭证还是采用专用记账凭证，无明显差异，只是出于企业会计人员的个别喜好。

2）记账凭证分类时的注意事项

（1）收款凭证和付款凭证与货币资金的收付有关，若无关，则使用转账凭证；

（2）在实际工作中，只采用三种格式，即以货币资金为准，不再细分库存现金和银行存款收款、付款凭证和转账凭证五种格式；

（3）对于货币资金之间的划拨业务，一般仅以支出货币的一方为准编制付款凭证，而不再编制收款凭证。

3）记账凭证的内容

（1）记账凭证名称与填制单位全称；

（2）经济业务摘要；

（3）会计分录；

（4）金额合计、记账备注；

（5）所附原始凭证张数；

（6）记账凭证填制日期；

（7）记账凭证编号；

（8）有关主管与经办人员签章。

4）记账凭证的填制要求

（1）填制记账凭证的依据必须是经审核无误的原始凭证或汇总原始凭证。

（2）会计分录必须正确。

（3）正确填写摘要，既要简明，又要确切。

（4）记账凭证的日期：收付款业务因为要记入当天的日记账，记账凭证的日期应是货币资金收付的实际日期，但与原始凭证所记的日期不一定完全一致。转账凭证以收到原始凭证的日期为准，但在摘要栏内要注明经济业务发生的实际日期。

（5）记账凭证的编号：包括顺序编号法、字号编号法和分数编号法。每月最末一张记账凭证的编号旁需加注一个"全"字，以便于检查凭证有无散失。

（6）要用大写汉字注明所附原始凭证的张数。

（7）有关负责人和经办人员的签章要齐全。

4.1.4　账簿的分类、格式及登记要求

根据审核无误的原始凭证或原始凭证汇总表编制记账凭证后，接下来就是登记账簿了。下面重点介绍账簿的分类、格式及登记要求。

1）账簿的分类与格式

（1）日记账：包括库存现金日记账和银行存款日记账两本。日记账逐日逐笔详细地登记了货币资金的收付情况，是库存现金和银行存款总账下辖的明细账。因为

这两本日记账非常重要，所以采用的是订本式账簿，格式为借、贷、余三栏式。

（2）明细账：一般采用卡片式账簿，如管理费用明细账。明细账的格式可为借、贷、余三栏式，也可为数量、金额式，如存货明细账。

（3）总账：也称总分类账，往往能够高度概括，且十分简洁。总账常常采用订本式账簿，格式为借、贷、余三栏式。

2）登记账簿的一般要求

（1）红字的含义：只在结账、改错、冲销账簿记录时使用。红色的数字，在会计核算中表示负数。

（2）记账凭证中记账备注栏打"√"表示已经过账。

（3）转页手续："转下页""承前页"。

（4）隔页、跳行，划红对角线，并由经办人员盖章以示负责。

（5）账簿中数字不能满格书写，占格距高度的1/2~2/3压底线书写。

（6）结账时，应当结出每个账户的期末余额。需要结出当月发生额的，应当在摘要栏内注明"本月合计"字样，并在下面通栏划单红线。需要结出本年累计发生额的，应当在摘要栏内注明"本年累计"字样，并在下面通栏划单红线；12月末的"本年累计"就是全年累计发生额，全年累计发生额下面应当通栏划双红线。年度终了结账时，所有总账账户都应当结出全年发生额和年末余额。

（7）年度终了，要将各账户的余额结转到下一会计年度，并在摘要栏内注明"结转下年"字样；在下一会计年度新建有关会计账簿的第一行余额栏内填写上年结转的余额，并在摘要栏内注明"上年结转"字样。

4.1.5 科目汇总表的编制

在科目汇总表核算形式的手工账务处理流程中，在登记总账之前，要先根据记账凭证，定期制作丁字账，再根据丁字账填列科目汇总表，具体示例见表4-1。

表4-1　　　　　　　　　　　　　科目汇总表

编制单位：××公司　　　　　　　　　　　　　　　　　　　　　单位：元

科目代码	科目名称	借　方	贷　方
（略）	库存现金	15 000	10 150
	银行存款	30 150	25 000
	应收账款	25 000	25 000
	库存商品	20 000	
	其他应收款	5 000	5 000
	固定资产	20 000	
	应付职工薪酬	10 000	10 000
	⋮	⋮	⋮
	主营业务收入	25 000	25 000
	主营业务成本	20 000	20 000
	财务费用	150	150
	管理费用	14 850	14 850
	本年利润	35 000	25 000
合　计			

4.1.6 会计报表的生成

在登记总账之后，务必应记住的是，要进行本期损益结转，即结平各损益类账户。如表4-1中的主营业务收入、主营业务成本、财务费用和管理费用借方、贷方都是相等的，表示已经结转，可以关闭。只有这样，才可以计算出本期利润，即本年利润的期末余额。在表4-1中，本期亏损10 000元，这是因为本年利润出现借方余额，这样才可以生成利润表。资产类、负债类和所有者权益类账户的期末余额可以直接填列在资产负债表中。不过，本年利润要结转到利润分配账户中，经过分配之后的盈余公积和未分配利润合称留存收益，也要转入所有者权益，这样期末资产负债表才能平衡。

● 4.2 用友畅捷通T+电子账务处理流程

4.2.1 用友畅捷通T+电子账务处理流程简介

经过梳理，本节将用友畅捷通T+电子账务处理流程概括为如图4-4所示的步骤。

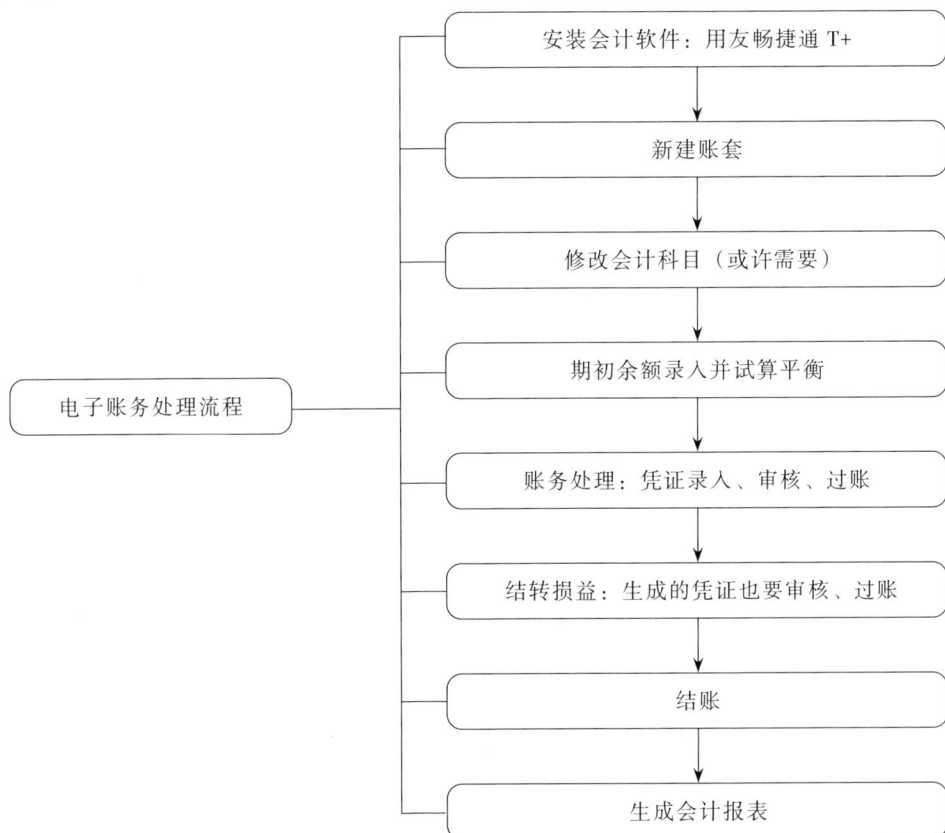

图4-4 用友软件账务处理流程

下面通过一个简单的实例来具体说明用友畅捷通 T+ 会计软件是如何操作的。

4.2.2 操作实例

【实例 4-1】

假设 HP 公司 2021 年期初资产负债表见表 4-2。

表 4-2 　　　　　　　　HP 公司 2021 年 1 月 1 日资产负债表 　　　　　　　　单位：元

资　产	金　额	负债和股东权益	金　额
流动资产		流动负债	
货币资金	（10 000+10 000）20 000	应付账款	35 000
存货	（4 500+30 500）35 000	应付职工薪酬	
应收账款		非流动负债	
非流动资产		负债合计	35 000
长期股权投资		股东权益	
固定资产原值		股本	20 000
累计折旧		资本公积	
固定资产净值		未分配利润	
无形资产及其他资产		股东权益合计	20 000
资产总计	55 000	负债和股东权益总计	55 000

HP 公司 2021 年度发生如下经济业务：

（1）用现金支付办公室差旅费 1 000 元。

（2）用银行存款支付银行利息 1 500 元。

（3）用现金支付销售部门招待费 500 元。

（4）赊销产品 30 000 元。

（5）销售的产品成本为 10 000 元。

（6）采购原材料，其中，甲材料 50 千克，价值 500 元，乙材料 100 千克，价值 1 000 元，款项尚未支付。

（7）计提工资，其中，管理部门人员工资 2 000 元，生产部门工人工资 3 000 元，销售部门人员工资 3 000 元。

（8）收回货款 10 000 元。

（9）领用原材料，其中，甲材料 200 千克，价值 2 000 元，乙材料 300 千克，价值 3 000 元。

（10）产成品入库，价值 8 000 元。

其中，期初资产负债表中货币资金的明细为：库存现金 10 000 元，银行存款 10 000 元；存货的构成为：原材料 4 500 元，库存商品 30 500 元。会计科目表可能需要的修改为：现金—库存现金；产品销售费用—销售费用；产品销售收入—主营业务收入；产品销售成本—主营业务成本；产成品—库存商品；应付工资—应付职工薪酬；实收资本—股本。

编制经济业务的会计分录如下：

（1）现金支付办公室差旅费 1 000 元。

付 1

借：管理费用　　　　　　　　　　　　　　　　　　　1 000

　　贷：库存现金　　　　　　　　　　　　　　　　　　　1 000

（2）银行存款支付银行利息 1 500 元。

付 2

借：财务费用　　　　　　　　　　　　　　　　　　　1 500

　　贷：银行存款　　　　　　　　　　　　　　　　　　　1 500

（3）现金支付销售部门招待费 500 元。

付 3

借：销售费用　　　　　　　　　　　　　　　　　　　　500

　　贷：库存现金　　　　　　　　　　　　　　　　　　　　500

（4）赊销产品 30 000 元。

转 1

借：应收账款　　　　　　　　　　　　　　　　　　30 000

　　贷：主营业务收入　　　　　　　　　　　　　　　　30 000

（5）销售的产品成本为 10 000 元。

转 2

借：主营业务成本　　　　　　　　　　　　　　　　10 000

　　贷：库存商品　　　　　　　　　　　　　　　　　　10 000

（6）采购原材料，其中，甲材料 50 千克，价值 500 元，乙材料 100 千克，价值 1 000 元，款项尚未支付。

转 3

借：原材料　　　　　　　　　　　　　　　　　　　1 500

　　　　——甲材料　　　　　　　　　　　　　　　　　500

　　　　——乙材料　　　　　　　　　　　　　　　　1 000

　　贷：应付账款　　　　　　　　　　　　　　　　　　1 500

（7）计提工资，其中，管理部门人员工资 2 000 元，生产部门工人工资 3 000 元，销售部门人员工资 3 000 元。

转 4

借：管理费用　　　　　　　　　　　　　　　　　　2 000

　　生产成本　　　　　　　　　　　　　　　　　　3 000

　　销售费用　　　　　　　　　　　　　　　　　　3 000

　　贷：应付职工薪酬　　　　　　　　　　　　　　　　8 000

（8）收回货款 10 000 元。

收 1

借：银行存款　　　　　　　　　　　　　　　　　　10 000

贷：应收账款   10 000

（9）领用原材料，其中，甲材料200千克，价值2 000元，乙材料300千克，价值3 000元。

转5

借：生产成本   5 000

    贷：原材料   5 000

        ——甲材料   2 000

        ——乙材料   3 000

（10）产成品入库，价值8 000元。

转6

借：库存商品   8 000

    贷：生产成本   8 000

（11）结转主营业务收入、主营业务成本及有关费用。

转7

借：主营业务收入   30 000

    贷：本年利润   30 000

借：本年利润   18 000

    贷：主营业务成本   10 000

        管理费用   3 000

        财务费用   1 500

        销售费用   3 500

4.2.3 操作步骤

1）建立账套：以"系统管理员"身份登录系统并新建账套。

2）选择账套启用时间，如图4-5所示为2021年度。

图4-5 新建账套启用时间

3）根据企业业务选择相应模块，企业必须具备总账模块和报表模块。

4）以"系统管理员"身份登录系统，分配财务人员权限：在系统管理—用户权限处进行设置，一般建议再设1~2名财务人员，分配一人制单及记账权限，分配另一人凭证审核和查询权限。制单可兼记账，审核人员不可制单和记账。

5）在基础设置—科目—修改处修改会计科目。

6）在初始化—科目期初余额处录入期初余额并试算平衡。截取的初始化结果，如图4-6所示。

期间: 2021.01

序号	*科目编码	*科目名称	方向	期初余额 金额
1	1001	库存现金	借方	10,000.00
2	1002	银行存款	借方	10,000.00
3	1012	其他货币资金	借方	

序号	*科目编码	*科目名称	方向	期初余额 金额
16	1402	在途物资	借方	
17	1403	原材料	借方	4,500.00
18	1404	材料成本差异	借方	
19	1405	库存商品	借方	30,500.00

序号	*科目编码	*科目名称	方向	期初余额 金额
38	2201	应付票据	贷方	
39	2202	应付账款	贷方	35,000.00

序号	*科目编码	*科目名称	方向	期初余额 金额
90	2501	长期借款	贷方	
91	2701	长期应付款	贷方	
92	3001	股本	贷方	20,000.00

试算平衡 ⑦ ✕

导出 打印∨ 退出

试算结果平衡

序号	科目类型	借方发生	贷方发生	方向	余额	科目类型	借方发生	贷方发生	方向	余额
1	资产			借	55,000.00	负债			贷	35,000.00
2	成本			平		权益			贷	20,000.00
3						损益			平	
4	合计			借	55,000.00	合计			贷	55,000.00

图4-6 HP公司初始化结果

7）录入凭证：A财务人员登录系统在总账—填制凭证处制单，输出的记账凭证共10张，如图4-7所示。

已分配

记账凭证

* 凭证类别 记账凭证 * 凭证编号 0001 * 制单日期 2021-01-01 附单据数

明细 汇总

序号	*摘要	*科目名称	借方 亿千百十万千百十元角分	贷方 亿千百十万千百十元角分
壹	现金支付办公室差旅费1 000元	管理费用-...	1 0 0 0 0 0	
2	现金支付办公室差旅费1 000元	库存现金		1 0 0 0 0 0
3				
4				
5				
6				
7				
8				

合计	大写合计	壹仟元整	1 0 0 0 0 0	1 0 0 0 0 0

记账人 _____ 审核人 _____ 出纳 _____ *制单人 A财务人员

记账凭证

* 凭证类别 记账凭证 * 凭证编号 0002 * 制单日期 2021-01-01 附单据数

明细 汇总

序号	*摘要	*科目名称	辅助项	借方 亿千百十万千百十元角分	贷方 亿千百十万千百十元角分
壹	银行存款支付银行利息1 500元	财务费用-...		1 5 0 0 0 0	
2	银行存款支付银行利息1 500元	银行存款			1 5 0 0 0 0
3					
4					
5					
6					
7					
8					

合计	大写合计	壹仟伍佰元整	1 5 0 0 0 0	1 5 0 0 0 0

记账人 _____ 审核人 _____ 出纳 _____ *制单人 A财务人员

记账凭证

凭证类别 记账凭证	凭证编号 0003	制单日期 2021-01-01	附单据数

明细 汇总

序号	*摘要	*科目名称	借方 亿 千 百 十 万 千 百 十 元 角 分	贷方 亿 千 百 十 万 千 百 十 元 角 分
1	现金交付销售部门招待费500元	销售费用-...	5 0 0 0 0	
2	现金交付销售部门招待费500元	库存现金		5 0 0 0 0
3				
4				
5				
6				
7				
8				

合计 大写合计	伍佰元整	5 0 0 0 0	5 0 0 0 0

记账人	审核人	出纳	*制单人 A财务人员

记账凭证

凭证类别 记账凭证	凭证编号 0004	制单日期 2021-01-01	附单据数

明细 汇总

序号	*摘要	*科目名称	借方 亿 千 百 十 万 千 百 十 元 角 分	贷方 亿 千 百 十 万 千 百 十 元 角 分
1	赊销产品30 000元	应收账款	3 0 0 0 0 0 0	
2	赊销产品30 000元	主营业务收入		3 0 0 0 0 0 0
3				
4				
5				
6				
7				
8				

合计 大写合计	叁万元整	3 0 0 0 0 0 0	3 0 0 0 0 0 0

记账人	审核人	出纳	*制单人 A财务人员

记账凭证

			借方										贷方								

* 凭证类别 记账凭证　　　* 凭证编号 0005　　　* 制单日期 2021-01-01　　　附单据数

明细　汇总

序号	*摘要	*科目名称	借方 亿	千	百	十	万	千	百	十	元	角	分	贷方 亿	千	百	十	万	千	百	十	元	角	分
1	销售的产品成本为10 000元	主营业务成本					1	0	0	0	0	0	0											
2	销售的产品成本为10 000元	库存商品																1	0	0	0	0	0	0
3																								
4																								
5																								
6																								
7																								
8																								

| 合计 大写合计 | | 壹万元整 | | | | | 1 | 0 | 0 | 0 | 0 | 0 | 0 | | | | | 1 | 0 | 0 | 0 | 0 | 0 | 0 |

记账人 ＿＿＿＿＿　　　审核人 ＿＿＿＿＿　　　出纳 ＿＿＿＿＿　　　* 制单人 A财务人员

记账凭证

* 凭证类别 记账凭证　　　* 凭证编号 0006　　　* 制单日期 2021-01-01　　　附单据数

明细　汇总

序号	*摘要	*科目名称	借方 亿	千	百	十	万	千	百	十	元	角	分	贷方 亿	千	百	十	万	千	百	十	元	角	分
壹	采购原材料，甲材料50千克，…	原材料						5	0	0	0	0												
2	采购原材料，乙材料100千克，…	原材料					1	0	0	0	0	0												
3	采购原材料，甲材料50千克，…	应付账款																1	5	0	0	0	0	
4																								
5																								
6																								
7																								
8																								

| 合计 大写合计 | | 壹仟伍佰元整 | | | | | 1 | 5 | 0 | 0 | 0 | 0 | | | | | | 1 | 5 | 0 | 0 | 0 | 0 | |

记账人 ＿＿＿＿＿　　　审核人 ＿＿＿＿＿　　　出纳 ＿＿＿＿＿　　　* 制单人 A财务人员

记账凭证

*凭证类别 记账凭证　　　　*凭证编号 0007　　　　*制单日期 2021-01-01　　　　附单据数 _____

明细　汇总

序号	*摘要	*科目名称	借方										贷方									
			亿	千	百	十	万	千	百	十	元	角	分	亿	千	百	十	万	千	百	十	元	角	分
1	计提工资, 管理部门2 000元	管理费用-管理人员职工薪酬					2	0	0	0	0	0												
2	计提工资, 生产部门工人3 000元	生产成本					3	0	0	0	0	0												
3	计提工资, 销售部门3 000元	销售费用-销售人员职工薪酬					3	0	0	0	0	0												
4	计提工资, 管理部门2 000元,…	应付职工薪酬-应付职工工资																8	0	0	0	0	0
5																								
6																								
7																								
8																								

合计 大写合计　　　　**捌仟元整**　　　　**8 0 0 0 0 0**　　　　**8 0 0 0 0 0**

记账人 _____　　　审核人 _____　　　出纳 _____　　　*制单人 A财务人员

记账凭证

*凭证类别 记账凭证　　　　*凭证编号 0008　　　　*制单日期 2021-01-01　　　　附单据数 _____

明细　汇总

序号	*摘要	*科目名称	辅助项	借方										贷方									
				亿	千	百	十	万	千	百	十	元	角	分	亿	千	百	十	万	千	百	十	元	角	分
1	收回货款10 000元	银行存款					1	0	0	0	0	0	0											
2	收回货款10 000元	应收账款															1	0	0	0	0	0	0
3																								
4																								
5																								
6																								
7																								
8																								

合计 大写合计　　　　**壹万元整**　　　　**1 0 0 0 0 0 0**　　　　**1 0 0 0 0 0 0**

记账人 _____　　　审核人 _____　　　出纳 _____　　　*制单人 A财务人员

记账凭证

*凭证类别 记账凭证	*凭证编号 0009	*制单日期 2021-01-01	附单据数

明细　汇总

序号	*摘要	*科目名称	借方 亿 千 百 十 万 千 百 十 元 角 分	贷方 亿 千 百 十 万 千 百 十 元 角 分
1	领用原材料，甲材料200千克，…	生产成本	5 0 0 0 0 0	
2	领用原材料，甲材料200千克，…	原材料		2 0 0 0 0 0
3	领用原材料，乙材料300千克，…	原材料		3 0 0 0 0 0
4				
5				
6				
7				
8				
合计 大写合计	伍仟元整		5 0 0 0 0 0	5 0 0 0 0 0

记账人 _____　　审核人 _____　　出纳 _____　　*制单人 A财务人员

记账凭证

*凭证类别 记账凭证	*凭证编号 0010	*制单日期 2021-01-01	附单据数

明细　汇总

序号	*摘要	*科目名称	借方 亿 千 百 十 万 千 百 十 元 角 分	贷方 亿 千 百 十 万 千 百 十 元 角 分
1	产成品入库8 000元	库存商品	8 0 0 0 0 0	
2	产成品入库8 000元	生产成本		8 0 0 0 0 0
3				
4				
5				
6				
7				
8				
合计 大写合计	捌仟元整		8 0 0 0 0 0	8 0 0 0 0 0

记账人 _____　　审核人 _____　　出纳 _____　　*制单人 A财务人员

图4-7　HP公司记账凭证输出

8）审核凭证：B财务人员登录系统在总账—凭证管理处审核凭证，注意要先选择凭证时间。图4-8是审核前后的记账凭证对比。

我的桌面　初始化导航　新功能介绍　凭证管理　**填制凭证** ✕

新增∨　保存∨　删除　放弃　审核∨　记账　流量　联查∨　设置∨　打印∨　更多∨

已分配

记账凭证

*凭证类别 记账凭证　　　*凭证编号 0001　　　*制单日期 2021-01-01　　　附单据数

明细　汇总

序号	*摘要	*科目名称	借方 亿千百十万千百十元角分	贷方 亿千百十万千百十元角分
1	现金支付办公室差旅费1 000元	管理费用-差旅费	1 0 0 0 0 0	
2	现金支付办公室差旅费1 000元	库存现金		1 0 0 0 0 0
3				
4				
5				
6				
7				
8				
合计 大写合计		**壹仟元整**	**1 0 0 0 0 0**	**1 0 0 0 0 0**

记账人　　　　审核人　　　　出纳　　　　*制单人 A财务人员

新增∨　保存∨　删除　放弃　弃审　记账　流量　联查∨　设置∨　打印∨　更多∨

已分配　已审

记账凭证

*凭证类别 记账凭证　　　*凭证编号 0001　　　*制单日期 2021-01-01　　　附单据数

明细　汇总

序号	*摘要	*科目名称	借方 亿千百十万千百十元角分	贷方 亿千百十万千百十元角分
1	现金支付办公室差旅费1 000元	管理费用-差旅费	1 0 0 0 0 0	
2	现金支付办公室差旅费1 000元	库存现金		1 0 0 0 0 0
3				
4				
5				
6				
7				
8				
合计 大写合计		**壹仟元整**	**1 0 0 0 0 0**	**1 0 0 0 0 0**

记账人　　　　审核人 B财务人员　　　　出纳　　　　*制单人 A财务人员

图4-8　HP公司第1张记账凭证审核前后对比

9）记账，即登记账簿，也称过账：在总账—记账处操作，注意要先进行时间选择，如图4-9所示。

图4-9 HP公司记账成功界面

10）期末处理：在总账—期间损益结转处操作，生成一张转账凭证，如图4-10所示。这张转账凭证要先切换成B财务人员进行审核，再切换成A财务人员进行记账。

已生成																						

记账凭证

*凭证类别 记账凭证　　　*凭证编号 0011　　　*制单日期 2021-01-01　　　附单据数

明细　汇总

序号	*摘要	*科目名称	借方										贷方									
			亿	千	百	十	万	千	百	十	元	角	分	亿	千	百	十	万	千	百	十	元	角	分
1	结转期间损益	主营业务收入				3	0	0	0	0	0	0												
2	结转期间损益	主营业务成本															1	0	0	0	0	0	0
3	结转期间损益	销售费用-销售人员职工薪酬																3	0	0	0	0	0
4	结转期间损益	销售费用-招待费																	5	0	0	0	0
5	结转期间损益	管理费用-管理人员职工薪酬																2	0	0	0	0	0
6	结转期间损益	管理费用-差旅费																1	0	0	0	0	0
7	结转期间损益	财务费用-利息费用																1	5	0	0	0	0
8	结转期间损益	本年利润															1	2	0	0	0	0
合计	大写合计	叁万元整				3	0	0	0	0	0	0					3	0	0	0	0	0	0

记账人　　　　　审核人　　　　　出纳　　　　　*制单人 A财务人员

图4-10 HP公司结转损益转账凭证

记账之后，可以查看到所有的明细账和总账。图4-11是以应收账款为例输出的明细账和总账。从图4-11可以看出，明细账是逐笔登记的，比较详细，而总账是汇总登记的，比较简洁。图4-12则是以销售费用为例输出的明细账和总账。从图4-12可以看出，由于已经结转损益且结转损益的凭证已经审核、记账，所以，销售费用无论是明细账还是总账，期末均无余额。

1122 应收账款明细账

日期	凭证字号	摘要	借方	贷方	方向	余额
		科目： 1122 应收账款　　期间： 2021.01—2021.12				
		期初余额			平	
2021-01-01	记-0004	赊销产品 30 000 元	30 000.00		借	30 000.00
2021-01-01	记-0008	收回货款 10 000 元		10 000.00	借	20 000.00
2021.01		本月合计	30 000.00	10 000.00	借	20 000.00
2021.01		本年累计	30 000.00	10 000.00	借	20 000.00
制表人： A 财务人员			打印日期： 2021-10-26			

1122 应收账款总账

科目： 1122 应收账款　　期间： 2021.01—2021.12

期间	摘要	借方	贷方	方向	余额
	期初余额			平	
2021.01	本月合计	30 000.00	10 000.00	借	20 000.00
2021.01	本年累计	30 000.00	10 000.00	借	20 000.00
制表人： A 财务人员			打印日期： 2021-10-26		

图4-11　应收账款明细账和总账

5601 销售费用明细账						
科目：	5601 销售费用			期间：	2021.01—2021.12	
日期	凭证字号	摘要	借方	贷方	方向	余额
		期初余额			平	
2021-01-01	记-0003	现金支付销售部门招待费500元	500.00		借	500.00
2021-01-01	记-0007	计提工资，销售部门3 000元	3 000.00		借	3 500.00
2021-01-01	记-0011	结转期间损益		3 000.00	借	500.00
2021-01-01	记-0011	结转期间损益		500.00	平	
2021.01		本月合计	3 500.00	3 500.00	平	
2021.01		本年累计	3 500.00	3 500.00	平	
制表人：	A财务人员			打印日期：	2021-10-26	

5601 销售费用总账					
科目：	5601 销售费用		期间：	2021.01—2021.12	
期间	摘要	借方	贷方	方向	余额
	期初余额			平	
2021.01	本月合计	3 500.00	3 500.00	平	
2021.01	本年累计	3 500.00	3 500.00	平	
制表人：	A财务人员		打印日期：	2021-10-26	

图4-12　销售费用明细账和总账

11）报表处理：在报表中心—模板设计处操作，选择报表，如资产负债表、利润表和现金流量表均勾选，选择期间，生成报表，如图 4-13 所示。

资产负债表

编制单位：HP公司　　　　　　2021 年 12 月 31 日　　　　　　单位：元

资　产	行次	期末余额	年初余额	负债和所有者权益（或股东权益）	行次	期末余额	年初余额
流动资产：				流动负债：			
货币资金	1	27 000.00	20 000.00	短期借款	31		
短期投资	2			应付票据	32		
应收票据	3			应付账款	33	36 500.00	35 000.00
应收账款	4	20 000.00		预收账款	34		
预付账款	5			应付职工薪酬	35		8 000.00
应收股利	6			应交税费	36		
应收利息	7			应付利息	37		
其他应收款	8			应付利润	38		
存货	9	29 500.00	35 000.00	其他应付款	39		
其中：原材料	10	1 000.00	4 500.00	其他流动负债	40		
在产品	11			流动负债合计	41	44 500.00	35 000.00
库存商品	12	28 500.00	30 500.00	非流动负债：			
周转材料	13			长期借款	42		
其他流动资产	14			长期应付款	43		
流动资产合计	15	76 500.00	55 000.00	递延收益	44		
非流动资产：				其他非流动负债	45		
长期债券投资	16			非流动负债合计	46		
长期股权投资	17			负债合计	47	44 500.00	35 000.00
固定资产原价	18						
减：累计折旧	19						
固定资产账面价值	20						
在建工程	21						
工程物资	22						
固定资产清理	23						
生产性生物资产	24			所有者权益（或股东权益）			
无形资产	25			实收资本（或股本）	48	20 000.00	20 000.00
开发支出	26			资本公积	49		
长期待摊费用	27			盈余公积	50		
其他非流动资产	28			未分配利润	51	12 000.00	
非流动资产合计	29			所有者权益（或股东权益）合计	52	32 000.00	20 000.00
资产总计	30	76 500.00	55 000.00	负债和所有者权益（或股东权益）总计	53	76 500.00	55 000.00

单位负责人：　　　　　　财务主管：　　　　　　制表人：

利润表

会小企 02 表

编制单位：HP公司　　　　　　　　2021年1月　　　　　　　　　单位：元

项　目	行次	本年累计金额	本月金额
一、营业收入	1	30 000.00	30 000.00
减：营业成本	2	10 000.00	10 000.00
税金及附加	3		
其中：消费税	4		
城市维护建设税	5		
资源税	6		
土地增值税	7		
城镇土地使用税、房产税、车船税、印花税	8		
教育费附加、矿产资源补偿费、排污费	9		
销售费用	10	3 500.00	3 500.00
其中：商品维修费	11		
广告费和业务宣传费	12		
管理费用	13	3 000.00	3 000.00
其中：开办费	14		
业务招待费	15		
研发费用	16		
财务费用	17	1 500.00	1 500.00
其中：利息费用（收入以"－"号填列）	18	1 500.00	1 500.00
加：投资收益（损失以"－"号填列）	19		
二、营业利润（亏损以"－"号填列）	20	12 000.00	12 000.00
加：营业外收入	21		
其中：政府补助	22		
减：营业外支出	23		
其中：坏账损失	24		
无法收回的长期债券投资损失	25		
无法收回的长期股权投资损失	26		
自然灾害等不可抗力因素造成的损失	27		
税收滞纳金	28		
三、利润总额（亏损总额以"－"号填列）	29	12 000.00	12 000.00
减：所得税费用	30		
四、净利润（净亏损以"－"号填列）	31	12 000.00	12 000.00

单位负责人：　　　　　　财务主管：　　　　　　　制表人：

现金流量表

会小企03表

编制单位：HP公司　　　　　　　　　2021年1月　　　　　　　　　　　单位：元

项　目	行次	本年累计金额	本月金额
一、经营活动产生的现金流量			
销售产成品、商品、提供劳务收到的现金	1	10 000.00	10 000.00
收到其他与经营活动有关的现金	2		
购买原材料、商品、接受劳务支付的现金	3		
支付的职工薪酬	4		
支付的税费	5		
支付其他与经营活动有关的现金	6	3 000.00	3 000.00
经营活动产生的现金流量净额	7	7 000.00	7 000.00
二、投资活动产生的现金流量			
收回短期投资、长期债券投资和长期股权投资收到的现金	8		
取得投资收益收到的现金	9		
处置固定资产、无形资产和其他非流动资产收回的现金净额	10		
短期投资、长期债券投资和长期股权投资支付的现金	11		
购建固定资产、无形资产和其他非流动资产支付的现金	12		
投资活动产生的现金流量净额	13		
三、筹资活动产生的现金流量			
取得借款收到的现金	14		
吸收投资者投资收到的现金	15		
偿还借款本金支付的现金	16		
偿还借款利息支付的现金	17		
分配利润支付的现金	18		
筹资活动产生的现金流量净额	19		
四、现金净增加额	20	7 000.00	7 000.00
加：期初现金余额	21		
五、期末现金余额	22	7 000.00	7 000.00

单位负责人：　　　　　　财务主管：　　　　　　　　制表人：

图4-13　HP公司最后生成的三张报表

【总结与结论】

　　本章介绍了实务中的会计循环，即从凭证到账簿再到报表在手工账下和电子账下是如何操作的。本章的重点内容是原始凭证如何审核、记账凭证如何填制，其他账务处理流程在会计软件中只需要点击相应的模块就可以自动执行。学习完本章内容之后，要求学生能够以一家企业某一个会计期的常见业务为例，完整地操作一遍电子账务处理流程，非如此学习者难以建立起对会计实务工作的感性认识。

【练习题库】

　　★ 思考题

　　1.如何进行原始凭证的审核？

　　2.为什么说制单即填制记账凭证对于初学会计课程的学生来说是至关重要的？

　　★ 业务题

　　三江公司为一家商品流通企业，2021年发生如下经济业务：

　　（1）赊销商品一批，价款25 000元；同时，结转销售成本20 000元。

　　（2）采购员小汤出差预借差旅费5 000元。

　　（3）计提管理人员工资10 000元。

　　（4）收到销售业务的货款25 000元。

　　（5）采购员小汤出差归来，报销差旅费4 850元，交回现金150元。

　　（6）从银行账户支付承兑汇票手续费150元。

　　（7）通过银行发放工资。

　　三江公司资产负债表期初余额如下（金额单位为元）：

库存现金	20 000	
银行存款	180 000	
应收账款	20 000	
存货	1 155 000	
资产合计	1 375 000	
短期借款		20 000
应付账款		15 000
长期借款		200 000
应付债券		100 000
实收资本		1 000 000
资本公积		20 000
盈余公积		10 000
利润分配——未分配利润		10 000
负债和所有者权益合计		1 375 000

编制会计分录如下：

（1）赊销商品一批：

转 1

| 借：应收账款 | 25 000 | |
| 贷：主营业务收入 | | 25 000 |

（2）结转销售成本：

转 2

| 借：主营业务成本 | 20 000 | |
| 贷：库存商品 | | 20 000 |

（3）小汤预借差旅费：

付 1

| 借：其他应收款——小汤 | 5 000 | |
| 贷：库存现金 | | 5 000 |

（4）计提工资：

转 3

| 借：管理费用 | 10 000 | |
| 贷：应付职工薪酬 | | 10 000 |

（5）收到赊销商品货款：

收 1

| 借：银行存款 | 25 000 | |
| 贷：应收账款 | | 25 000 |

（6）小汤报销差旅费：

收 2

借：管理费用	4 850	
库存现金	150	
贷：其他应收款——小汤		5 000

（7）支付承兑汇票手续费：

付 2

| 借：财务费用 | 150 | |
| 贷：银行存款 | | 150 |

（8）发放工资：

付 3

| 借：应付职工薪酬 | 10 000 | |
| 贷：银行存款 | | 10 000 |

要求：使用金蝶标准版或用友畅捷通 T+会计软件完成一个会计循环操作。若使用金蝶软件，有关注意事项如下：

（1）设定为商品流通企业。

（2）上述业务假定为截止到目前所发生的全部经济业务。

（3）千万记住不要随便点击结账，因为试用版的金蝶软件结账功能不能超过2次，否则再也无法登录。

（4）授权：在工具栏（用户管理）；缺省组：至少2名；建议：凭证录入与审核分设。

（5）文件模块：在凭证审核和报表查看部分更换操作员。

（6）结转损益之后，再从审核开始重走一遍。

（7）期末出纳轧账可以先跳过不管，直接查看报表与分析模块以便知道最终结果。

（8）金蝶软件标准版（教学用）的应付账款部分公式有误，修改为（仅限商品流通企业）：

期初=<204>.DC+<126>.DC

期末=<204>.DY+<126>.DY

【延伸阅读文献】

刘梅玲，等. 智能财务的基本框架与建设思路研究 [J]. 会计研究，2020（3）：179-192.

第 5 章

收入

【学习目标】

通过本章的学习，您应该：（1）了解新收入准则的变化；（2）掌握收入确认的五步法模型；（3）掌握附有客户额外购买选择权的销售、融资性分期收款销售和附有销售退回条件的商品销售的会计核算；（4）了解新收入准则的实施对企业的影响。

● 5.1 收入准则修订的背景

1）2014年国际新收入确认准则的修订

2014年以前，国际财务报告准则（International Financial Reporting Standards，IFRS）与美国公认会计准则（Generally Accepted Accounting Principles，GAAP）对收入的确认采用不同的准则，然而两个准则本身都有一定的局限性。国际财务报告准则（IFRS）对于收入确认方法的通用性较强而实用性略差；而美国公认会计准则（GAAP）则专注于细节，这样就造成了实质上相同的经济业务却采用了不同的会计处理方法。随着经济的全球化，企业之间数据的可比性对于报表使用者来说日益重要，业界对准则修订的要求日益得到重视。因此，国际会计准则理事会（International Accounting Standards Board，IASB）和美国财务会计准则委员会（Financial Accounting Standards Board，FASB）发起了一项联合项目，决定制定一套与时俱进的、全球趋同的收入准则。2014年5月28日，国际会计准则理事会（IASB）和美国财务会计准则委员会（FASB）联合发布了《国际财务报告准则第15号——与客户之间的合同产生的收入》（Revenue From Contracts With Customers，IFRS 15）。这是一套针对所有行业的新收入确认准则，适用于所有与客户之间的合同（除投资、金融工具、租赁、保险及部分非货币性资产交换合同外）。新收入确认准则的显著特点是，其适用范围非常广泛，为处理收入问题提供了完善的框架，能够显著提升财务数据的可比性。

2）2017年中国新收入确认准则的修订

2006年2月，财政部发布了《企业会计准则第14号——收入》和《企业会计准则第15号——建造合同》。这两项准则对传统企业和建造企业的收入确认、计量和信息披露进行了规范。随着产业的升级和企业业务模式的创新和发展，大量新兴业务在互联网、大数据的环境下脱颖而出，而会计准则的局限性日益突显，这引起了实务界的普遍关注。例如，建造设计是适用于第14号收入准则还是适用于第15号建造合同准则？商品所有权上的主要风险和报酬转移该如何界定？按总额法和净额法确认收入对于采用不同业务模式的企业有何影响？对于包含可变对价的合同该如何确认收入？诸如此类的问题，从客观上对我国收入准则的修订提出了要求。

自国际会计准则理事会（IASB）发布了IFRS15收入准则后，我国财政部随后便启动了新收入准则的修订工作。在经历了前期准备、起草、公开征求意见、测试和修改完善等几个阶段后，2017年7月，财政部正式发布了《企业会计准则第14号——收入》（以下简称"新收入准则"），并由此实现了我国企业会计准则与国际财务报告准则的全面趋同。

3）新收入准则的生效和衔接

对于新收入准则的实施，财政部下发了财会〔2017〕22号文件，通知各企业知悉关于修订印发《企业会计准则第14号——收入》的通知。该文件中提到：为了适应社会主义市场经济发展的需要，规范收入的会计处理，提高会计信息的质量，根据《企业会计准则——基本准则》的规定，财政部对原《企业会计准则第14号——收入》进行了修订。关于新收入准则实施工作的通知如下：

（1）在境内外同时上市的企业及在境外上市并采用国际财务报告准则（IFRS）或企业会计准则（CAS）编制财务报表的企业，自2018年1月1日起施行。

（2）其他境内上市企业，自2020年1月1日起施行。

（3）执行企业会计准则的非上市企业，自2021年1月1日起施行。

（4）对于条件具备、有意愿和有能力提前执行新收入准则的企业，允许其提前执行本准则。

（5）执行本准则的企业，不再执行财政部于2006年2月15日印发的《财政部关于印发〈企业会计准则第1号——存货〉等38项具体准则的通知》（财会〔2006〕3号）中的《企业会计准则第14号——收入》和《企业会计准则第15号——建造合同》，以及财政部于2006年10月30日印发的《财政部关于印发〈企业会计准则应用指南〉的通知》（财会〔2006〕18号）中的《〈企业会计准则第14号——收入〉应用指南》。

该文件中还提到：在衔接规定方面，首次执行新收入准则的累积影响数，调整首次执行当年年初留存收益及财务报表其他相关项目金额，对可比期间信息不予调整。但需在附注中披露，与收入相关会计准则制度的原规定相比，执行新收入准则对当期财务报表相关项目的影响金额，如有重大影响的，还需披露其原因。

● 5.2　新收入准则修订的主要内容

新收入准则修订的主要内容，可参见【相关链接5-1】。

【相关链接5-1】

新收入准则修订的主要内容

1）引入统一的收入确认模型

原收入准则（2006年）包含了收入准则和建造合同准则两种情形，企业会计人员需要根据业务类型判断采用哪种收入确认模式。一般情况下，销售商品收入主要以风险和报酬的转移为基础进行确认，而提供劳务收入和建造合同收入主要采用完工百分比法进行确认。新收入准则引入单一的收入确认模式，不再区分收入的类型，并通过收入确认的五步法模型，判断履约义务是在某一时段内履行的还是在某一时点履行的，以确定收入的实现。

在过去收入准则和建造合同准则并行的情况下，二者的边界是很难准确界定的，可能会发生交易的实质相同而财务报表的呈现却完全不同的情形，这仅仅是因为采用不同的会计收入确认方法造成的影响。在新收入准则执行之后，原建造合同准则不再执行，采用了统一的收入确认方法，增强了不同企业之间会计信息的可比性。

2）以控制权转移作为收入确认时点的判断标准

在原收入准则（2006年）中，需要判断商品所有权上的主要风险和报酬是否已经转移给购买方，如果已经转移才能确认收入。而新收入准则采用控制权转移作为收入确认的依据，即客户取得相关商品（或服务）控制权时就可以确认收入。企业已履行合同中规定的履约义务，客户已取得相关商品的控制权，且客户能够主导该商品（或服务）的使用并从中获得几乎全部的经济利益，就可以确认收入。通常情况下，主要风险和报酬的转移与商品控制权的转移时点是一致的，但在某些交易项下也可能产生两者的偏离，导致新旧准则下收入确认时点的不同。

3）包含多重交易安排的合同的会计处理

在现实的经营中，一笔交易可能包含多个交易对象，比如超市购物赠送物品、折扣券、积分兑换商品等。对于包含多重交易安排的合同，原收入准则（2006年）仅仅对"奖励积分"提供了有限指引，而对其他业务没有具体指引，这可能会造成对于相同实质的交易在不同企业之间做出不同的会计处理。

新收入准则对于包含多重交易安排的合同提供了明确指引，明确了"捆绑销售""套餐"等多重交易的会计处理，要求企业在合同开始日对合同进行评估，识别合同所包含的各单项履约义务，按照各单项履约义务所承诺商品（或服务）的单独售价的相对比例将交易价格分摊至各单项履约义务，进而在履行各单项履约义务时确认相应的收入，有助于解决此类合同的收入确认问题。

4）对于特定交易或事项的收入确认和计量

新收入准则对于某些特定交易（或事项）的收入确认和计量给出了明确规定。

例如，包含可变对价的合同，主要责任人与代理人适用总额法和净额法的区分，附有质保条款的销售，附有客户额外购买选择权的销售等，这些交易（或事项）在原收入准则（2006年）中并未做出具体的规范。在实务中，企业通常基于合同形式或者发票情况来判断收入是按照总额法还是按照净额法来确认，并没有考虑企业在交易过程中所扮演的实际角色，因此，这种情况下选择的收入确认方法可能无法反映交易的实质。新收入准则下需要判断企业在交易过程中是主要责任人还是代理人，从而判断应该选择总额法还是净额法。新收入准则下总额法与净额法的区分和新标准的建立，将对百货零售行业、运输装卸行业、对外贸易行业及电子商务行业产生显著的影响。

资料来源：财政部会计司. 财政部会计司有关负责人就新收入准则的修订完善和发布实施答记者问 [EB/OL]. [2017-07-19]. http://kjs.mof.gov.cn/zhengcejiedu/201707/t20170719_2653113.htm.

1）收入确认标准的改变

原收入准则（2006年）将收入区分为销售商品收入和提供劳务收入以及让渡资产使用权收入，并且强调在将商品所有权上的主要风险和报酬转移给购买方时确认销售商品收入，而在实务中有时难以判断。新收入准则（2017年）打破了商品和劳务的界限，对收入的确认规定了唯一的、明确的标准，要求企业在履行合同中的履约义务，即客户取得相关商品（或服务）的控制权时确认收入。这一表述与原收入准则（2006年）存在显著差异。在执行新收入准则之后，原收入准则的主要风险和报酬转移的标准不再执行。

2）引入"履约义务"概念，"完工百分比法"被"履约进度"替代

原建造合同准则允许采用完工百分比法，该方法也被建筑设计、软件开发、技术服务、新药研发等行业普遍采用。然而，完工不代表履约，完工进度不代表履约进度。新收入准则以"控制权转移"为判断依据，引入了"履约义务"的概念，用"履约进度"取代了"完工进度"。直接销售商品的行为大部分为"某一时点履约义务"。对于在某一时段内履行的履约义务，企业应当考虑商品的性质，采用产出法或投入法确定恰当的履约进度，并且按照该履约进度确认收入。下面举例说明分别按完工百分比法和按履约进度确认收入的区别。

【实例5-1】

2019年10月1日，甲公司签订一项总额为30 000万元的建造合同，为H公司建造一座办公楼，预计建造期为1年。根据合同的约定，合同签订后甲公司立即启动项目施工，节点一地基施工完成需要支付款项的30%，节点二主体建筑完工需要支付款项的30%，节点三内部装修完工需要支付款项的30%，节点四工程验收后支付剩余10%的尾款。项目工期预计在2019年12月31日达到节点一，2020年3月31日达到节点二，2020年6月30日达到节点三，2020年8月31日交付验收。假设甲公司预计该项目总成本为15 000万元，其中2019年该项目发生成本4 500万元。由于天气原因影响工程进度，2019年项目进度并未达到节点一。2020年1月，该项目进度达到节点一。该项目后期施工进度均达到预期计划，2020年8月31日，项目

如期交付并完成验收。建造项目时间节点见表5-1。

表5-1　　　　　　　　　　　　　建造项目时间节点表

项目计划	节点一 2019年12月31日	节点二 2020年3月31日	节点三 2020年6月30日	节点四 2020年8月31日
里程碑	地基施工完成	主体建筑完工	内部装修完工	工程验收后
付款计划	支付款项30%	支付款项30%	支付款项30%	支付尾款10%

（1）按完工百分比法确认收入。

采用完工百分比法确认收入时，尽管2019年项目进度没有达到节点一，但2019年仍然能够采用完工百分比法进行确认。

2019年确认收入=合同金额×2019年发生成本÷该项目预计成本

=30 000×4 500÷15 000=9 000（万元）

2020年确认收入=合同金额×100%−2019年确认收入

=30 000×100%−9 000=21 000（万元）

（2）按履约进度确认收入。

根据新收入准则的规定，甲公司2019年项目进度没有达到节点一就不能确认该节点的收入，只能在项目进度达到节点一和最终验收时分别确认收入。

2019年确认收入=0；

2020年1月确认收入9 000万元；

2020年3月确认收入9 000万元；

2020年6月确认收入9 000万元；

2020年8月确认收入3 000万元；

2020年该项目确认收入30 000万元。

3）企业作为主要责任人或代理人确认商品销售收入的差别

如果为第三方代收款项，新收入准则下需要判断企业的身份是"主要责任人"还是"代理人"。原收入准则中没有明确区分委托人与代理企业的收入确认方法的差异，主要依靠企业会计人员的职业判断。如何判断企业是"主要责任人"还是"代理人"呢？如果在提供商品或者履行服务的过程中，企业是首要责任人，那么其身份就是主要责任人；如果企业为他人提供协助，承诺安排他人提供商品或者服务的，那么其身份就是代理人。代理人只能按照预期有权收取的佣金或手续费的金额确认收入。总体来说，主要责任人的收入确认采用总额法计量，代理人的收入确认采用净额法计量。所以，新收入准则的实施，对于零售百货、运输装卸、外贸、电子商务以及网络游戏等行业收入的确认和计量有着显著影响。

4）引入合同资产与合同负债的概念

新收入准则引入了合同资产和合同负债的概念。合同资产，是指企业已向客户转让商品而有权收取对价的权利，且该权利取决于时间流逝之外的其他因素。合同负债，是指企业已收取客户对价而应向客户转让商品的义务，且履行义务还需其他条件。同一合同下的合同资产和合同负债应当以净额列示；不同合同下的合同资产和合同负债不能互相抵销。

合同资产与应收账款、合同负债与预收账款的定义非常相似，但细究起来还是有所区别的。应收账款是企业所拥有的、无条件向客户收取合同约定款项的权利，该权利能否取得仅取决于时间流逝这一因素。所以，应收账款是否能够顺利收回只取决于债务人的资信状况。合同资产是自身已履约但未收款，收款还取决于其他履约事项。所以，应收款项只承担信用风险，而合同资产除信用风险外，还承担其他履约风险。合同资产是比应收账款质量更低的资产。

当企业因转让商品收到的预收款项适用新收入准则进行会计处理时，不再适用"预收账款"科目及"递延收益"科目。合同负债与预收账款有什么区别呢？预收账款是以实际预收的款项为前提进行确认的。而合同负债的确认，是以履约义务为前提的。如果所预收的款项与合同规定的履约义务无关，则不能作为合同负债核算，应作为预收账款确认。

新收入准则引入"合同负债"科目，对企业的财务核算有什么影响呢？从上市公司的财务报告就可以看出其中的影响。下面选取一家房地产公司作为考察对象，因为房地产企业预收租金和预收定金的情况比较常见。例如，保利发展（600048SH）2020年度财务报告中披露，企业执行新收入准则后将预收的租金放入"预收账款"科目核算，将预收的房款放入"合同负债"科目核算。保利发展2020年度资产负债表（部分）见表5-2。

表5-2　　　　　　　　　　　**保利发展2020年度资产负债表（部分）**　　　　　　　金额单位：万元

项目名称	本期期末数	本期期末数占总资产比例	上期期末数	上期期末数占总资产比例	本期期末金额较上期变动比例	变动原因
交易性金融资产	50 722.73	0.04	7 279.95	0.01	596.75	持有"中联天风-保利发展商用物业"资产支持计划次级份额
应收账款	245 031.51	0.2	184 527.80	0.18	32.79	应收房款、工程款增加
存货	74 147 538.37	59.25	58 400 143.50	56.52	26.96	土地储备和在建拟建项目建安支出增加
预收账款	86 843.99	0.07	32 781 289.89	31.73	-99.74	执行新收入准则，会计政策和会计估计变更以及前期差错更正
合同负债	36 563 082.24	29.22	93 673.19	0.09	38 932	
其他流动负债	3 187 407.30	2.55	—	—	—	
递延所得税负债	66 616.67	0.05	36 867.91	0.04	80.65	

资料来源：根据保利发展2020年度资产负债表及相关项目的会计报表附注计算整理而得。

5）新增合同履约成本和合同取得成本的概念

合同成本包括合同履约成本和合同取得成本。合同履约成本是企业为履行合同发生的成本，该履约成本增加了企业未来用于履行履约义务的资源，且该成本预期能够收回。合同履约成本就是企业当前取得或预期取得的与合同直接相关的成本。合同履约成本是指生产产品或劳务的料工费的耗费；合同取得成本是指企业为取得合同而发生的增量成本。预期能够收回的，应当作为合同取得成本确认为一项资产（即资本化），并且采用与收入确认相同的基础进行摊销，计入当期损益。增量成本是指企业不取得合同就不会发生的成本（如销售佣金等）。如果该资产摊销期限不超过一年的，销售佣金可以在发生时计入当期损益。企业为取得合同发生的、除预期能够收回的增量成本之外的其他支出（如无论是否取得合同均会发生的差旅费等），应当在发生时计入当期损益，但是明确由客户承担的除外。合同履约成本应根据行业的不同，在发生时分别用"生产成本""制造费用""劳务成本""开发成本""工程施工"等科目进行核算，产品或劳务完工时记入"库存商品""开发产品"等资产类科目，销售时再转入"主营业务成本"等科目，与收入相配比进行核算。合同取得成本是指为签订合同发生的差旅费和销售佣金等，差旅费应记入"销售费用"科目核算，但销售佣金应记入"生产成本"等科目核算，再转入"库存商品"等科目。

6）新增合同资产减值准备、合同履约成本减值准备和合同取得成本减值准备会计科目

这三个会计科目分别用于核算合同资产减值准备以及合同履约成本和合同取得成本相关的减值准备。当发生减值时，按应减记的金额，借记"资产减值损失"科目，贷记本科目；当减值准备发生转回时，借记本科目，贷记"资产减值损失"科目。

7）新增应收退货成本与应付退货款会计科目

应收退货成本是一个资产类科目，本科目核算销售商品时预期将退回商品的账面价值，扣除收回该商品预计发生的成本（包括退回商品的价值减损）后的余额。即为已发出但预计可能发生退货的存货成本，这部分存货的成本是不能转入主营业务成本的，需要在本科目中归集。应付退货款是一个负债类科目，本科目核算销售商品时预期将退回商品的销售价款，这部分金额是不能计入收入的。为了和预计负债的其他项目区分开来，专门为可能退货产生的预计负债增设了一个二级科目"应付退货款"。

企业发生附有销售退回条款的销售业务，在客户取得相关商品控制权时，确认有关收入时，借记"银行存款""应收账款""应收票据""合同资产"科目，贷记"主营业务收入""预计负债——应付退货款"等科目；结转销售成本时，分别借记"主营业务成本""应收退货成本"科目，贷记"库存商品"等科目。

● 5.3　收入确认的五步法模型

根据《〈企业会计准则第14号——收入〉应用指南》（2018年）的规定，企业应当在履行合同履约义务后，即在客户取得相关商品或服务的控制权时确认收入。客户取得相关商品或服务的控制权，是指能够主导该商品的使用并从中获得几乎全部的经济利益。基于该原则，新收入准则下收入的确认需要分为五个步骤，如图5-1所示。

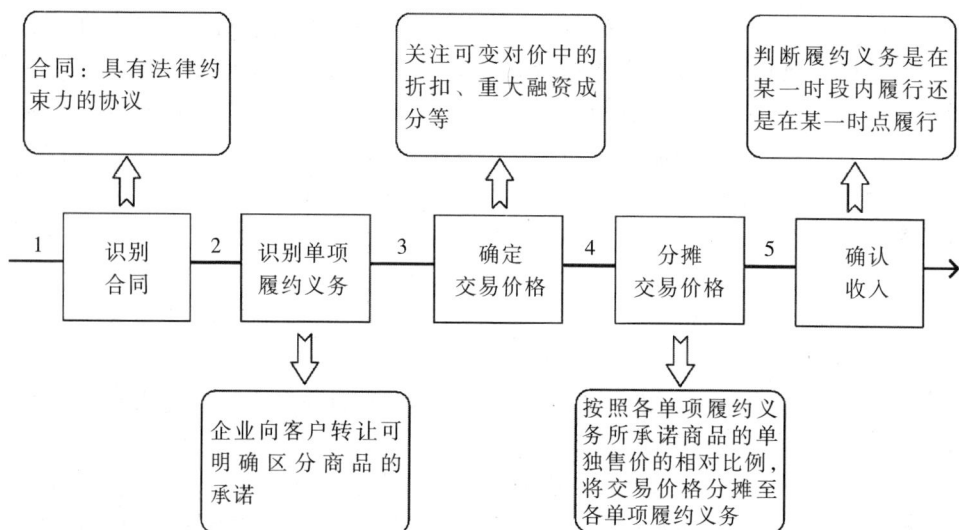

图5-1　收入确认的五步法模型

1）识别客户合同

《〈企业会计准则第14号——收入〉应用指南》（2018年）中指出，企业与客户之间的合同需要同时满足下列五个条件：一是合同各方已批准该合同并承诺将履行各自义务；二是该合同明确了合同各方与所转让商品或提供劳务相关的权利和义务；三是该合同有明确的与所转让商品相关的支付条款；四是该合同具有商业实质；五是企业因向客户转让商品而有权取得的对价很可能收回。

2）识别各单项履约义务

履约义务是指合同中企业向客户转让可明确区分商品的承诺。需要明确的是，合同中约定的是销售商品还是提供服务，或者是商品和服务的组合，以便识别合同中所包含的所有单项履约义务。

3）确定交易价格

交易价格是指企业因向客户转让商品而预期有权收取的对价金额。合同标价不一定代表交易价格。交易价格的确定之所以受到特别关注是因为存在如下情形。若一项安排涉及可变对价、重大融资成分、非现金对价或应付客户对价，那么交易价格的确定会更为复杂。

（1）可变对价。

①企业与客户的合同中约定的对价金额可能会因折扣、价格折让、返利、退款、奖励积分、索赔、绩效奖金、罚款、特许权使用费等因素而变化。企业有权收取的对价金额，根据一项或多项或有事项的发生而收取不同对价金额的合同，也属于可变对价的情形。企业应当根据事实与情况的不同，按照期望值或最可能发生金额来确定可变对价的最佳估计数。

②企业对计入交易价格的可变对价金额加以限制。企业按照期望值或最可能发生金额确定可变对价金额后，计入交易价格的可变对价金额还应该满足限制条件，即包含可变对价的交易价格应当以将来"极可能"不会发生重大转回的金额为限确认收入。在这里，计入交易价格确认收入的可变对价金额体现了谨慎性原则，保证在满足"相关不确定性消除时累计已确认收入极可能（即可能性超过95%，但不要求达到基本确定）不会发生重大转回"这一前提条件下，才可以将可变对价计入交易价格，否则不能将其计入交易价格确认收入，以避免企业前期大量确认收入，而未来又发生重大转回。比较谨慎的做法是，等到可变对价的最终金额确定后再确认收入。

（2）重大融资成分。

当企业将商品的控制权转移给客户的时间与客户实际付款的时间不一致时，如企业以赊销方式销售商品或者要求客户支付预付款的合同中，如果各方在合同中直接或以隐含的方式为客户或者企业就转让商品的交易提供了重大融资利益时，企业需要识别合同中的融资成分。按照收入准则的规定，企业应当按照假定客户在取得商品控制权时即以现金支付的应付金额（即现销价格）确定交易价格。该交易价格与合同对价之间的差额，应当在合同期间内采用实际利率法摊销。企业通过调整承诺的对价金额，反映了交易价格的货币时间价值。

第一，如果合同开始日，企业预计客户取得商品控制权与客户支付价款间隔不超过一年的，可以不考虑合同中存在的重大融资成分。第二，客户承诺支付的对价很大部分是可变的，该对价或者支付取决于未来某一事项是否发生，且该事项实质上不受客户或者企业的控制。第三，合同承诺的对价金额与现销价格之间的差额是由于向客户或企业提供融资利益以外的其他原因所导致的，且这一差额与产生该差额的原因是相称的。例如，质保金要求在质保期满后才能支付，就算超过了一年，也不能认为具有融资性质。

（3）非现金对价。

非现金对价包括实物资产、无形资产、股权等。客户支付非现金对价的，通常情况下，企业按照非现金对价在合同开始日的公允价值确定交易价格。非现金对价的公允价值不能合理估计的，企业应以承诺向客户转让商品的单独售价间接确定交易价格。合同开始日后，非现金对价的公允价值因对价形式而发生变动的，该变动金额不应计入交易价格。合同开始日后，非现金对价的公允价值因对价形式以外的原因（如因企业的履约情况变动）而发生变动的，应作为可变对价，按照与计入交易价格的可变对价金额的限制条件相关的规定进行处理。关于非现金对价交易价格的确定，下面通过一个实例来说明。

【实例5-2】

　　甲企业为客户生产一台专用设备。双方约定，如果甲企业能够在25天内交货，则可以额外获得15 000股客户的股票作为奖励。合同开始日，该股票的价格为每股6元。由于缺乏执行类似合同的经验，合同开始日，甲企业估计该15 000股股票的公允价值计入交易价格将不满足累计已确认收入极可能不会发生重大转回的限制条件，因此，甲企业不应将该批股票的公允价值90 000元计入交易价格。合同开始日之后的第20天，甲企业获得该批股票，股票此时的价格为每股8元。甲企业应当将股票（非现金对价）的公允价值因对价形式以外的原因（履约情况变动）而发生的变动，即90 000元（6×15 000）确认为收入，因对价形式的原因（股价本身变动）而发生的变动，即30 000元（120 000-90 000）计入公允价值变动损益。

　　（4）应付客户对价。

　　应付客户对价，指的是企业在向客户转让商品的同时，需要支付给客户或者第三方对价。下面通过一个实例来具体说明。

【实例5-3】

　　某肉联厂与某大型超市签署了一项合同：由肉联厂特供散养黑猪肉给大型超市，然后超市对外出售。该大型超市承诺，每年从肉联厂采购至少500万元的散养黑猪肉，因超市为这部分商品特设展柜和货架，需要肉联厂支付20万元。关于这20万元的处理，分为以下三种不同情况：

　　第一种情况，超市要从第三方采购展柜和货架，其价值为20万元，合作完成后展柜和货架归肉联厂所有。

　　第二种情况，20万元全部用于超市的展柜和货架改造，使其适合销售该产品。

　　第三种情况，超市要从第三方采购展柜和货架，其价值只有15万元，合作完成后展柜和货架归肉联厂所有。

　　请问在以上三种情况下应分别确认多少销售收入？

　　情形一：因企业取得了可明确区分的商品，所以支付的对价作为采购商品20万元入账，同时当年可以确认销售收入500万元。

　　情形二：虽然肉联厂支付了20万元，但未获得可明确区分的商品——展柜和货架，相当于归还了超市20万元，所以应当将应付对价冲减交易价格，应该确认销售收入480万元（500-20）。

　　情形三：肉联厂支付了20万元，但是仅仅得到了15万元的商品，多支付的5万元应该冲减交易价格，应该确认销售收入495万元（500-5）。

　　4）将交易价格分摊至各单项履约义务

　　将交易价格分摊至各单项履约义务是收入确认五步法模型的核心。如果合同中包含了两项或者多项履约义务，需要将交易价格分摊至不同的单项履约义务中。由于各单项履约义务的履行时间可能不同，只有在各单项履约义务分别履行时才能分别确认收入，同时企业也需要计算不同商品或者服务对应的销售收入，因此有了分摊交易价格的必要性。

（1）如何分摊交易价格。

当合同中包含两项或多项履约义务时，为了使企业分摊至每一单项履约义务的交易价格能够反映其因向客户转让已承诺的相关商品（或提供已承诺的相关服务）而预期有权收取的对价金额，企业应当在合同开始日，按照各单项履约义务所承诺商品的单独售价的相对比例，将交易价格分摊至各单项履约义务。单独售价是指企业向客户单独销售商品的价格，即在没有打包、捆绑销售的情况下独立销售的市场售价。下面通过列举一个实例来说明。

【实例 5-4】

2021 年 3 月 1 日，甲公司与客户签订合同，向其销售 A、B 两种商品，A 商品的单独售价为 8 000 元，B 商品的单独售价为 32 000 元，合同价款为 35 000 元。合同约定：A 商品于合同开始日交付，B 商品在两个月之后交付，只有当两种商品全部交付之后，甲公司才有权收取 35 000 元的合同对价。假定 A 商品和 B 商品分别构成单项履约义务，其控制权在交付时转移给客户。假设上述价格均不包含增值税，且不考虑相关税费的影响。

（1）分摊至 A 商品的合同价款：

$8\,000 \div (8\,000 + 32\,000) \times 35\,000 = 7\,000$（元）

（2）分摊至 B 商品的合同价款：

$32\,000 \div (8\,000 + 32\,000) \times 35\,000 = 28\,000$（元）

（3）交付 A 商品时，不能确认应收账款：

借：合同资产　　　　　　　　　　　　　　　　　　　　　　　　7 000

　　贷：主营业务收入　　　　　　　　　　　　　　　　　　　　　　　7 000

（4）交付 B 商品时，将合同资产转入应收账款：

借：应收账款　　　　　　　　　　　　　　　　　　　　　　　35 000

　　贷：合同资产　　　　　　　　　　　　　　　　　　　　　　　　7 000

　　　主营业务收入　　　　　　　　　　　　　　　　　　　　　　28 000

由于合同规定当两种商品全部交付之后，甲公司才有权收取合同对价。所以，当交付了 A 商品后，应当将对 A 商品的收款权利作为合同资产；待交付了 B 产品后，才能将全部的合同对价的权利确认为应收账款。

（2）分摊合同折扣。

当客户购买的一组商品中所包含的各单项商品的单独售价之和高于合同交易价格时，表明客户因购买该组商品而取得了合同折扣。合同折扣是指合同中各单项履约义务所承诺商品的单独售价之和高于合同交易价格的金额。对于合同折扣，企业应当在各单项履约义务之间按比例分摊。有确凿证据表明合同折扣仅与合同中一项或多项（而非全部）履约义务相关的，同时满足下列条件时，企业应当将该合同折扣分摊至相关一项或多项履约义务：

条件一：企业经常将该合同中的各项可明确区分的商品单独销售或者以组合的

方式单独销售。

条件二：企业也经常将其中部分可明确区分的商品以组合的方式按折扣价格单独销售。

条件三：上述条件二中的折扣与该合同中的折扣基本相同，且针对每一组合中的商品的分析为将该合同的全部折扣归属于某一项或多项履约义务提供了可观察的证据。有确凿证据表明合同折扣仅与合同中的一项或多项（而非全部）履约义务相关，且企业采用余值法估计单独售价的，企业应当首先在该一项或多项（而非全部）履约义务之间分摊合同折扣，然后再采用余值法估计单独售价。

如果不能同时满足上述条件，则需要将折扣分摊至全部履约义务。合同折扣的分摊方法为：若折扣仅与某些商品有关，就分摊给这些相关的商品（局部分摊）；如果分不清具体是哪些商品的折扣，那么就由合同中的所有商品来进行分摊（全体分摊）。下面通过一个实例来说明如何分摊合同折扣。

【实例 5-5】

甲公司与客户签订合同，其包含销售 A 自动喷涂机器人、B 喷涂线体、C 线体安装三类业务，合同总价款为 300 万元。这三种产品构成了三个单项履约义务。甲公司经常单独销售 A 自动喷涂机器人，其可直接观察的单独售价为 100 万元；B 喷涂线体和 C 线体安装一般都是组合销售，组合售价为 200 万元。由于 B 喷涂线体和 C 线体安装的单独售价不可直接观察，企业采用市场调整法估计的 B 喷涂线体的单独售价为 170 万元，采用成本加成法估计的 C 线体安装的单独售价为 80 万元。假定上述价格均不包含增值税。

本例中，这三种产品的单独售价合计为 350 万元，而该合同总价款为 300 万元，合同的折扣为 50 万元。由于甲公司经常将 B 喷涂线体和 C 线体安装进行组合销售，该价格与单独售价合计的差额为 50 万元，与该合同的折扣一致，而 A 自动喷涂机器人的单独售价与可直接观察的单独售价一致，证明该合同的折扣仅归属于 B 产品和 C 产品。因此，在该合同下，分摊至 A 自动喷涂机器人的交易价格为 100 万元，分摊至 B 喷涂线体和 C 线体安装的交易价格合计为 200 万元。甲公司应当进一步按 B 产品和 C 产品的单独售价的相对比例将该价格在两者之间进行分摊。因此，各产品分摊的交易价格分别为：A 产品为 100 万元，B 产品为 136 万元（170÷250×200），C 产品为 64 万元（80÷250×200）。

（3）分摊可变对价。

合同中包含可变对价的，该可变对价可能与整个合同相关，也可能仅与合同中的某一特定组成部分有关。后者包括两种情形：一是可变对价可能与合同中的一项或者多项（而非全部）履约义务有关；二是可变对价可能与企业向客户转让的构成单项履约义务的一系列可明确区分商品中的一项或者多项（而非全部）商品有关。

同时满足下列两个条件的，企业应当将可变对价及可变对价的后续变动额全部分摊至与之相关的某项履约义务或者某项可明确区分的商品；不能同时满足这两个条件的，则按照一般原则分摊，即按照单独售价的比例加权分摊交易价格。

条件一：可变对价的条款是专门针对企业为履行该项履约义务或转让该项可明确区分商品所做的努力（或者是履行该项履约义务或转让该项可明确区分商品所导致的特定结果）；

条件二：企业在考虑了合同中的全部履约义务及支付条款后，将合同对价中的可变金额全部摊至该项履约义务，或该项可明确区分商品符合分摊交易价格的目标。

5）履行各单项履约义务时确认收入

企业将商品的控制权转移给客户时，该商品控制权的转移可能在某一时段内发生，也可能在某一时点发生。企业应当根据实际情况，首先判断履约义务是否满足在某一时段内履行的条件，如不满足，则该履约义务属于在某一时点履行的履约义务。对于在某一时段内履行的履约义务，企业应当选取恰当的方法来确定履约进度；对于在某一时点履行的履约义务，企业应当判断控制权转移的时点。

（1）在某一时段内履行的履约义务的收入确认条件。

企业向客户销售商品或者提供服务是在某一时段内完成的，而不是直接交付商品或服务的，企业就可以判断是在某一时段内确认收入。

（2）在某一时段内履行的履约义务的收入确认方法。

对于在某一时段内履行的履约义务，企业应当在该段时间内按照履约进度确认收入，但是，履约进度不能合理确定的除外。资产负债表日，企业应当按照合同的交易价格总额乘以履约进度扣除以前会计期间累计已确认的收入后的金额，确认为当期收入。

本期确认收入=合同交易价格×履约进度−以前期间已确认收入

本期确认费用=合同预计总成本×履约进度−以前期间已确认费用

本期确认毛利=本期确认收入−本期确认费用

（3）履约进度的确定。

企业应当考虑商品的性质，采用产出法或投入法确定恰当的履约进度，并且在确定履约进度时，应当扣除控制权尚未转移给客户的那部分商品和服务。产出法是根据已转移给客户的商品对于客户的价值确定履约进度；投入法是根据企业为履行履约义务的投入确定履约进度。企业应根据提供的商品或服务来确定适用的是产出法还是投入法。

①产出法。

产出法是按照实际测量的完工进度、评估已实现的结果、已达到的里程碑、时间进度、已完工或交付的产品等确定履约进度的方法。产出法能够如实地反映主体的履约情况，因为其能够直接计量转让给客户的商品或服务的价值。关于如何运用产出法计量履约进度，下面列举一个实例予以说明。

【实例 5-6】

甲公司与客户签订合同，为该客户的钢架桥公路更换100根桥梁柱体，合同价格为500万元（不含税价）。截至2020年12月31日，甲公司共完成60根桥梁柱体的更换，剩余部分预计在2021年3月31日之前完成。该合同仅包含一项履约义务，且该项履约义务满足在某一时段内履行的条件。假定不考虑其他情况。

甲公司提供的更换桥梁柱体的服务属于在某一时段内履行的履约义务，甲公司按照已完成的工作量确定履约进度。因此，截至 2020 年 12 月 31 日，该合同的履约进度为 60%（60÷100×100%），甲公司应确认的收入为 300 万元（500×60%）。

此例中涉及的这项履约义务的结果就是更换了多少根桥梁柱体，这就是服务的结果，其明显就是产出法。在不能合理确定履约进度的情况下，如预计将来可获得补偿，甲公司可以按已发生成本确认收入，直至履约进度能够合理估计。

②投入法。

投入法主要以投入的材料数量、花费的人工工时或机器工时、发生的成本和时间进度等投入指标来确定履约进度。如果投入法的成本较低且能够就计量进度提供合理的近似值，则使用该方法是适当的。关于如何运用投入法（或调整的投入法）计量履约进度，下面列举一个实例予以说明。

【实例 5-7】

2020 年 10 月，甲公司与客户签订合同，为客户建造一间无尘实验室并安装一个操作机器人，合同总金额为 1 000 万元。甲公司预计的合同总成本为 800 万元，其中包括机器人的采购成本 300 万元。2020 年 12 月，甲公司将机器人运达施工现场并通过客户验收，客户已取得对该机器人的控制权，但是根据施工进度，预计到 2021 年 2 月才会安装该机器人。截至 2020 年 12 月，甲公司累计发生成本 600 万元，其中包括支付给机器人供应商的采购成本 300 万元以及因采购机器人发生的运输和人工等相关成本 5 万元。假定该建造服务（包括安装机器人）构成单项履约义务，并属于在某一时段内履行的履约义务，甲公司是主要责任人，但不参与机器人的设计和制造。甲公司采用成本法确定履约进度。假设上述金额均不包含增值税。

若计算履约进度时考虑机器人成本，则已发生的成本和履约进度不成比例，所以，计算履约进度时应将机器人成本扣除。

履约进度=（600-300）÷（800-300）×100%=60%

2020 年 12 月应确认的收入=（交易价格-机器人成本）×60%+机器人成本

=（1 000-300）×60%+300=720（万元）

结转销售成本=（合同总成本-机器人成本）×60%+机器人成本

=（800-300）×60%+300=600（万元）

● 5.4 关于特定交易收入确认的会计处理

5.4.1 附有客户额外购买选择权的销售

企业向客户授予的额外购买选择权的形式包括销售激励、客户奖励积分、未来购买商品的折扣券以及合同续约选择权等。对于附有客户额外购买选择权的销售，企业应当评估该选择权是否向客户提供了一项重大权利。如果客户只有在订立了一项合同的前提下才能够取得额外购买选择权，并且客户行使该选择权购买额外商品时，能够享受到超过该地区或该市场中其他同类客户所能够享有的折扣，则通常认为该选择权向客户提供了一项重大权利。企业提供重大权利的，应当作为单项履约义务，按照有关交易价格分摊的要求将交易价格分摊至该项履约义务，在客户未来行使购买选择权取得相关商品控制权时，或者该选择权失效时，确认相应的收入。关于附有客户额外购买选择权的销售如何确认收入的问题，下面列举一个实例来说明。

【实例 5-8】

甲公司是一家连锁火锅店，在 2019 年 11 月 1 日—2019 年 11 月 15 日期间举办"双十一"的促销活动：消费满 100 元送 100 积分，积分可以在未来半年内所有门店使用，消费满 200 元可以使用 100 积分。同时，甲公司计划在未来半年内推出 88 折优惠（12% 的折扣率）活动。上述两项优惠不能重叠使用。根据过往的经验，甲公司预计有 80% 的客户会使用积分。假定甲公司 2019 年 11 月取得含税销售额 3 180万元，送出积分 3 180 万分，其中积分在 2019 年 12 月 31 日之前使用 1 060 万分，剩下的积分预计使用率不变。假定上述金额均为含税价，甲公司的增值税税率为 6%。

本例中，使用积分有 5 折的优惠，远高于其他客户一般能享有的 12% 的折扣率。因此可以判断，甲公司的折扣券向客户提供了重大权利，应作为单项履约义务确认。

首先确定 100 积分的价值 =100×（50%-12%）×80%=30.4（元），从而得知积分变现率 =30.4%。

甲公司 2019 年 12 月销售积分的价值 =3 180×30.4%=966.72（万元）（含税价），积分价值的不含税金额 =966.72÷（1+6%）=912（万元）。

（1）2019 年 11 月的账务处理如下（金额单位以万元表示）：

借：银行存款	3 180	
贷：主营业务收入（3 180÷1.06-912）		2 088
合同负债——消费积分		912
应交税费——应交增值税（销项税额）		180

（2）2019 年 12 月的账务处理如下（金额单位以万元表示）：

根据已经使用的消费积分，确认收入：

借：合同负债——消费积分（912×1 060÷3 180）	304	
贷：主营业务收入		304

（3）2020 年使用剩余积分的账务处理如下（金额单位以万元表示）：

借：合同负债（912-304）	608	
贷：主营业务收入		608

5.4.2　融资性分期收款销售

分期收款销售在销售大型设备时经常发生，如果延期收取的货款具有融资性质，就需要识别出合同中存在的重大融资成分。在客户取得商品控制权时，企业进行收入确认，以现金支付的应付金额（即现销金额）确定交易价格。交易价格应当按照其未来现金流量现值或商品现销价格计算确定。应收的合同或协议价款与交易价格之间的差额即未确认融资收益，应当在合同或协议规定的有效期间，按照应收款项的摊余成本和实际利率计算确定的金额进行摊销，每期的摊销金额作为财务费用的抵减处理。关于融资性分期收款销售应该如何进行账务处理，下面列举一个实例予以说明。

【实例5-9】

甲公司销售给乙公司一套机器人生产线，因乙公司项目投资需要资金，合同约定，采用分期付款方式。货物的应收金额为800万元，款项在两年内每个季度末平均分期支付，每期支付100万元。甲、乙双方已于2020年1月1日执行该合同。货物的现销价格为600万元，成本为400万元，假定增值税暂不考虑。

销售方甲公司的账务处理如下（金额单位以万元表示）：

第一步，计算折现率。

$100 \times (P/A, r, 8) = 600$

用插值法计算折现率：

当r=6%时，$100 \times 6.209 = 620.9$；

当r=8%时，$100 \times 5.746 = 574.6$。

$(620.9-600) \div (620.9-574.6) = (r-6\%) \div (8\%-6\%)$

求得：r=6.90%。

第二步，进行有关的会计处理。

甲公司销售发出商品时：

借：长期应收款   800

　　贷：主营业务收入   600

　　　　未确认融资收益（800-600）   200

同时，结转成本：

借：主营业务成本   400

　　贷：库存商品   400

第三步，在分期收款期间分摊"未确认融资收益"。

按照实际利率法进行分摊，计算各期应分摊金额。对于实际利率法的计算，实务中最常用的方法是在Excel表格中使用函数进行计算。未确认融资收益计算结果见表5-3。

表5-3　　　　　　　　　　　　　**未确认融资收益摊销**　　　　　　　　金额单位：万元

期 数	时 间	现金流 A	融资费用 B=上期D×6.90%	本金 C=A-B	应收款现值余额 D=上期D-C
1	2020/03/31	100	41.40	58.60	541.40
2	2020/06/30	100	37.36	62.64	478.76
3	2020/09/30	100	33.03	66.97	411.79
4	2020/12/31	100	28.41	71.59	340.20
5	2021/03/31	100	23.47	76.53	263.67
6	2021/06/30	100	18.19	81.81	181.86
7	2021/09/30	100	12.55	87.45	94.41
8	2021/12/31	100	5.59*	94.41	0
IRR		6.90%			
合 计			200.00	600.00	

*尾数调整。

第 1 期的会计分录如下：

借：未确认融资收益　　　　　　　　　　　　　　　　　　　　　41.40

　　贷：财务费用　　　　　　　　　　　　　　　　　　　　　　　　41.40

以后各期的会计分录如上，只是按照表 5-3 中的数据变更即可，这里不再赘述。

第四步，分期收到款项时的会计分录如下：

借：银行存款　　　　　　　　　　　　　　　　　　　　　　　　100

　　贷：长期应收款　　　　　　　　　　　　　　　　　　　　　　　100

以后各期的会计分录一致，只是按照表 5-3 中的数据变更即可，这里不再赘述。

5.4.3　附有销售退回条件的商品销售

企业将商品转让给客户后，可能因为各种原因允许客户退货，这些退货的条款可能在合同中有明确约定，也可能是国家出于保护消费者的合法权益，将退货权隐含在行业规范中。对于附有销售退回条款的商品，企业应当在客户取得商品控制权时，按照因向客户转让商品而预期有权收取的对价金额确认收入，按照预期可能退还给客户的金额确认预计负债；同时，将转让的商品价值的一部分记入"应收退货成本"科目（预期客户要退还的商品成本），其余部分记入"主营业务成本"科目。关于附有销售退回条件的商品销售应该如何进行会计处理，下面列举一个实例予以说明。

【实例 5-10】

甲公司为增值税一般纳税人。2020 年 12 月 1 日，甲公司以赊销方式向乙公司销售一批成本为 80 万元的重型卡车配件。甲公司开出的增值税专用发票上注明的价款为 100 万元，增值税税额为 13 万元，满足销售商品收入确认条件。合同约定，乙公司有权在 3 个月内退货。2020 年 12 月 31 日，甲公司尚未收到上述款项。根据以往经验，甲公司估计退货率为 5%。下列关于甲公司 2020 年该项业务会计处理的表述中，哪些选项是正确的？

A. 确认预计负债 0.6 万元

B. 确认营业收入 95 万元

C. 确认应收账款 113 万元

D. 确认营业成本 76 万元

解析：

销售时的会计分录如下（金额单位以万元表示）：

借：应收账款　　　　　　　　　　　　　　　　　　　　　　　　113

　　贷：主营业务收入（100×95%）　　　　　　　　　　　　　　　95

　　　　预计负债（100×5%）　　　　　　　　　　　　　　　　　　5

　　　　应交税费——应交增值税（销项税额）　　　　　　　　　　13

借：主营业务成本（80×95%）　　　　　　　　　　　　　　　　　76

　　应收退货成本（80×5%）　　　　　　　　　　　　　　　　　　4

　　贷：库存商品　　　　　　　　　　　　　　　　　　　　　　　80

所以，选项 B、C、D 的表述是正确的。

● 5.5 新收入准则的实施对企业的影响

新收入准则相比较原收入准则有许多变化，对于企业会计人员来说具有很大的挑战，在执行过程中也会遇到很多的困难。2021年上半年，证监会组织抽样审阅了869家上市公司年度报告，发布了《2020年上市公司年报会计监管报告》，其中提到部分上市公司存在对准则理解和执行不到位的问题。该报告提到的问题，以及主要关注的方面详见【相关链接5-2】。

【相关链接5-2】

《2020年上市公司年报会计监管报告》摘编

1）调整首次执行新收入准则的累积影响数

根据准则衔接规定的第四十三条，首次执行新收入准则的企业，应当根据首次执行准则的累积影响数，调整首次执行准则当年年初留存收益及财务报表其他相关项目金额，对可比期间信息不予调整。同时，企业可以仅对在首次执行日尚未完成的合同的累积影响数进行调整。同时，企业应当在附注中披露与收入相关会计准则制度的原规定相比，执行新收入准则对当期财务报表相关项目的影响金额，如有重大影响的，还需披露其原因。年报分析发现，个别上市公司对于相同交易或事项对本年年初留存收益及财务报表相关项目的影响，未进行恰当调整，或者是未披露调整性质及原因等信息。

2）以存货偿还债务不应该确认销售收入

根据2019年颁布的《企业会计准则第12号——债务重组》的规定，债务人以单项或多项非金融资产清偿债务，不需要区分资产处置损益和债务重组损益。因为债务重组不属于企业的日常活动，对于以存货清偿债务方式进行债务重组的，不适用收入准则，而应将所清偿债务账面价值与转让资产账面价值之间的差额，记入"其他收益——债务重组收益"科目。对于个别公司按照存货公允价值确认销售收入的做法是混淆了收入准则的适用性。

3）可变对价应当恰当处理

新收入准则要求在确定交易价格时，企业应当考虑可变对价、合同中存在的重大融资成分、非现金对价、应付客户对价等因素的影响。公司应在每一资产负债表日重新估计可变对价金额，对于后续可变对价的变动额应调整当期收入和应收账款，而非对应收账款计提信用减值损失。企业在销售商品时给予客户的现金折扣，应当按照《企业会计准则第14号——收入》（财会〔2017〕22号）中关于可变对价的相关规定进行会计处理。因此，如果企业将现金折扣作为财务费用列示，未按照准则要求恰当抵减收入，这样是不符合准则规定的。企业应将其给予客户的返利作为可变对价或附有额外购买选择权的销售进行会计处理，充分考虑相应义务、交易价格最佳估计数以及交易价格分摊等因素后，恰当确认销售收入及相应预计负债。将销售返利金额计入销售费用、将计提的销售返利余额计入递延收益等都是错误的处理方式。

4）对于附有销售退回条款的销售不能直接冲销收入

根据新收入准则的要求，对于附有销售退回条款的销售，企业应当在客户取得相关商品控制权时，按照因向客户转让商品而预期有权收取的对价金额确认收入，交易价格不应包含预期将会被退回的商品的对价金额。每一资产负债表日，企业应当重新估计未来销售退回情况，如有变化，应当作为会计估计变更进行会计处理。个别上市公司日常销售退换货频繁，在商品销售时即全额确认收入，并在收到退货时根据退货金额冲减当期收入的处理方式是错误的。公司应该合理判断商品控制权转移的时点，在控制权实际转移时，按照扣除预期后续发生销售退回金额后的对价确认收入，并将预期因销售退回将退还的金额确认为预计负债——应付退货款。

5）支付给代理人的款项应该确认为合同取得成本且后续摊销计入销售费用

根据准则的规定，企业为履行合同发生的成本，应当确认为合同履约成本，后续摊销计入营业成本。企业为取得合同发生的增量成本预期能够收回的，应当确认为合同取得成本，后续摊销计入销售费用。在企业作为主要责任人的情况下，支付给代理人的款项，属于为取得合同发生的增量成本，应将其作为合同取得成本并摊销计入销售费用，不应作为合同履约成本并摊销计入营业成本。

资料来源：中国证监会. 2020年上市公司年报会计监管报告［EB/OL］.［2021-08-01］. http：//www.csrc.gov.cn/pub/newsite/zjhxwfb/xwdd/202108/P020210827669602962780.pdf.

【总结与结论】

本章主要介绍了新收入准则的修订背景和执行时间表，重点讲述了如何运用收入确认的五步法模型确认收入。本章的难点是特定交易的会计处理，包括附有客户额外购买选择权的销售、融资性分期收款销售和附有销售退回条件的商品销售的会计处理。本章最后摘编了《2020年上市公司年报会计监管报告》中有关新收入准则的实施对企业的影响的部分内容，以便于读者了解企业在执行新收入准则时所存在的问题。

【练习题库】

★ 思考题

1.合同资产与应收账款，合同负债与预收账款，分别有何差别？

2.企业销售遭遇退货，在商品销售时即全额确认收入，并在收到退货时根据退货金额冲减当期收入。这样的处理方式为何是错误的？

3.企业在销售商品时给予客户现金折扣，如果企业将现金折扣作为财务费用列示，可以吗？

★ 业务题

1.根据【实例5-10】，请写出附有销售退回条件的商品销售的后续会计分录。

2.闻喜公司为增值税一般纳税人，2021年上半年发生如下经济业务：

（1）2月份销售应纳增值税的商品100件，每件含税售价3 390元，每件成本2 000元（不含增值税），增值税税率为13%。已售出商品如有质量问题允许在6月30日前退货，预计退货率为10%。已收到货款并存入银行。

（2）采用分期收款方式销售设备一台，设备售价为500 000元，造价（即成本）为450 000元，该设备适用的增值税税率为13%。合同规定，购货企业在成交时支付货款的40%，其余货款在以后5个月内平均支付。已收到首期货款。

（3）5月20日，2月份售出的商品因质量问题发生退货，实际退货率为5%。

·（4）假定实际退货率为12%。

要求：编制相关业务的会计分录（提示：分期收款销售不具有融资性质）。

【政策思考】

黄山旅游收入确认方法的选择

黄山旅游发展股份有限公司简称黄山旅游，其业务板块包括：景区管理业务（园林开发业务）、索道及缆车业务、酒店业务和旅行社业务等。黄山旅游属于山岳景区类上市公司，为中国旅游"第一股"，其收入的确认除了要遵从《企业会计准则第14号——收入》之外，还要遵从《风景名胜区条例》。

1)《企业会计准则第14号——收入》（财会〔2017〕22号）

第三十四条 企业应当根据其在向客户转让商品前是否拥有对该商品的控制权，来判断其从事交易时的身份是主要责任人还是代理人。企业在向客户转让商品前能够控制该商品的，该企业为主要责任人，应当按照已收或应收对价总额确认收入；否则，该企业为代理人，应当按照预期有权收取的佣金或手续费的金额确认收入，该金额应当按照已收或应收对价总额扣除应支付给其他相关方的价款后的净额，或者按照既定的佣金金额或比例等确定。

2)《风景名胜区条例》

第三十七条 进入风景名胜区的门票，由风景名胜区管理机构负责出售。门票价格依照有关价格的法律、法规的规定执行。风景名胜区管理机构应当与经营者签订合同，依法确定各自的权利义务。经营者应当缴纳风景名胜资源有偿使用费。

第三十八条 风景名胜区的门票收入和风景名胜资源有偿使用费，实行收支两条线管理。风景名胜区的门票收入和风景名胜资源有偿使用费应当专门用于风景名胜资源的保护和管理以及风景名胜区内财产的所有权人、使用权人损失的补偿。

3）黄山旅游收入确认的会计政策（根据2020年年报第86页披露整理而得）

（1）园林开发业务：开出发票收到营业款或已取得收取该款项权利时，扣减代黄山风景区管理委员会（以下简称黄山管委会）收取的门票收入及代扣款项后的分成收入确认营业收入的实现，即使用净额法。

（2）索道业务：开出发票收到营业款或已取得收取该款项权利时，扣减代扣款项后的索道票收入确认营业收入的实现，即使用净额法。

（3）其他业务：包括酒店业务和旅行社业务，使用总额法确认收入。

4）黄山旅游净额法确认收入的账务模拟

以 2020 年年报第 13 页披露的数据为例（其中旅游业增值税税率为 6%）。

（1）园林开发业务：

借：银行存款　　　　　　　　　　　　　　　　81 173 710.91
　　贷：主营业务收入　　　　　　　　　　　　　　76 578 972.56
　　　　应交税费——应交增值税（销项税额）　　　4 594 738.35
借：主营业务成本　　　　　　　　　　　　　　41 566 336.28
　　贷：应付职工薪酬　　　　　　　　　　　　　　41 566 336.28

（2）索道及缆车业务：

借：银行存款　　　　　　　　　　　　　　　　242 056 471.76
　　贷：主营业务收入　　　　　　　　　　　　　228 355 162.04
　　　　应交税费——应交增值税（销项税额）　　13 701 309.72
借：主营业务成本　　　　　　　　　　　　　　66 471 313.64
　　贷：应付职工薪酬　　　　　　　　　　　　　　66 471 313.64

5）总结

确认收入的总额法和净额法并不影响黄山旅游的年度净利润，但对采用不同会计政策确认的收入和成本的财务数据有一定的影响。例如，黄山旅游于 2013 年 12 月 26 日宣告，自 2013 年起，将对收取的黄山风景区门票分成收入、索道票收入的确认由原来的总额法改为净额法。

请思考：自 2013 年起，黄山旅游的园林开发业务和索道及缆车业务的收入即改按净额法确认，与新收入准则的要求一致且具有超前性。这是否归因于黄山旅游因为上市时间较早，管理较为规范呢？黄山旅游部分业务收入的确认采用净额法，与新收入准则所提及的净额法是一样的吗？

【延伸阅读文献】

[1] 谭彩青. 存在重大融资利益的销售收入会计处理探究 [J]. 财会通讯，2021（7）：102-105.

[2] 鲍玉杰. 第三方支付平台支付业务会计处理问题思考 [J]. 财会通讯，2021（19）：92-95.

[3] 黄平尔. 互联网游戏企业收入确认问题探讨——以盛大游戏为例 [J]. 财会通讯，2021（19）：88-91，105.

第 6 章
费用（成本）、利润与利润分配

【学习目标】

通过本章的学习，您应该：（1）掌握最简化情形下生产成本的核算；（2）了解各期间费用的统计口径并掌握其会计处理方法；（3）了解我国企业利润分配的程序；（4）掌握利润分配的会计核算。

● 6.1　成本与费用的区别与联系

费用有广义和狭义之分。费用在广义上是指企业在生产经营中所有的耗费；而费用在狭义上仅仅是指与当期收入相配比的那部分耗费。成本是按一定的产品或劳务对象所归集的费用。成本与费用的联系：二者本质上都是资金耗费；而成本与费用的区别：费用的外延大于成本。成本是费用的归集和分配，是能够对象化的费用。

在生产制造企业的财务核算中，依据费用的发生与产品的关系将费用划分为生产成本和期间费用。生产成本是指与产品的生产直接相关的成本，包括产品生产中所耗用的直接材料、直接人工和制造费用等。期间费用是指企业在经营活动中所发生的与该会计期间的销售、经营和管理等活动相关的资金耗费，包括税金及附加、销售费用、管理费用、研发费用、财务费用和所得税费用等。费用的分类，如图 6-1 所示。

由此可见，在企业财务核算的范畴内，成本是属于对象化的费用，而费用是相对于期间发生的资金耗费（中国注册会计师协会，2020）。

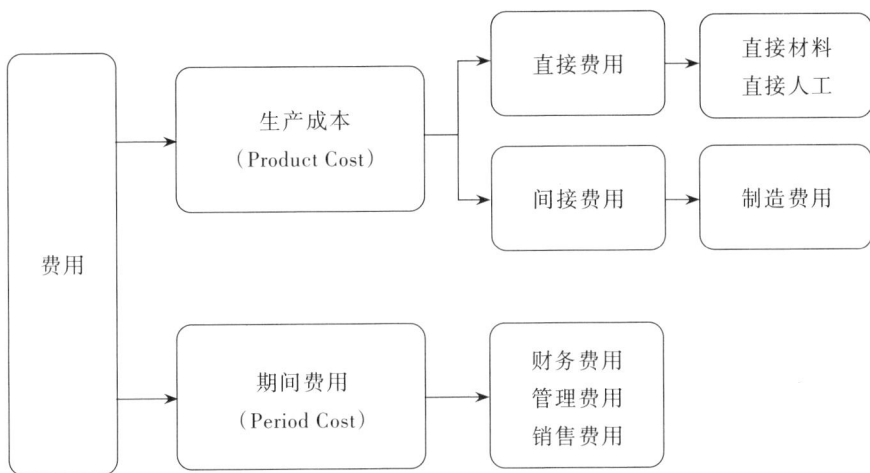

图6-1 费用的分类

● 6.2 生产成本

生产制造企业的生产经营活动主要是采购、生产、销售,其中生产环节的成本核算是非常重要的活动之一。因为成本核算的正确与否,会直接影响企业的利润,从而影响报表使用者对于数据分析的结果。为组织生产而发生的直接材料、直接人工和制造费用,按照产品对象进行归集形成的成本,即为产品成本。

1)制造成本法

生产成本=直接材料+直接人工+制造费用

Product Cost=Direct Materials +Direct Labor +Manufacturing Overhead

2)生产成本的核算步骤

(1)确定以产品作为成本核算对象,将生产每种产品所耗用的直接材料费、直接人工费分别记入该产品的"生产成本——直接材料"账户和"生产成本——直接人工"账户;

(2)将多个产品共同耗费的材料费、人工费,选择一定的分配方法,分配到具体产品的"生产成本——直接材料"账户和"生产成本——直接人工"账户;

(3)将水电、辅料、动力等间接费用归集到"制造费用"账户;

(4)将制造费用在不同的产品之间分配;

(5)将产品生产成本在完工产品和在产品之间分配,以确定完工产品的总成本和单位成本;

(6)结转产品的入库成本。

从上面的步骤可以看出,产品生产成本的核算过程就是将有关的生产费用进行归集,再分配到成本对象,计算出产品总成本,再计算单位成本的过程。

3）生产成本的核算实例

【实例6-1】

H公司是一家玩具生产企业，2021年8月份发生生产费用如下：

（1）车间领用材料情况：A产品领用甲材料1 500千克，价值54 500元，领用乙材料3 000千克，价值46 000元；B产品领用丙材料2 500千克，价值25 000元，领用丁材料200千克，价值5 800元。

（2）本月应付职工薪酬：A产品生产工人工资26 000元，B产品生产工人工资21 000元，车间管理人员工资18 000元。8月31日发放工资65 000元。

（3）购买生产车间用办公用品500元。

（4）支付本月车间水电费10 000元。

（5）车间固定资产折旧费2 000元。

（6）支付车间设备维修费3 000元。

（7）A产品200件全部完工，验收入库。

其中：制造费用按生产工时分配，A产品500小时，B产品600小时。

相关账务处理如下：

（1）借：生产成本——直接材料

        ——A产品（54 500+46 000）   100 500

        ——B产品（25 000+5 800）   30 800

    贷：原材料

        ——甲材料   54 500

        ——乙材料   46 000

        ——丙材料   25 000

        ——丁材料   5 800

（2）借：生产成本——直接人工

        ——A产品   26 000

        ——B产品   21 000

    制造费用   18 000

    贷：应付职工薪酬   65 000

借：应付职工薪酬   65 000

    贷：银行存款   65 000

（3）借：制造费用   500

    贷：库存现金   500

（4）借：制造费用   10 000

    贷：银行存款   10 000

（5）借：制造费用   2 000

    贷：累计折旧   2 000

（6）借：制造费用   3 000

　　　　贷：银行存款　　　　　　　　　　　　　　　　　　　　　3 000
　　（7）借：生产成本——制造费用
　　　　　　　　——A 产品 [33 500÷（500+600）×500）] 　　15 227
　　　　　　　　——B 产品 [33 500÷（500+600）×600）] 　　18 273
　　　　　贷：制造费用（18 000+500+10 000+2 000+3 000）　　33 500
　　借：库存商品——A 产品（100 500+26 000+15 227）　　141 727
　　　　贷：生产成本——A 产品　　　　　　　　　　　　　　141 727
　　A 产品的单位成本=141 727÷200=708.64（元）。
　　B 产品是未完工产品，不用结转产品成本，发生金额依然在"生产成本"科目中继续累计，其中在产品成本金额为 30 800+21 000+18 273=70 073（元）。

● 6.3　期间费用

　　1）销售费用
　　销售费用是指企业在销售环节为销售商品和提供劳务而发生的各项费用，包括：销售过程中发生的保险费、包装费、运输费、装卸费；为营销产品而发生的促销费、展览费和广告费；商品出售后所发生的维修费，根据质量保证协议所预提的产品质量保证金；为销售本企业商品而专设的销售网点、售后服务网点而聘请的销售人员工资、福利费以及业务费、折旧费、修理费等经营费用；委托代理商代销产品支付的手续费、佣金等。

【实例 6-2】
　　2020 年 1 月，H 公司与代理商 F 公司签订委托销售合同，销售机器人 100 套，合同约定：F 公司按照每套 10 万元的价格对外销售，H 公司按照不含税的销售价格的 5% 向 F 公司支付手续费。2020 年，F 公司对外销售 50 套机器人，开具增值税专用发票注明的价格为 500 万元。H 公司收到 F 公司开具的代销清单，并向 F 公司开具相同金额的增值税专用发票。假定 H 公司发出商品时纳税义务尚未发生，不考虑其他因素。
　　2020 年 6 月，H 公司参加展销会，展厅布置花费 20 万元；展厅机器人的运输费和装卸费共发生 2 万元；雇用礼仪人员发生劳务费 5 万元。在不考虑增值税的情况下进行有关销售费用的账务处理。
　　2020 年 12 月，H 公司按照销售额的 2% 为销售的机器人预提产品质量保证金。
　　要求针对以上经济业务为 H 公司进行有关账务处理（金额单位以万元表示）。
　　（1）2020 年支付给 F 公司代销手续费时：
　　借：销售费用（500×5%）　　　　　　　　　　　　　　　　　25
　　　　贷：银行存款　　　　　　　　　　　　　　　　　　　　　　25
　　（2）参加展销会时：

借：销售费用（20+2+5）   27

    贷：银行存款   27

（3）预提质量保证金时：

借：销售费用（500×2%）   10

    贷：预计负债   10

2）管理费用

管理费用是指企业为组织和管理生产经营活动而发生的各种费用，包括：行政管理部门的职工薪酬、业务招待费、办公费和差旅费、会议费、职工教育经费、工会经费等；企业在筹建期间发生的开办费；研究阶段的费用化支出（2018年以后单独归集"研发支出——费用化支出"科目，在期（月）末，应将本科目归集的费用化支出金额转入"管理费用"科目，借记"管理费用"科目，贷记"研发支出——费用化支出"科目）；聘请中介机构费、审计法律服务费、咨询费（含顾问费）、诉讼费；技术转让费、排污费等；行政管理部门等发生的固定资产修理费等后续支出和行政管理部门的折旧费、无形资产和递延资产摊销费；董事会发生的应由企业统一负担的公司经费，包括董事会费、董事会成员工资和津贴、会议费和差旅费等。

【实例6-3】

某企业6月份发生行政管理费用如下：

（1）2日，行政经理报销本月差旅费5 000元。

（2）6日，支付董事会费2 000元。

（3）15日，在某购物平台上购买办公用品1 000元。

（4）20日，支付律师咨询费30 000元。

（5）25日，支付排污费2 000元。

（6）30日，计提办公设备的折旧费30 000元。

（7）30日，计算应交印花税2 200元、房产税10 000元和车船税2 800元。

（8）30日，将管理费用结转至"本年利润"科目。

要求根据上述经济业务编制有关会计分录。

该企业进行的会计处理如下：

（1）借：管理费用——差旅费   5 000

    贷：银行存款   5 000

（2）借：管理费用——董事会费   2 000

    贷：银行存款   2 000

（3）借：管理费用——办公费   1 000

    贷：银行存款   1 000

（4）借：管理费用——咨询费   30 000

    贷：银行存款   30 000

（5）借：管理费用——环保费   2 000

    贷：银行存款   2 000

（6）借：管理费用——折旧费 　　　　　　　　　　　　　　30 000

　　　　贷：累计折旧 　　　　　　　　　　　　　　　　　　　　　　　　30 000

（7）借：本年利润 　　　　　　　　　　　　　　　　　　　70 000

　　　　贷：管理费用 　　　　　　　　　　　　　　　　　　　　　　　　70 000

3）财务费用

财务费用是指企业为筹集生产经营所需资金等而发生的筹资费用，包括：利息支出（减去利息收入）、汇兑损益（有的企业如商品流通企业、保险企业进行单独核算，不包括在财务费用内）以及相关的金融机构手续费、商业汇票贴现发生的贴现利息等。但企业筹建期间发生的利息支出，应计入开办费；为购建或生产满足资本化条件的资产发生的利息费用应予以资本化，在"在建工程""制造费用"等账户核算。

【实例 6-4】

某企业第一季度 3 月份发生财务费用如下：

（1）计提本月流动资金贷款利息 2 万元；

（2）因资金短缺将银行承兑汇票贴现 1 000 万元，贴现利率 3%，距离到期日还有 90 天；

（3）计提长期项目贷款利息，本季度需要负担 10 万元；

（4）支付本季度短期贷款利息 6 万元，本季度前两个月已经计提 4.5 万元利息；

（5）收到银行 7 天通知存款业务利息收入 3 万元；

（6）本月外币存款账户产生汇兑收益 4 万元；

（7）结转财务费用至"本年利润"账户。

要求编制上述经济业务的会计分录。

该企业进行的会计处理如下：

（1）借：财务费用——利息费用 　　　　　　　　　　　　　20 000

　　　　贷：应付利息 　　　　　　　　　　　　　　　　　　　　　　　　20 000

（2）借：银行存款 　　　　　　　　　　　　　　　　　　9 925 000

　　　　　财务费用——手续费（10 000 000×3%×90/360）　　75 000

　　　　贷：应收票据 　　　　　　　　　　　　　　　　　　　　　　10 000 000

（3）借：在建工程 　　　　　　　　　　　　　　　　　　100 000

　　　　贷：长期借款 　　　　　　　　　　　　　　　　　　　　　　　100 000

（4）借：财务费用——利息费用 　　　　　　　　　　　　　15 000

　　　　　应付利息 　　　　　　　　　　　　　　　　　　　45 000

　　　　贷：银行存款 　　　　　　　　　　　　　　　　　　　　　　　　60 000

（5）借：银行存款 　　　　　　　　　　　　　　　　　　　30 000

　　　　贷：财务费用——利息收入 　　　　　　　　　　　　　　　　　　30 000

（6）借：银行存款 　　　　　　　　　　　　　　　　　　　40 000

　　　　贷：财务费用——汇兑损益 　　　　　　　　　　　　　　　　　　40 000

（7）借：本年利润 　　　　　　　　　　　　　　　　　　　40 000

　　　　贷：财务费用 　　　　　　　　　　　　　　　　　　　　　　　　40 000

● 6.4　税金及附加

1）"营改增"改革

关于营业税改征增值税的相关规定，详见【相关链接6-1】。

【相关链接6-1】

关于全面推开营业税改征增值税试点的通知

2016年3月23日，财政部、国家税务总局制定本通知，自2016年5月1日起试点（财税〔2016〕36号）。

自2016年5月1日起，"营改增"改革在全国所有行业全面施行。自2016年5月1日起，地税机关不再开具营业税发票。已领取的地税机关印制的发票以及印有本单位名称的发票，可继续使用至2016年6月30日。2016年5月1日以前，如果在主管地税机关已申报缴纳营业税且未向购买方开具发票，需要补开发票的，可在2016年12月31日前开具增值税普通发票。

资料来源：国家税务总局. 关于全面推开营业税改征增值税试点的通知［EB/OL］.［2016-06-27］. http://www.chinatax.gov.cn/n810341/n810765/n1990035/n1990077/c2193332/content.html.

财税〔2016〕22号文件规定：全面试行营业税改征增值税后，"营业税金及附加"科目名称调整为"税金及附加"科目，该科目核算企业经营活动发生的消费税、城市维护建设税、资源税、教育费附加以及房产税、城镇土地使用税、车船税、印花税等相关税费（需要注意的是：该科目新增房产税、城镇土地使用税、车船税、印花税，但不包括增值税、所得税）。

2）关于税项的处理原则

（1）"营改增"后，印花税将记入"税金及附加"科目，且不通过"应交税费"科目核算。印花税的会计分录由原来的：

借：管理费用

　　贷：银行存款

改为：

借：税金及附加

　　贷：银行存款

（2）增值税按照销项税额和进项税额分别处理。

（3）所得税作为期间费用，计算税额时：

借：所得税费用

　　贷：应交税费——应交所得税

（4）除此之外，其他所有税种都记入"税金及附加"科目。

【实例6-5】

某企业第四季度发生税费如下：

（1）应交消费税30 000元；

（2）应交增值税 60 000 元；

（3）应交资源税 2 000 元；

（4）应交城市维护建设税（7%）6 300 元；

（5）应交教育费附加（3%）2 700 元；

（6）购买印花税 2 200 元；

（7）应交房产税 10 000 元；

（8）应交车船税 2 800 元。

要求进行有关业务的会计处理。

该企业对税费的会计处理如下：

（1）借：税金及附加   56 000

    贷：应交税费——应交消费税   30 000

          ——应交资源税   2 000

          ——应交城市维护建设税（7%）   6 300

          ——应交教育费附加（3%）   2 700

          ——应交房产税   10 000

          ——应交车船税   2 800

        银行存款   2 200

（2）应交增值税的会计分录为：

借：应交税费——应交增值税（转出未交增值税）   60 000

    贷：应交税费——未交增值税   60 000

● 6.5 营业外收入和营业外支出

营业外收入一般包括固定资产盘盈、计入营业外收入的政府补助、罚款收入、赔偿金、违约金收入和接受捐赠收入。营业外支出一般包括固定资产盘亏、罚款支出、赔偿金、违约金支出、捐赠支出以及非常损失、非正常停工损失等。

● 6.6 利润分配

1）留存收益

留存收益是指公司从历年实现的利润中提取或形成的留存于公司内部的积累。留存收益来源于公司生产经营活动所实现的利润。留存收益包括盈余公积和未分配利润。其中，盈余公积包括法定盈余公积和任意盈余公积。

2）利润分配的程序

按照《中华人民共和国公司法》的规定，我国企业利润分配的程序一般包括如下几个步骤：

（1）税前利润弥补亏损；

（2）缴纳所得税；

（3）税后利润（净利润）弥补亏损；

（4）提取法定盈余公积（10%）；

（5）支付优先股股利（按固定股息率，我国企业一般没有优先股）；

（6）提取任意盈余公积；

（7）支付普通股股利，包括现金股利和股票股利；

（8）余下的成为未分配利润。

表6-1是根据中科曙光2020年年报第72页所披露的母公司股东权益变动表整理而成的。需要提请读者注意的是，该表中只列示了股东权益的主要构成项目，其他项目省略了，所以有时会出现分项相加不等于总项的情形。

表6-1　　　　　中科曙光2020年1—12月母公司所有者权益变动表　　　　　单位：元

项　目	股　本	资本公积	盈余公积	未分配利润	股东权益合计
2020年1月1日年初余额	900 308 972.00	1 468 043 543.92	123 922 880.08	672 168 009.93	3 328 574 068.40
2020年1—12月增减变动额	550 420 002.00	6 299 782 768.75	58 424 645.30	395 616 717.46	7 141 441 171.03
净利润				584 246 453.02	584 246 453.02
所有者投入和减少资本	178 405 458.00	5 718 621 748.36			5 734 634 617.53
所有者投入的普通股	148 678 071.00	4 602 540 139.89			4 751 218 210.89
其他权益工具持有者投入资本	29 727 387.00	1 116 081 608.47			983 416 406.64
利润分配	372 014 544.00	−372 014 544.00	58 424 645.30	−188 629 735.56	−130 205 090.26
提取盈余公积			58 424 645.30	−58 424 645.30	
对股东的分配	372 014 544.00	−372 014 544.00		−130 205 090.26	−130 205 090.26
其他		953 175 564.39			953 175 564.39
2020年12月31日年末余额	1 450 728 974.00	7 767 826 312.67	182 347 525.38	1 067 784 727.39	10 470 015 239.43

从表6-1可以看出，中科曙光2020年的利润分配有三项：一是资本公积金转增股本372 014 544.00元；二是提取10%的法定盈余公积金58 424 645.30元；三是分配现金红利130 205 090.26元。从表6-1中看到的利润分配情况与中科曙光2020年年报在重要事项部分披露的内容一致，详见【相关链接6-2】。需要注意的是，我国上市公司一般是上一年度的利润分配预案在下一年度才得以实施。所以，股东权益变动表中显示的是2019年度的利润分配预案的实施结果。

【相关链接6-2】

中科曙光2019—2020年利润分配方案

（1）2019年度利润分配方案以方案实施前的公司总股本930 036 359股为基数，每股派发现金红利0.14元（含税），以资本公积金向全体股东每股转增0.4

股，共计派发现金红利 130 205 090.26 元，转增 372 014 544 股，本次分配后总股本为 1 302 050 903 股。公司于 2020 年 4 月 20 日召开的 2019 年度股东大会审议通过了以上利润分配预案，并已于 2020 年 5 月 11 日实施完毕。

（2）根据证监会、上交所及公司章程的相关规定，公司于 2021 年 4 月 8 日召开第四届董事会第八次会议，审议通过了《关于公司 2020 年度利润分配预案的议案》，同意公司拟以截至 2020 年 12 月 31 日的总股本 1 450 728 974 股为基数（具体分配时以公司截至股权登记日的实际股本总数为准），向全体股东每 10 股派发现金红利 1.40 元（含税），共计分配现金红利 203 102 056.36 元。上述现金红利总额将根据权益分派股权登记日的实际股本总数进行调整。

资料来源：根据中科曙光 2020 年年报第 27 页重要事项披露整理而得。

3）利润分配的账务处理

企业对利润分配过程进行账务处理时，应设置有关账户如下：

（1）本年利润：用于统计某个会计年度的经营成果，贷方余额表示盈利，借方余额表示亏损。

（2）利润分配——未分配利润：初始贷方余额来自本年利润的贷方余额，分配时借记本账户，期末贷方余额表示剩余的未分配利润。

（3）盈余公积——一般盈余公积——法定盈余公积和盈余公积——一般盈余公积——任意盈余公积：两个账户的贷方表示提取数，借方表示使用数。

现以中科曙光 2020 年度的利润分配为例，模拟其账务处理如下：

①将本年利润的贷方余额结转到利润分配的贷方时：

借：本年利润　　　　　　　　　　　　　　584 246 453.02

　　贷：利润分配——未分配利润　　　　　　　　　584 246 453.02

②将资本公积金转增股本时：

借：资本公积　　　　　　　　　　　　　　372 014 544.00

　　贷：股本　　　　　　　　　　　　　　　　　　372 014 544.00

需要说明的是，资本公积金转增股本其实不属于利润分配，但我国企业习惯性地将其与利润分配预案一起宣告。

③提取法定盈余公积金时：

借：利润分配——未分配利润　　　　　　　58 424 645.30

　　贷：盈余公积——一般盈余公积——法定盈余公积　　58 424 645.30

④宣告分配现金红利时：

借：利润分配——应付普通股股利　　　　　130 205 090.26

　　贷：应付股利　　　　　　　　　　　　　　　　130 205 090.26

⑤除此之外，用盈余公积金弥补亏损时的账务处理为：

借：盈余公积

　　贷：利润分配——其他转入

⑥盈余公积金除了可以弥补亏损外，还可以转增股本。但法定盈余公积金转增

股本后，留存额不得低于注册资本的 25%。用盈余公积金转增股本时的账务处理为：

借：盈余公积

 贷：股本

⑦发放股票股利时的账务处理为：

借：利润分配——转作股本的普通股股利

 贷：股本

需要注意的是，在我国，不管是大额股票股利（10送5及其以上）还是小额股票股利（10送5以下），均按面值结转，不按市价结转。另外，股票股利与股票分割是不同的。股票分割如 1∶2 分割，不仅股票股数翻倍，而且股票面值减半，总的股本金额没有变化。所以，股票分割不用进行账务处理，只需做备忘登记即可。

【总结与结论】

本章简要介绍了生产成本的构成及账务处理流程，重点讲解了各项期间费用如税金及附加、销售费用和管理费用等的统计口径和确认时的会计分录的编制。由于我国企业利润分配要求的特殊性，本章还详细讲解了利润分配的过程及会计核算。本章提请读者重点掌握"营改增"后税金及附加统计口径的变化、执行新收入准则后销售费用和财务费用统计口径的变化，以及如何根据股东权益变动表看出企业的利润分配方案并做相应的账务处理。

【练习题库】

★ 思考题

1."营改增"后印花税、房产税、车船税应记入哪个期间费用账户？

2.执行新收入准则后，财务费用的统计口径有何变化？

3.表6-2列示的是全聚德2019—2020年合并利润表的片段。

表6-2 全聚德2019—2020年合并利润表（部分） 单位：万元

项　目	2020 年	2019 年
营业收入	78 332	156 632
营业成本	85 567	65 033
销售费用	6 394	67 341
管理费用	17 085	20 432
营业利润	−28 214	7 038

资料来源：根据全聚德2020年合并利润表整理而得。

　　从表 6-2 可以看出，由于新型冠状病毒肺炎疫情的爆发，主打堂食的全聚德 2020 年营业收入相比于 2019 年出现大幅下滑，几乎减半，而问题是营业成本不降反升，毛利率也出现大幅下滑，与此同时，销售费用的下降幅度过大，与管理费用的下降幅度不相称，最终导致营业利润出现 28 214 万元的亏损。请问这种趋势是怎样形成的？全聚德销售费用和营业成本的统计口径前后有什么变化？请结合全聚德 2020 年执行新收入准则的背景来回答。

第 7 章

货币资金、应收项目与存货

【学习目标】

通过本章的学习，您应该：（1）了解库存现金、银行存款和其他货币资金的管理要求；（2）掌握应收票据、应收账款以及坏账准备计提的核算；（3）掌握外购存货采购和入库的核算、发出存货的核算以及期末存货的计价。

● 7.1 货币资金的管理与核算

货币资金分为库存现金、银行存款和其他货币资金。货币资金的特点是：流动性及变现能力强，但增值能力弱。

1）库存现金的管理要求

关于库存现金的管理要求有很多，择其要点进行介绍。其一，严格遵守现金使用范围：不该用现金结算的要用支票结算，而超过一定额度的尽量用支票结算。其二，遵从库存现金限额规定：一般为3~5天的零星开支需求量，边远地区和交通不便地区的企业，最多不能超过15天的满足日常零星开支的需求量。其三，不得坐支现金：企业的现金收入应于当日送存银行，需要时再去银行提现或通过银行转账支付。其四，保证现金的安全、完整：企业应设置库存现金日记账进行明细核算，逐笔登记现金的收入和支出，做到日清日结。

2）常见的银行结算方式

常见的银行结算方式有支票和商业汇票。支票是由出票人签发的，委托银行或者其他金融机构在见票时无条件支付确定的金额给收款人或者持票人的票据。不过，目前支票结算方式的使用已经很少见了，多采用转账方式。商业汇票是由出票人签发的，委托付款人在指定日期无条件支付确定的金额给收款人或者持票人的票据。商业汇票按照承兑人的不同，分为商业承兑汇票（银行以外的付款人承兑）和银行承兑汇票（银行承兑）两种。符合条件的商业汇票可以背书转让，也可以向银行申请贴现。

3）银行存款的核算和清查

（1）设置银行存款日记账。企业应设置银行存款日记账并逐日逐笔登记银行存款的收付并随时结出余额。每月应将银行存款日记账的余额与银行存款对账单核对一遍。不过，现在二者不相符的可能性很小。这是因为企业很少用支票结算，因而很少出现未达账项。但规模较大的企业，月末依旧编制银行存款余额调节表。

（2）勾出未达账项，编制银行存款余额调节表。什么是未达账项？未达账项指的是对于一项经济业务，由于凭证传递的时间差，导致企业与银行之间，一方已记账，另一方未记账的事项。未达账项的四种情况见表7-1。

表7-1　　　　　　　　　　　　　未达账项的四种情况

企　业	银　行
已收款记账	未记账
已付款记账	未记账
未记账	已收款记账
未记账	已付款记账

【实例7-1】

假设某企业2021年6月30日银行存款日记账余额为360 500元，银行对账单余额为380 510元。经核对，发现如下未达账项：

①银行已收到一笔8 550元的款项，但收款通知尚未送达该企业；

②该企业已支付20 760元的采购零部件款，但收款方尚未到银行转账；

③银行已代付水电费300元，但尚未通知该企业；

④该企业已收到转账支票9 000元，银行尚未入账。

据此编制的银行存款余额调节表见表7-2。

表7-2　　　　　　　　　　　　　银行存款余额调节表　　　　　　　　　　　单位：元

项　目	金　额	项　目	金　额
日记账余额	360 500	对账单余额	380 510
加①	8 550	加④	9 000
减③	300	减②	20 760
调节后余额	368 750	调节后余额	368 750

从分析结果可以看出，考虑未达账项的影响之后，企业的银行存款日记账余额与银行发来的对账单余额正好相等，说明无论是企业还是银行，都没有出错。如果余额不相等，则需要逐个排查，找出其原因。目前企业已经可以随时查看银行存款余额的变动情况，但对账却是按月进行的。

4）其他货币资金

其他货币资金包括外埠存款、银行汇票存款、银行本票存款、信用证存款、信用卡存款和在途资金等。其中，外埠存款是指企业到外地进行临时或零星采购时，汇往采购地银行开立采购专户的款项。银行汇票存款是指企业为了取得银行汇票，按照规定存入银行的款项。银行本票存款是指企业为了取得银行本票，按照规定存入银行的款项。信用证存款是指企业存入银行信用证保证金专户的款项。信用卡存款是指企业为取得信用卡，按照规定存入银行信用卡专户的款项。在途资金指的是正在途中还没有落地的资金。

● 7.2 应收票据

应收票据是指企业赊销时采用商业汇票进行结算而设立的账户。按照票据承兑人的不同，商业汇票可分为商业承兑汇票和银行承兑汇票。为了防止坏账损失的发生，目前企业多采用银行承兑汇票。按照汇票是否载有票面利率，商业汇票又可分为带息汇票和不带息汇票，后者又称为光票。我国商业汇票经常是不带息的。汇票是否带息实质上没有差别，不带息汇票其实是把本金和利息加在一起作为票面金额开立的。

7.2.1 应收票据持有至到期的核算

【实例7-2】

假设某企业2021年7月2日发生销售业务，未收到现金，应收货款为300 000元。由购货方开出并承兑附票面利息、利率为4%的90天期的商业汇票。

相关账务处理如下：

2021年7月2日收到由购货方开出并承兑的商业汇票时：

借：应收票据   300 000

 贷：主营业务收入   300 000

每月票据累计利息为：$300\,000 \times 4\% \times 30/360 = 1\,000$（元）。

2021年8月2日计提应收票据利息时：

借：应收票据   1 000

 贷：财务费用   1 000

2021年9月2日计提应收票据利息的会计分录同上。

2021年10月2日应收票据到期，购货方付款时：

借：银行存款   303 000

 贷：应收票据   302 000

   财务费用   1 000

7.2.2　带息应收票据贴现的核算

【实例 7-3】

假设【实例 7-2】中 30 天后向银行申请贴现，贴现利率为 6%，则 2021 年 8 月 2 日向银行申请贴现时：

计提累计至贴现日的利息：

借：应收票据　　　　　　　　　　　　　　　　　　　1 000

　　贷：财务费用　　　　　　　　　　　　　　　　　　　　　1 000

收到贴现款：

借：银行存款　　　　　　　　　　　　　　　　　299 970

　　财务费用　　　　　　　　　　　　　　　　　　1 030

　　贷：应收票据　　　　　　　　　　　　　　　　　　　　301 000

具体计算过程如下：

票面金额=300 000 元

到期利息=300 000×4%×90/360=3 000（元）

贴现时票据利息=300 000×4%×30/360=1 000（元）

贴现利息=303 000×6%×60/360=3 030（元）

贴现后实得金额=303 000−3 030=299 970（元）

可见，当企业急需资金而持商业汇票向银行申请贴现时，累计至贴现日的票面利息 1 000 元是无法赚取的，而且比本金还少 30 元。这就是企业应付出的代价。

● 7.3　应收账款及坏账准备

7.3.1　应收账款的核算

应收账款的核算有两种方法：总价法和净价法。我国企业以前一般采用总价法；而新收入准则修订实施后，则使用净价法。

1）总价法

应收账款始终按总额计量，不扣减旨在鼓励早日付款而许诺的现金折扣，客户享受的现金折扣作为财务费用处理。

【实例 7-4】

某企业销售货物，发票总金额为 50 000 元，付款条件为：2/10，n/30（其含义为 10 天内付款给予 2% 的折扣，30 天内付款无折扣）。采用总价法核算如下：

销售时：

借：应收账款　　　　　　　　　　　　　　　　　56 500

　　贷：主营业务收入　　　　　　　　　　　　　　　　50 000

　　　　应交税费——应交增值税（销项税额）　　　　　6 500

折扣期内付款：

借：银行存款 55 500
　　财务费用 1 000
　　贷：应收账款 56 500
折扣期外付款：
借：银行存款 56 500
　　贷：应收账款 56 500

2）净价法

应收账款扣减旨在鼓励早日付款而许诺的现金折扣，客户未享受的现金折扣作为收入处理，通常在收款时入账。

【实例7-5】

承接【实例7-4】，若采用净价法核算，则账务处理如下：
销售时：
借：应收账款 55 500
　　贷：主营业务收入 49 000
　　　　应交税费——应交增值税（销项税额） 6 500
折扣期内付款：
借：银行存款 55 500
　　贷：应收账款 55 500
折扣期外付款：
首先，补计收入：
借：应收账款 1 000
　　贷：主营业务收入 1 000
然后，收款时：
借：银行存款 56 500
　　贷：应收账款 56 500

7.3.2　坏账准备计提与坏账冲销的核算

1）直接转销法

直接转销法是在实际发生坏账时直接冲销有关的应收款项，并确认坏账损失。

2）备抵法

备抵法是根据应收款项可收回金额按期估计坏账损失并形成坏账准备，在实际发生坏账时再冲销坏账准备的方法。备抵法又分为以下三种：

（1）应收款项余额百分比法；
（2）销货百分比法；
（3）账龄分析法。

第1种方法是按应收款项余额的一定百分比提取坏账准备的，如按3%提取。第2种方法是按销售额即营业收入的一定百分比提取坏账准备的，如某企业按历史经验估计某年的坏账损失率为5%。第3种方法则是基于这样的假设：应收款项存在的时间越长，则变成坏账的可能性就越大，所以可以按应收款项的账龄分段提取坏账准备。显而易见，采用这种方法提取坏账准备较为合理，因此，我国企业广泛采用账龄分析法提取坏账准备。下面就用实例加以具体说明。

【实例 7-6】

假设某企业 2021 年年初坏账准备的贷方余额为 15 000 元，2021 年 12 月 31 日应收款项的账龄分析与坏账损失估计见表 7-3。要求计算 2021 年年末再提取坏账准备的金额是多少。

表 7-3　　　　　　　　　2021 年账龄分析与坏账损失估计　　　　　　　　　金额单位：元

账　龄	应收款项金额	估计损失率（%）	估计坏账金额
过期未超 1 年	240 000	5	12 000
过期 1 年以上未超 2 年	100 000	20	20 000
过期 2 年以上未超 3 年	140 000	50	70 000
过期 3 年以上	18 000	100	18 000
合　计	498 000		120 000
备注（2021 年年初坏账准备余额为 15 000 元）			105 000

从表 7-3 可以看出，需要为 2021 年再提取坏账准备的金额为 105 000 元。计提坏账准备的会计分录如下：

借：信用减值损失　　　　　　　　　　　　　　　　　105 000
　　贷：坏账准备　　　　　　　　　　　　　　　　　　　　105 000

如果 2022 年发生坏账损失 110 000 元，则注销应收账款并冲销坏账准备的会计分录如下：

借：坏账准备　　　　　　　　　　　　　　　　　　　110 000
　　贷：应收账款　　　　　　　　　　　　　　　　　　　　110 000

如果 2022 年发生坏账损失 130 000 元，则注销应收账款并冲销坏账准备的会计分录如下：

借：坏账准备　　　　　　　　　　　　　　　　　　　120 000
　　信用减值损失　　　　　　　　　　　　　　　　　　10 000
　　贷：应收账款　　　　　　　　　　　　　　　　　　　　130 000

● 7.4　存货

根据《企业会计准则第 1 号——存货》及相关指南和解释，存货同时满足下列条件的，才能予以确认：

（1）与该存货有关的经济利益很可能流入企业；

（2）该存货的成本能够可靠地计量。

存货是指企业持有的、将在一年或长于一年的一个营业周期内被销售或耗用的货物。存货属于企业的流动资产。

存货包括各类材料、商品、在产品、产成品、燃料、包装物和低值易耗品等。实务中，存货的一级账户有：物资采购（材料采购或在途物资）、原材料、包装物、低值易耗品、自制半成品和库存商品等。

7.4.1　外购存货采购和入库的核算

存货取得的途径分为外购和自制两种，此处只涉及外购存货。外购存货的计价遵从历史成本原则，即按确认时的实际货币支付额计价入账，即使物价变动也不调整其账面价值。外购存货的实际成本包括三部分：

（1）买价：即发票上的货款。

（2）采购费用：主要有运输费、包装费、保险费、装卸费、运输途中的合理损耗以及入库前的加工整理费。

（3）购入物资应负担的税费：即价内税，如消费税、关税和小规模纳税人的增值税等。

【实例7-7】

某工厂购进材料一批，增值税专用发票上注明总价35 595元，消费税税率5%，增值税税率13%。运杂费总价2 180元，与之对应的增值税税率9%。该批材料入库前后的会计分录如下：

借：物资采购   33 500
　　应交税费——应交增值税（进项税额）   4 275
　贷：银行存款   37 775
借：原材料   33 500
　贷：物资采购   33 500

7.4.2　发出存货的计价和核算

发出存货的计价规定采用实际成本法，即按实际发生时的历史成本来计量，故也称历史成本法。这是一种成本流转假设：假定成本按一定的顺序流转，不一定表示实物也按此顺序流转。自2007年起，由于取消了后进先出法，所以发出存货的计价方法现在只有三种：个别计价法、先进先出法和加权平均法，而加权平均法又分为移动加权平均法和月末一次加权平均法。由于个别计价法和先进先出法只适用于某些特定的存货，故加权平均法使用得最为广泛。下面就以移动加权平均法（Moving Weighted Average Method，MWAM）、月末一次加权平均法和先进先出法（First In First Out，FIFO）为例来具体说明发出存货的成本是如何计算出来的。

【实例7-8】

假定某工厂2021年6月份某库存商品的进销存明细账见表7-4。要求计算6月份主营业务成本和月末结存存货的成本，并编制发出存货的会计分录。

表 7-4　　　　　　　　　　　**存货收发结存表**　　　　　　　　金额单位：元

2021年		摘　要	计量单位	收　入			发　出			结　存		
月	日			数量	单价	金额	数量	单价	金额	数量	单价	金额
6	1	期初结存	千克							1 500	2.00	3 000
	2	领用	千克				1 000	2.00	2 000	500	2.00	1 000
	5	购入	千克	1 000	2.15	2 150				1 500	2.10	3 150
	14	领用	千克				1 000	2.10	2 100	500	2.10	1 050
	21	购入	千克	2 000	2.20	4 400				2 500	2.18	5 450
	30	领用	千克				1 600	2.18	3 488	900	2.18	1 962
	30	合计	千克	3 000		6 550	3 600		7 588	900	2.18	1 962

（1）移动加权平均法：

从表 7-4 可以看出，采用移动加权平均法计算时，每一批次发出存货的单价均不同，都是通过加权平均法算出的，但是在不停地移动。所以，本月发出存货的总成本为 7 588 元，即主营业务成本为 7 588 元。由于期末结存存货的成本=期初余额+本期购进−本期发出，故月末结存存货的成本为 1 962 元。

（2）月末一次加权平均法：

加权平均单位成本=（3 000+6 550）÷（1 500+3 000）=2.12（元/千克）

本月发出存货的总成本=3 600×2.12=7 632（元）

月末结存存货的成本=（3 000+6 550）−7 632=1 918（元）

（3）先进先出法：

本月发出存货的总成本=1 000×2.00+500×2.00+500×2.15+500×2.15+1 100×2.20

　　　　　　　　　　　=2 000+1 000+1 075+1 075+2 420=7 570（元）

月末结存存货的成本=（3 000+6 550）−7 570=1 980（元）

由以上分析可见，在不同的成本流转假设下，计算出来的发出存货的总成本和结存存货的总成本是有差异的，二者呈反向互补变化，具体见表 7-5。所以，企业选择不同的发出存货的计价方法，其所核算出的营业成本是不同的，毛利率也是不同的。但同一类存货，一旦选定某种计价方法，前后各期不得随意变更。因为这种差异只是时间性差异，如果能够保证前后方法的一贯性，企业之间就不会因为计价方法的选择而导致不公的现象。这就是一贯性原则，即选定一种方法之后，对于同一类存货，企业前后各期应采用同一种方法，保持相对稳定，不能随意变更。即使物价比较稳定，也应选择相对稳定的方法。

表 7-5　　　　　　　　　　不同方法的期末结存存货的成本对比　　　　　　　　单位：元

方　法	发出存货的总成本	结存存货的总成本
移动加权平均法	7 588（中）	1 962（中）
月末一次加权平均法	7 632（高）	1 918（低）
先进先出法	7 570（低）	19 80（高）

根据表 7-4 的数据，工业和商业企业出售存货环节的会计分录为：

借：主营业务成本　　　　　　　　　　　　　　　　　　　　　7 588

　　贷：库存商品　　　　　　　　　　　　　　　　　　　　　　　　　　7 588

7.4.3　期末存货的计价

资产负债表日，存货应当按照成本与可变现净值孰低（Lower of Cost or Marketable-net-value，LCM）计列。存货成本高于其可变现净值的，应当计提存货跌价准备，计入当期损益。可变现净值为存货的未来预计净现金流入，是指在日常活动中，存货的估计售价减去至完工时估计将要发生的成本、估计的销售费用以及相关税费后的金额。存货跌价准备转回的条件是以前减记存货价值的影响因素已经消失，而不是在当期造成存货可变现净值高于成本的其他影响因素。存货跌价准备的转回应在原已计提的存货跌价准备的金额内转回，但转回的金额以将存货跌价准备余额冲减至零为限。

【实例 7-9】

2020 年 12 月 31 日，某公司制造的特种设备的账面成本为 1 650 万元，由于该特种设备的市价下跌，预计可变现净值为 1 400 万元。假定：

（1）2021 年 6 月 30 日，该特种设备的市价有所上升，预计可变现净值为 1 550 万元。

（2）2021 年 12 月 31 日，该特种设备的市价进一步上升，预计可变现净值为 1 750 万元。

编制相关会计分录如下（金额单位以万元表示）：

①2020 年 12 月 31 日：

借：资产减值损失——存货减值损失　　　　　　　　　　　　　250

　　贷：存货跌价准备　　　　　　　　　　　　　　　　　　　　　　　250

②2021 年 6 月 30 日：

借：存货跌价准备　　　　　　　　　　　　　　　　　　　　　150

　　贷：资产减值损失——存货减值损失　　　　　　　　　　　　　　　150

③2021 年 12 月 31 日：

借：存货跌价准备　　　　　　　　　　　　　　　　　　　　　100

　　贷：资产减值损失——存货减值损失　　　　　　　　　　　　　　　100

【总结与结论】

本章首先介绍了货币资金的管理要求，尤其是月末银行存款余额调节表的编制，然后介绍了应收票据持有至到期的核算和提前贴现的核算。在应收账款的核算部分，对比了总价法和净价法的差异，执行新收入准则之后，一般企业均采用净价法核算，除此之外，对应收款项坏账准备计提的账龄分析法进行了详细介绍。在存货部分，介绍了外购存货入库的核算和因计价方法选择的差异而导致的发出存货的成本和期末结余存货的成本的差异。本章最后介绍了存货跌价准备的计提和期末存货的计价。

【练习题库】

★思考题

1.库存现金管理有哪些要求？

2.为何要编制银行存款余额调节表？该表只由出纳一人编制就可以吗？

3.应收账款作为坏账核销后又收回的，可以计入营业外收入吗？

4.由于发出存货的计价方法的选择造成的发出存货的成本和期末结余存货的成本的差异，是永久性差异还是时间性差异？

★业务题

1.2021年7月13日，同庆公司赊销货物一批，价款4 000万元，现金折扣条件为：1/10，n/30，该批货物的成本为3 500万元。同庆公司为增值税一般纳税人，增值税税率为13%。假定：

（1）7月22日同庆公司收回货款。

（2）7月28日同庆公司收回货款。

要求：编制相关业务的会计分录，请采用净价法。

2.假定某企业2021年12月31日坏账准备贷方余额为120 000元。其中，过期1年以上未超2年的应收账款200 000元按20%计提了坏账准备40 000元。2022年该笔应收账款实际发生坏账60 000元。

要求：编制核销这笔坏账的会计分录。

【课程思政案例】

得润电子：其他应收款，注销又收回？

表7-6显示得润电子2019年为其他应收款计提了194 900 697.73元坏账准备，2020年又转回了173 916 532.35元，结果导致得润电子2019年出现巨额亏损，净利润为-619 814 251.82元，而2020年转为盈利64 890 172.32元。其中，其他应收款的信用减值损失2019年为-194 900 697.73元，而2020年为162 226 322.33元，具体见表7-7。

表 7-6　　　　　　　　　　得润电子2020年坏账准备情况　　　　　　　　单位：元

坏账准备	第一阶段	第二阶段	第三阶段	合 计
	未来12个月预期信用损失	整个存续期预期信用损失（未发生信用减值）	整个存续期预期信用损失（已发生信用减值）	
2019年1月1日余额	34 743 700.27	—	2 775 532.62	37 519 232.89
本期计提	**187 978 989.72**	—	**6 921 708.01**	**194 900 697.73**
转入第三阶段	445 465.23	—	—	445 465.23
本期核销	—	—	—	—
其他变动	461 476.21	—	—	461 476.21
2019年12月31日余额	223 184 166.20	—	9 697 240.63	232 881 406.83
2020年1月1日余额	223 184 166.20	—	9 697 240.63	232 881 406.83
本期计提	—	—	11 646 360.77	11 646 360.77
本期转回	**173 916 532.35**	—	—	**173 916 532.35**
本期核销	573 865.77	—	—	573 865.77
其他变动	18 034 883.28	—	—	18 034 883.28
2020年12月31日余额	30 658 884.80	—	21 343 601.40	52 002 486.20

资料来源：根据得润电子2019—2020年其他应收款坏账准备计提明细计算整理而得。

表 7-7　　　得润电子其他应收款信用减值损失的计提和转回对其盈利的影响　　金额单位：元

项 目	2020年	2019年	2018年
营业收入	7 272 228 518.21	7 486 212 149.89	7 454 105 562.46
营业成本	6 219 574 028.36	6 335 470 767.29	6 408 746 749.80
毛利率（%）	14.47	15.37	14.02
其他应收款	191 267 148.94	422 820 079.36	533 606 179.83
其他应收款的信用减值损失	**162 226 322.33**	**−194 900 697.73**	—
投资收益	193 405 334.89	81 751 054.16	314 665 522.36
信用减值损失	**64 482 947.38**	**−441 393 961.40**	**−75 871 009.51**（坏账损失）
资产减值损失	−70 056 523.79	−233 521 272.71	−100 201 530.72
营业利润	107 830 809.48	−665 122 802.36	252 268 845.30
净利润	64 890 172.32	−619 814 251.82	245 973 279.73

资料来源：根据得润电子2018—2020年利润表和其他应收款及其信用减值损失明细计算整理而得。

思考题：

（1）得润电子真的谨慎吗？

（2）得润电子 2019 年有没有"利润大洗澡"行为？

小提示：

请从得润电子毛利率的变化、其他应收款的债务人及其性质方面思考为何得润电子对其信用减值损失的计提会出现反复从而导致业绩大起大伏的变化。

第 8 章

金融资产

【学习目标】

通过本章的学习，您应该：（1）了解三项金融工具会计准则修订的背景；（2）了解三项新准则修订后相比原准则有哪些显著变化；（3）掌握三类金融资产分类的依据；（4）掌握三类金融资产的初始确认、后续计量和处置时的账务处理并牢记其会计核算上的差异。

● 8.1 金融工具会计准则修订实施的时间安排

2017年3月31日，财政部正式发布了《企业会计准则第22号——金融工具确认和计量》、《企业会计准则第24号——套期会计》和《企业会计准则第37号——金融工具列报》等三项金融工具会计准则。新金融工具相关会计准则实际上由三份文件组成。同时，还规定了新金融工具相关会计准则三个"分梯次"的实施时间：一是对于在境内外同时上市的企业以及在境外上市并采用国际财务报告准则或我国企业会计准则编制财务报告的企业，要求自2018年1月1日起施行新金融工具相关会计准则。这一要求与《国际财务报告准则第9号——金融工具》的生效日期保持一致，以免出现境内外报表适用准则的差异。二是对于其他境内上市企业，要求自2019年1月1日起施行新金融工具相关会计准则，为这些企业预留近两年的准备时间，同时确保上市公司范围内执行新准则的一致性。三是对于执行企业会计准则的非上市企业，要求自2021年1月1日起施行新金融工具相关会计准则，为这些企业预留近四年的准备时间，以确保准则执行质量。按照新金融工具相关会计准则的"分梯次"实施安排，9家A+H股上市券商自2018年1月1日起率先执行新准则，它们是中信证券、海通证券、银河证券、中原证券、广发证券、华泰证券、东方证券、光大证券、招商证券。实体企业中，如青岛啤酒、金风科技和中国铁建等A+H股上市公司也率先施行新金融工具相关会计准则。

● 8.2　新金融工具准则的主要修订内容

新金融工具准则修订的主要内容有（企业会计准则第 22 号、第 24 号、第 37 号应用指南，2018）：减少金融资产的分类并强调尽量客观化；简化嵌入衍生工具的处理；强化金融工具的减值要求。对于第一项内容，减少金融资产的分类，由原来的四分类改为三分类。以企业持有金融资产的"业务模式"和"金融资产合同现金流量特征"作为金融资产分类的判断依据，将金融资产分类为：以公允价值计量且其变动计入当期损益的金融资产、以公允价值计量且其变动计入其他综合收益的金融资产和以摊余成本计量的金融资产。对于第三项内容，金融资产减值会计由"已发生损失法"改为"预期损失法"。即要求考虑金融资产未来预期信用损失情况，从而更加及时、足额地计提金融资产减值准备，便于揭示和防控金融资产信用风险。所以，以预期信用损失为基础，对部分金融资产计提减值准备。新金融工具准则调整了非交易性权益工具投资的会计处理。在原金融工具确认和计量准则下，许多企业将非交易性权益工具投资分类为可供出售金融资产处理，在可供出售金融资产处置时，原计入其他综合收益的累计公允价值变动额可转出计入当期损益。而在修订后的金融工具确认和计量准则下，允许企业将非交易性权益工具投资指定为以公允价值计量且其变动计入其他综合收益的金融资产进行处理，但该指定不可撤销，且在处置时不得将原计入其他综合收益的累计公允价值变动额结转计入当期损益。

● 8.3　以公允价值计量且其变动计入当期损益的金融资产

8.3.1　定义

以公允价值计量且其变动计入当期损益的金融资产指的是企业为了近期出售而持有的金融资产。例如，企业以赚取差价为目的而购买的股票、债券、基金等。

8.3.2　账户设置和账务处理规定

企业应当设置"交易性金融资产"科目核算为交易目的而持有的债券、股票、基金投资等金融资产的公允价值，并按资产的类别，分别"成本""公允价值变动"等进行明细核算。相关账务处理规定为：

1）取得时

按照取得的公允价值作为初始确认金额，相关的交易费用在发生时计入当期损益（借记"投资收益"科目），价款中包含的已宣告但尚未发放的现金股利或已到付息期但尚未领取的债券利息，单独确认为应收项目。

2）持有期间

企业在持有以公允价值计量且其变动计入当期损益的金融资产期间所获得的现金股利或债券利息，应当确认为投资收益。

3）资产负债表日

以公允价值计量且其变动计入当期损益的金融资产按公允价值反映，公允价值变动计入当期损益（公允价值变动损益）。

4）处置时

公允价值与账面价值之间的差额应确认为投资收益，不需调整公允价值变动损益。

8.3.3 具体核算过程

【实例8-1】

2020年5月15日，甲公司支付1 030 000元从二级市场上购入10万股乙公司发行的股票，每股价格10.3元（含已宣告但尚未发放的现金股利0.3元），另支付交易费用1 000元。甲公司将持有的乙公司股票划为以公允价值计量且其变动计入当期损益的金融资产，且持有乙公司的股票后对其无重大影响。2020年5月22日，收到乙公司发放的现金股利；6月30日，乙公司的股票价格涨到每股12元；9月7日，乙公司宣告现金股利，每股0.5元（含税），并于9月21日收到这笔现金股利；9月28日，将持有的乙公司股票全部售出，每股13元。

5月15日，购入股票时：

借：交易性金融资产——乙公司——成本　　　　　　　1 000 000

　　应收股利　　　　　　　　　　　　　　　　　　　　30 000

　　投资收益　　　　　　　　　　　　　　　　　　　　 1 000

　　　贷：银行存款　　　　　　　　　　　　　　　　　　　　1 031 000

5月22日，收到乙公司第一次发放的现金股利时：

借：银行存款　　　　　　　　　　　　　　　　　　　　30 000

　　　贷：应收股利　　　　　　　　　　　　　　　　　　　　　30 000

6月30日，确认股票价格变动时：

借：交易性金融资产——乙公司——公允价值变动　　　200 000

　　　贷：公允价值变动收益　　　　　　　　　　　　　　　　200 000

9月7日，乙公司宣告现金股利时：

借：应收股利　　　　　　　　　　　　　　　　　　　　50 000

　　　贷：投资收益　　　　　　　　　　　　　　　　　　　　　50 000

9月21日，收到乙公司第二次发放的现金股利时：

借：银行存款　　　　　　　　　　　　　　　　　　　　50 000

　　　贷：应收股利　　　　　　　　　　　　　　　　　　　　　50 000

9月28日，将持有的乙公司股票全部售出时：

借：银行存款　　　　　　　　　　　　　　　　　　　1 300 000

　　　贷：交易性金融资产——乙公司——成本　　　　　　　　1 000 000

　　　　　　　　　　　　——乙公司——公允价值变动　　　　 200 000

　　　投资收益　　　　　　　　　　　　　　　　　　　　　100 000

● 8.4　以公允价值计量且其变动计入其他综合收益的金融资产

8.4.1　定义

以公允价值计量且其变动计入其他综合收益的金融资产指的是初始确认时即被指定为以公允价值计量且其变动计入其他综合收益的金融资产的非衍生金融资产，以及除下列各类资产以外的金融资产：

（1）以摊余成本计量的金融资产。

（2）以公允价值计量且其变动计入当期损益的金融资产，包括企业对被投资单位不具有控制、共同控制或重大影响，且在活跃市场上没有报价、公允价值不能可靠计量的权益性投资。这一类实际上指的是持股比例低于20%，被投资对象是非上市公司的长期股权投资。

8.4.2　账户设置和账务处理规定

企业应当设置"其他权益工具投资""其他债权投资"科目，核算持有的这类金融资产的公允价值，并按类别和品种，分别"成本""利息调整""应计利息""公允价值变动"等进行明细核算。相关账务处理规定如下：

1）取得时

按照金融资产的公允价值和相关交易费用之和作为初始确认金额。已到付息期但尚未领取的利息，确认为应收利息。作为债券投资的，其初始确认与以摊余成本计量的金融资产会计处理一致。

2）持有期间

这类金融资产在持有期间取得的债券利息或现金股利，应当计入投资收益。

3）资产负债表日

以公允价值计量且其变动计入其他综合收益的金融资产应当以公允价值计量，且公允价值变动计入其他综合收益。

4）处置时

将取得的价款与该金融资产账面价值之间的差额，计入投资收益或留存收益，同时将直接计入其他综合收益的金额转出，计入投资收益或留存收益。

8.4.3　具体核算过程

【实例 8-2】

甲公司于2020年7月13日从二级市场上购入乙公司股票100万股，每股市价11元，手续费20 000元，初始确认时，该股票划分为以公允价值计量且其变动计入其他综合收益的金融资产。2020年12月31日，甲公司仍持有该股票，该股票的市价为每股13元。2021年3月10日，乙公司宣告现金股利，每股0.2元（含税）；2021年3月22日，收到乙公司发放的这笔股利。2021年5月9日，甲公司将该股票全部售出，售价为每股10元，另支付交易费用20 000元。假定不考虑其他因素的影响。

2020年7月13日，购入股票时：

借：其他权益工具投资——非交易性权益工具投资——乙公司——成本

11 020 000

贷：银行存款 11 020 000

2020年12月31日，确认股票价格变动时：

借：其他权益工具投资——非交易性权益工具投资——乙公司——公允价值变动

1 980 000

贷：其他综合收益 1 980 000

2021年3月10日，乙公司宣告现金股利时：

借：应收股利 200 000

贷：投资收益 200 000

2021年3月22日，收到乙公司发放的现金股利时：

借：银行存款 200 000

贷：应收股利 200 000

2021年5月9日，将股票全部售出时：

借：银行存款 9 980 000

其他综合收益 1 980 000

盈余公积 104 000

未分配利润 936 000

贷：其他权益工具投资——非交易性权益工具投资——乙公司——成本

11 020 000

——非交易性权益工具投资——乙公司——公允价值变动

1 980 000

● 8.5 以摊余成本计量的金融资产

8.5.1 定义

以摊余成本计量的金融资产通常指的是债券投资。这类投资到期日固定，可回收金额固定或可确定。企业投资此类金融资产的目的主要是获取稳定的低风险收益。

8.5.2 账户设置和账务处理规定

为核算以摊余成本计量的金融资产中的债券投资，企业应设置"债权投资"一级账户，下设"成本""利息调整""应计利息"等明细账户。相关账务处理规定如下：

1）取得时

按照公允价值和相关交易费用之和作为初始确认金额。已到付息期但尚未领取的利息，确认为应收利息。

2）资产负债表日

按照摊余成本计量债权投资的投资收益，每期投资收益等于应收利息减去溢价摊销额或加上折价摊销额。

3）处置时

将取得的价款与债权投资账面价值之间的差额，计入投资收益。

8.5.3　具体核算过程

【实例 8-3】

假定风华公司于 2021 年 1 月 1 日以 170 861 元买进 3 年期的债券，面值 180 000 元，票面利率 8%，每年 1 月 1 日和 7 月 1 日各付息一次。

首先计算债券的实际利率。假定债券的实际利率为 r，则：

$$170\ 861=7\ 200\times(1+r)^{-1}+7\ 200\times(1+r)^{-2}+7\ 200\times(1+r)^{-3}+7\ 200\times(1+r)^{-4}$$
$$+7\ 200\times(1+r)^{-5}+7\ 200\times(1+r)^{-6}+180\ 000\times(1+r)^{-6}$$

求解，可得：r=5%。

然后根据实际利率，编制债券利息摊销表（见表 8-1）。

表 8-1　　　　　　　　　　　　　　　　**债券利息摊销表**　　　　　　　　　　　　单位：元

日　期	期初摊余成本 (a)	投资收益 (b) = (a) ×5%	应收利息 (c)	利息调整摊销额 (d) = (b) − (c)	期末摊余成本 (e) = (a) + (d)
2021 年 1 月 1 日					170 861.00
2021 年 7 月 1 日	170 861.00	8 543.05	7 200	1 343.05	172 204.05
2022 年 1 月 1 日	172 204.05	8 610.20	7 200	1 410.20	173 614.25
2022 年 7 月 1 日	173 614.25	8 680.71	7 200	1 480.71	175 094.97
2023 年 1 月 1 日	175 094.97	8 754.75	7 200	1 554.75	176 649.71
2023 年 7 月 1 日	176 649.71	8 832.49	7 200	1 632.49	178 282.20
2024 年 1 月 1 日	178 282.20	8 914.11 (8 917.76*)	7 200	1 714.11 (1 717.76*)	180 000.00

*尾数调整。

相关账务处理如下：

2021 年 1 月 1 日，购入债券时：

借：债权投资——成本	180 000	
贷：银行存款		170 861
债权投资——利息调整		9 139

2021 年 7 月 1 日，确认投资收益和收到半年利息时：

借：应收利息	7 200	
债权投资——利息调整	1 343.05	
贷：投资收益		8 543.05
借：银行存款	7 200	
贷：应收利息		7 200

2022年1月1日，确认投资收益和收到半年利息时：

借：应收利息	7 200
债权投资——利息调整	1 410.20
贷：投资收益	8 610.20
借：银行存款	7 200
贷：应收利息	7 200

2022年7月1日，确认投资收益和收到半年利息时：

借：应收利息	7 200
债权投资——利息调整	1 480.71
贷：投资收益	8 680.71
借：银行存款	7 200
贷：应收利息	7 200

2023年1月1日，确认投资收益和收到半年利息时：

借：应收利息	7 200
债权投资——利息调整	1 554.75
贷：投资收益	8 754.75
借：银行存款	7 200
贷：应收利息	7 200

2023年7月1日，确认投资收益和收到半年利息时：

借：应收利息	7 200
债权投资——利息调整	1 632.49
贷：投资收益	8 832.49
借：银行存款	7 200
贷：应收利息	7 200

2024年1月1日，确认投资收益和收到半年利息和本金时：

借：应收利息	7 200
债权投资——利息调整	1 717.76
贷：投资收益	8 917.76
借：银行存款	187 200
贷：应收利息	7 200
债权投资——成本	180 000

● 8.6　实体企业金融化研究现状及亟待解决的几个关键问题

8.6.1　引言

张慕濒，诸葛恒中（2013）和张慕濒，孙亚琼（2014）是我国最早进行经济金融化研究的文献。张成思，张步昙（2015）认为金融化包括经济金融化和企业金融化。张成思，张步昙（2016）认为金融资产的风险收益错配抑制了实业投资，且这种抑制效应随着金融化程度的提升而增强。经济金融化显著弱化了货币政策提振实体经济的效果。赵峰（2010）认为正是 2008 年之前美国公司的过度金融化导致了金融危机的爆发。此后，实体企业金融化的研究文献呈爆炸式增长态势。然而，在学术研究一片繁荣的背景下，一些关键问题却没有得到足够的关注，亟待解决。例如，哪些资产属于金融资产？哪些收益属于金融投资收益？金融资产和金融投资收益的统计口径是否匹配、可比？如何测度实体企业金融化的程度？过度金融化的界限又是什么？以上这些问题如果没有得到合理的解决，那么有关实体企业金融化的动机、经济后果，以及实体企业金融化是否挤出了实业投资和创新投入，是否导致了我国经济存在"脱实向虚"的隐患，就都没有真正解析清楚。要知道，差之毫厘，谬以千里。而这些问题的解决，需要研究者真正理解会计报表上相关项目的含义和统计口径，并密切关注金融工具相关会计准则的修订和实施对报表项目和相关财务指标可比性的影响。一句话，从事这类选题的研究人员，不能是单纯的金融专业人士，还必须兼通财务会计至少是金融工具会计，因为具备会计专业知识是进行金融研究的基础。所以，本节后续部分就从现有研究及其局限性开始，逐一列出所存在的问题及解决办法，然后指出可能存在的进一步研究机会，最后给出结论和建议。

8.6.2　研究现状

1）实体企业金融化的定义及分类

张成思，张步昙（2015）认为从投资角度看，企业金融化指的是企业将资源更多地投资在金融资产上。从积累角度看，金融化是指企业利润更多地来自金融活动而非经营活动。晋盛武，晋青青（2018）认为金融化表现出来的结果是非金融类企业金融投资的比重越来越大，利润的获取越来越依赖金融渠道。穆林娟，佟欣（2020）将企业金融化分为业务角度的金融化和财务角度的金融化。其中，业务角度的金融化指的是企业通过参股或控股金融机构或类金融机构而达到业务上的协同效应所实现的企业金融化。业务角度的金融化之外的金融资产配置行为，就是财务角度的金融化。

2）实体企业金融化的动机及经济后果

有不少文献研究发现，实体企业通过参股或控股金融机构实现产融结合这种方式进行金融化会缓解融资约束、降低投资不足但同时会降低实体企业的投资效率。蔺元（2010）以 2001—2007 年参股非上市金融机构的上市公司为样本研究发现：实施产融结合的上市公司产融结合后业绩出现恶化但成长性更好，参股券商或提高参股比例对上市公司业绩提升有显著的积极影响。李维安等（2014）以 2006—2010 年我国沪深 A 股非金融类上市公司为样本研究发现：实体企业控股金融机构虽然降低了企业的投资不足但同时也增加了企业的投资过度，即降低了企业的投资效率。万良勇，廖明情，胡璟（2015）以 2005—2013 年参股银行的上市公司为样本研究发现：上市公司参股银行能够显著缓解其融资约束。其中，民营控股、规模较小和行业竞争度较高的企业中融资约束缓解作用更明显，并且在货币政策紧缩时期以及在金融欠发达地区更明显。吴绍寅（2017）以 2007—2014 年参股金融机构的非金融业上市公司为样本实证发现：上市公司参股金融机构能够缓解融资约束。姚荣荣，黄贤环（2021）以2008—2018年我国沪深上市公司为样本实证检验发现：集团设立财务公司显著抑制了实体企业金融化尤其是对短期金融资产投资的抑制作用更明显。以上这些文献都是证实产融结合这种金融化方式的动机和经济后果的。

Demir（2009）认为企业金融化是出于投资替代动机，即出于投机目的而产生了挤占效应。刘珺等（2014）认为实体企业金融化提高了融资成本和债务负担。王永钦等（2015）认为实体企业金融化导致了金融风险集聚。胡聪慧，燕翔，郑建明（2015）认为金融投资收益大幅增加的公司未来不仅股票超额回报为负，而且真实盈利能力也会下降。宋军，陆旸（2015）以2007—2012年我国A股上市公司为研究样本实证得出：公司所持有的非货币性金融资产和公司的经营收益率之间呈现U型关系，即高业绩和低业绩的公司都趋向于持有更多金融资产；高业绩公司主要表现为富余效应，高业绩公司中的中大型公司表现出更加明显的富余效应；低业绩公司主要表现为替代效应；U型关系在交易性金融资产上不明显，而在理财信托类金融资产、投资性房地产和金融机构股权投资上非常明显。胡奕明等（2017）认为企业金融化是出于蓄水池动机。王红建等（2017）选择2009—2014年A股非金融类上市公司为研究样本实证检验发现：实体企业金融化的套利动机挤出了企业创新，显著抑制了企业进行技术创新的动力，实体企业金融化与企业创新呈现U型关系，拐点在23%处。李建军，马思超（2017）认为企业金融化是出于实体中介与影子银行动机。黄贤环，吴秋生，王瑶（2018）以2007—2016年A股非金融类上市公司数据研究发现：持有金融资产越多，企业面临的财务风险越高。当企业面临较严重的融资约束、紧缩的货币政策以及属于国有控股性质时，金融资产配置量及持有长期金融资产，会加剧企业面临的财务风险。黄光明，刘放（2018）以2005—2016年非金融类A股上市公司为样本研究发现：实体企业持股金融机构会显著提升其风险承担水平，且这种促进作用通过缓解融资约束在非国有企业中更显著。周雪峰，左静静（2018）认为民营制造业企业金融化对创新投资具有"挤出效应"。戚聿东，张任之（2018）以2007—2016年我国A股非金融类上市公司为样本实证得出：企业金融资产比重在整体上显著降低了企业价值，套利动机越强，负相关关系越显著。基于市场套利动机下的金融投资活动对企业的研发投入和资本投资产生"挤出效应"，最终阻碍了企业价值的提升。蔡艳萍，陈浩琦（2019）以2010—2017年A股上市公司面板数据为研究样本发现：我国实体企业出于市场套利动机其金融化程度与企业价值之间呈现倒U型关系。杜勇，谢瑾，陈建英（2019）选取2008—2016年我国A股上市公司为样本研究发现：CEO金融背景对企业金融化具有显著的正向影响，且非银行金融背景的影响更大，实体企业金融化会加剧企业的经营风险但CEO金融背景能起到缓解作用。徐晓莉（2019）以2013—2017年沪深A股上市企业为样本实证分析发现：会计信息可比性能够增强实体企业金融化与企业直接对外投资之间的相关性。但该文将外销收入占营业收入的比例作为企业直接对外投资的替代变量似乎欠妥，因为企业可以没有对外直接投资却可以对外销售。

另外，金融资产中是否包含衍生金融资产也没有说明。实际情况很有可能是：会计信息的可比性越强，外销收入占比越高，衍生金融资产的投资越多，除衍生金融资产之外的其他金融资产配置就越少。宋璐，李端生（2020）以2008—2018年非金融类上市公司为样本实证发现：金融化程度越高的企业，其在业绩期望落差的压力下越可能通过"投资收益"科目采用归类变更的手段操纵盈余，即我国实体企业金融化具有盈余管理的动机。

　　3）实体企业金融化的适度性或过度金融化的界定及治理

　　刘姝雯等（2019）认为企业社会责任是抑制非金融类上市公司金融化的管理工具。黄贤环，王瑶，王少华（2019）以2008—2016年我国沪深A股上市公司为样本，运用OLS方法拟合出最优金融化水平，计算差值得出样本企业过度金融化水平，然后通过实证研究发现：相对于业绩下滑企业，业绩上升企业更可能出现过度金融化，因为后者面临更低的融资约束和财务风险。穆林娟，佟欣（2020）通过对雅戈尔2013—2018年的报表分析得出结论：雅戈尔的金融化属于过度金融化而非适度金融化，其金融化行为对主业的发展壮大产生了不利影响，即具有挤占效应。陆蓉，兰袁（2020）以2007—2017年我国A股上市公司为研究样本发现：融券融资尤其是融资制度的实施非但没有发挥治理效应反而助推了我国实体企业的金融化。但该文将交易性金融资产、可供出售金融资产、持有至到期投资、金融衍生品、买入返售金融资产、发放贷款及垫款、长期股权投资和投资性房地产等八个会计科目全部计入了金融资产的统计口径内，结果证实的是我国实施的融资融券制度显著提高了实体企业的投资性资产占比而非单纯的金融资产占比（张新民，2014）。王少华，郭伟，黄贤环（2020）以2007—2017年我国A股上市公司为样本构建了一个判别实体企业金融化适度性的模型，即以股东价值最大化为约束条件，通过拟合找出最佳金融化水平，再用企业金融化水平与最佳值之间的差值表征金融化的适度性，并运用该模型实证发现：只有过度金融化才会挤出实业投资和企业创新投入。不过该文存在三点不足：其一，金融资产中包含全部货币资金、投资性房地产和长期股权投资；其二，用企业现金持有水平表征内源融资约束，因变量金融化水平的测度中金融资产又包含货币资金，部分犯了实证研究中的自证错误；其三，用无形资产占比表征企业进行技术创新的研发投资意愿强弱是不合理的，因为我国上市公司的无形资产主要是土地使用权而非专利和专有技术等。徐光伟，张占，刘星（2021）以2009—2016年A股家族上市公司为样本实证发现：国有参股家族企业最终是通过缓解融资约束、促进代际传承推动了家族企业金融化，影响主要来源于劳动密集型企业。而当国有股权来源于本地时，国有参股显著抑制了家族企业投资金融化。后小仙，郑田丹（2021）用金融渠道获取的收益占企业经营利润的比重即利润表标准来衡量企业金融化水平，以2007—2018年我国实体企业为研究样本实证发现：财政激励政策会提高企业的融资效率进而助推企业提高权益性投资的比重，其中税收返还和财政贴息显著地发挥了正向作用，研发补贴则导致了企业固定资产投资比重升高。因此，建议对金融化水平较高的目标企业适度削减财政激励幅度防止其空心化和"脱实向虚"。巩娜（2021）以2010—2019年沪深A股上市公司为样本实证发现：股权激励总体上能显著抑制实体企业金融化的负向经济后果，并且这种影响在民营企业中和激励方式为限制性股票时更明显。

4）文献综述小结

从以上文献综述可以看出，关于实体企业金融化的研究文献已经十分丰富。对于实体企业金融化的定义也没有什么争议，其包括两种角度：资产构成角度和盈利构成角度，即资产负债表标准和利润表标准。关于实体企业金融化的动机和经济后果，分歧较大，其出现了预防动机说、投机动机说、实体中介与影子银行动机说等。基于不同的动机说又得出了实体企业金融化后果的不同，包括蓄水池效应、挤占效应、提高了融资成本和债务负担、导致了金融风险集聚、提高了企业经营风险、加剧了企业财务风险、降低了企业业绩并毁损了企业价值等。另外，还有文献得出企业金融化与经营收益率、企业创新呈现U型关系，不是单向的蓄水池效应或挤占效应。出于市场套利动机的金融化与企业价值之间呈现倒U型关系，而非简单的线性关系等。可见，企业金融化的影响机理是很复杂的。关于如何判定实体企业金融化的适度性或设定过度金融化的界限，实证研究文献并没有提供明确的阈值，案例研究文献则感性地认定是否属于过度金融化。关于实体企业金融化的治理，有文献提出企业社会责任、集团设立财务子公司、本地国有股权参股家族企业、财政激励制度和股权激励制度的合理设计和有针对性地实施可抑制非金融类上市公司的金融化。也有文献认为，我国的融资融券制度对实体企业金融化没有发挥治理效应。

8.6.3 现有研究的局限性

通过梳理现有研究文献可以看出，关于实体企业金融化的研究还存在许多的不足，尤其是一些关键问题还没有解决。其具体表现在：

（1）对金融资产和金融投资收益没有设置统一的统计口径，也没有考虑二者之间的匹配性。

（2）绝大多数文献采用静态指标即金融资产占总资产之比来衡量实体企业金融化程度。

（3）过度金融化的界限到底应如何确定尚不明确。

（4）对我国上市公司某些会计报表项目所包含的内容不甚了解，如无形资产等。

（5）有些研究文献中自变量和因变量包含部分相同的项目，犯了自证的错误。

（6）由于存在以上问题导致实证结果相差较大甚至众说纷纭，变量之间的相互影响机理可能没有真正解析清楚。

当然，随着研究的推进，认识会有一个逐渐深入的过程。但从另一个角度来看，这说明关于实体企业金融化，还存在进一步研究的诸多机会。

对于上述问题（4）和（5），很好解决，只需要研究者加强学习即可纠正。对于问题（6），工作量可能很大，需要开展大量实证研究来解答。所以，本节只讨论问题（1）至（3）该如何解决。为了叙述方便起见，本节下面采用抽样技术，随机抽取2015—2020年发表的10篇文献，将其中对金融资产和金融（投资）收益的定义及存在的问题列示见表8-2。

表8-2 2015—2020年典型文献中对金融资产和金融（投资）收益的定义及存在的问题

作 者	年 份	样本期	对金融资产和金融（投资）收益的定义	存在的问题
宋军，陆旸	2015	2007—2012年	金融资产=交易类金融资产+委托贷款、理财产品及信托产品投资余额+投资性房地产余额+长期金融股权投资，其中，交易类金融资产=交易性金融资产+衍生金融资产+短期投资净额+可供出售金融资产净额+持有至到期投资净额+长期债权投资净额	金融资产中没有包括超过正常需求的货币资金；不应包括投资性房地产和衍生金融资产
			金融收益=利息收入（财务费用项下）+投资收益中和金融相关的部分+公允价值变动（交易性金融资产、交易性金融负债和投资性房地产的公允价值变动）	利息收入不应是财务费用项下的，应是营业总收入项下的；不应包括投资性房地产的公允价值变动
胡聪慧，燕翔，郑建明	2015	2001—2012年	金融投资收益=投资收益-对联营企业和合营企业的投资收益+交易性金融资产公允价值的变动	金融投资收益的计算不够全面
干胜道，陈妍村，王文兵	2016	2015年19家白酒类上市公司	金融资产=货币资金-短期有息负债+交易性金融资产+持有至到期投资+可供出售金融资产+长期股权投资，其中，短期有息负债=短期借款+一年内到期的非流动负债等	长期股权投资不应全部计入，只能计入对金融企业的长期股权投资；短期有息负债中还应包括应付利息
			金融化资产带来的收益=归属于母公司股东的其他综合收益本期发生额+利息收入+公允价值变动损益+投资净收益+汇兑净收益	利息收入指的是哪部分利息收入，是营业总收入中的利息收入还是财务费用明细中的利息收入；投资净收益应扣除对联营企业和合营企业的投资收益；汇兑净收益是否应包括在内
王红建，等	2017	2009—2014年	金融资产=交易类金融资产+投资性房地产+长期金融股权投资+委托理财与信托产品	金融资产未包括超过正常需求的货币资金；不应包括投资性房地产
黄贤环，吴秋生，王瑶	2018	2007—2016年	金融资产配置总额=交易性金融资产+可供出售金融资产净额+持有至到期投资净额+发放贷款及垫款净额+衍生金融工具+长期股权投资+投资性房地产净额	金融资产未包括超过正常需求的货币资金；长期股权投资不应全部计入；不应包括投资性房地产和衍生金融工具
陈妍村，干胜道	2018	2007—2017年	金融资产=交易性金融资产+发放贷款及垫款净额+可供出售金融资产净额+持有至到期投资净额+投资性房地产	金融资产中没有包括超过正常需求的货币资金和金融股权投资；不应包括投资性房地产
			金融化收入=投资收益-对联营企业和合营企业的投资收益+利息收入+公允价值变动收益	利息收入指的是哪部分利息收入，2017年及以前指的是营业总收入下的利息收入，2018年起财务费用项下的利息收入是否应计入
晋盛武，晋青青	2018	2006—2015年	金融收入=投资收益-对联营企业和合营企业的投资收益+公允价值变动损益+汇兑损益	汇兑损益是否应包括在金融收入内
周雪峰，左静静	2018	2010—2015年	金融资产=交易类金融资产+投资性房地产+长期金融股权投资+委托理财与信托产品，其中，交易类金融资产=交易性金融资产+衍生金融资产+短期投资净额+可供出售金融资产净额+持有至到期投资净额+长期债权投资净额等	金融资产中没有包括超过正常需求的货币资金；衍生金融资产和投资性房地产不应计入金融资产
张卫国，眭鑫，于连超	2019	2008—2017年	金融资产主要指的是投资性房地产	投资性房地产不应计入金融资产
穆林娟，佟欣	2020	2013—2018年雅戈尔	金融资产=交易性金融资产+可供出售金融资产净额+投资性房地产净额+持有至到期投资净额+长期金融股权投资+委托理财与信托产品	金融资产中没有包括超过正常需求的货币资金；不应包括投资性房地产

资料来源：根据相关文献整理而得。

表8-2列示的10篇文献中，金融资产与金融资产配置总额是同一概念，金融收益、金融投资收益、金融化资产带来的收益、金融化收入、金融收入是同一概念。这些文献在衡量金融化程度时，与Demir（2009）一样，几乎都采用金融资产占总资产的比例来衡量实体企业金融化程度，没有采用利润表标准即金融投资收益占营业利润之比来衡量，且在统计金融资产和金融收益的口径时差异很大，也没有考虑二者之间的匹配关系。此处特别强调的是：本节随机抽取的这10篇文献，绝无意隐喻这些文献研究质量的高低。对于同一主题的研究，不同时期的作者都有其独特的学术贡献。但正因为有了后续研究者的学术争鸣，才能将一个主题的研究不停地推向深入。

8.6.4 现行资产负债表标准所存在的问题及解决办法

1）哪些资产应计入金融资产

此处先讨论金融资产的统计口径所存在的问题，金融收益的统计口径所存在的问题将在后面讨论。

（1）金融资产中是否应包括超过正常需求的货币资金？

宋军，陆旸（2015），王红建等（2017），黄贤环，吴秋生，王瑶（2018），陈妍村，干胜道（2018），周雪峰，左静静（2018）和穆林娟，佟欣（2020）在统计金融资产时均未包括超过正常需求的货币资金，其原因是难以准确度量哪些货币资金是超过正常需求的。而笔者认为应当包括，因为这部分资金也赚取了利息收入。干胜道，陈妍村，王文兵（2016）将超过正常需求的货币资金定义为货币资金扣除短期有息负债后的差额，其中，短期有息负债=短期借款+一年内到期的非流动负债等。很显然，这个定义中的短期有息负债还应包括应付利息。

（2）金融资产中是否应包括投资性房地产？

表8-2中所列示的10篇文献几乎都在金融资产的计算口径中包括了投资性房地产，只有干胜道，陈妍村，王文兵（2016）等少数文献没有将投资性房地产计算在内。投资性房地产在持有期间和处置时主要影响其他业务收入和其他业务成本会计科目，而这两个科目只能通过查看营业收入和营业成本的附注披露才能得知。只有采用公允价值计量模式的投资性房地产在持有期间的公允价值变动才计入公允价值变动损益，而我国上市公司投资性房地产主要采用成本计量模式。投资性房地产后续计量由成本模式转为公允价值计量模式时调整留存收益，并不计入公允价值变动损益。既然公允价值变动损益中并不包含实体企业持有或处置投资性房地产的主要收益，笔者认为，金融资产中还是不包含投资性房地产较妥。另外，实体企业在房地产和股市上的投资通常是反方向变化的，即房地产不景气时，企业就热衷于投资股市，资金亦随之流向股市；当股市处于熊市时，企业就热衷于投资房地产，资金亦随之流向房地产市场。将如此反向变化的两类投资均计入金融资产，会相互对冲并导致有关实体企业金融化程度的测度难以反映真实情况。

（3）金融资产中是否应包括发放贷款及垫款净额？

黄贤环，吴秋生，王瑶（2018）和陈妍村，干胜道（2018）均将发放贷款及垫款净额计入金融资产统计口径内。据笔者观察和统计，凡资产负债表上列有发放贷款及垫款净额的公司，均是经营与金融混业经营企业，下辖有财务子公司。这样的企业已经不单单是金融化了，或者说金融化的程度很深。这类企业往往是通过控股金融企业的方式实现产融结合。企业利润表上的营业总收入项下必有营业收入和利息收入的明细列报，其中的利息收入就是与财务子公司合并报表时并入的，也就是说，金融业务已是其主营业务之一。所以，发放贷款及垫款净额应统计在金融资产的口径内，同时利息收入也应计入金融投资收益，这样二者之间才能真正匹配。

（4）金融资产中是否应包括衍生金融资产（工具）？

宋军，陆旸（2015），黄贤环，吴秋生，王瑶（2018）和周雪峰，左静静（2018）均将衍生金融资产或衍生金融工具计入金融资产的统计口径内，笔者以为不妥。虽然随着市场参与者的增加，衍生金融工具的作用不再限于风险对冲，也有部分是投资与投机性交易，但衍生金融资产本质上是一种风险对冲工具。再说，企业对衍生金融资产的投资有时也计入其他流动资产，并不都包含在衍生金融资产这个项目中。

2）现行资产负债表标准还存在的其他问题

（1）同一事项在新金融工具会计准则执行前后要被分类至不同的项目中，新准则实施的影响不能仅通过资产负债表的列报来统计。

我国 A+H 股上市公司自 2018 年起执行新金融工具会计准则，比内地上市公司提早一年。例如，青岛啤酒 2018 年财务报告第 126 页注明，以公允价值计量且其变动计入其他综合收益的理财产品 628 145 315 元在 2017 年被划分在其他流动资产中，2018 年因执行新准则需要追溯调整年初数，又被重新分类至交易性金融资产中。同样地，其他应收款 348 400 531 元中因财务子公司合并过来的国债逆回购投资和经销商信贷 127 919 000 元也被重分类至其他流动资产中。只有两项内容能够直接从报表上看出新准则执行前后的对应关系：以公允价值计量且其变动计入当期损益的金融资产 130 115 254 元被重分类至交易性金融资产中；可供出售金融资产 600 000 元被重分类至其他非流动金融资产中。经过如此调整之后，青岛啤酒 2018 年年初的金融资产只有三项：交易性金融资产共计 758 260 569 元、其他流动资产 127 919 000 元和其他非流动金融资产 600 000 元，具体见表 8-3。这就产生了一个问题：需要在其他流动资产和其他应收款这两个项目的会计报表附注中查找和分离出哪些是金融资产，金额是多少。而这种做法对于大样本实证研究来说，不符合成本效益原则，只对个案研究可行，这在一定程度上影响了实证研究结果的可靠性。

表8-3 　　　　青岛啤酒2017年和2018年合并资产负债表中的金融资产 　　　　　单位：元

项 目	2018年12月31日	2018年1月1日	2017年12月31日
交易性金融资产	1 202 544 491	758 260 569 （130 115 254+628 145 315）	—
以公允价值计量且其变动计入当期损益的金融资产	—	—	130 115 254
其他应收款	297 784 761	220 481 531	348 400 531
其他流动资产	734 941 934	595 834 331 （127 919 000+467 915 331）	1 096 060 646
可供出售金融资产	—	—	600 000
其他非流动金融资产	600 000	600 000	—

资料来源：根据青岛啤酒2018年财务报告第126页和合并资产负债表整理而得。

（2）持有期限较短的金融资产无法在年度财务报表中体现出来。

胡聪慧，燕翔，郑建明（2015）指出，利用资产负债表构建实体企业金融化程度指标有一个明显的缺陷：那就是在同一财务年度内买卖的金融资产无法体现在资产负债表中。由于我国上市公司金融资产持有期限均较短，这一偏误对以年度财务数据进行的实证研究结果影响较大。这三位作者的提醒特别值得重视。表8-4列示的是全聚德2017—2020年与金融资产相关的报表项目及比率。

表8-4 　　　　全聚德2017—2020年与金融资产相关的报表项目及比率 　　金额单位：万元

项 目	2020年	2019年	2018年	2017年
货币资金	22 387	69 779	99 163	102 878
交易性金融资产	32 213	—	—	—
其他流动资产（不含金融资产）	3 176	3 092	3 474	2 079
可供出售金融资产	—	—	25	25
其他非流动金融资产	46	45	—	—
长期股权投资	36 280	38 008	7 725	5 444
其中：对首旅财务公司的长期股权投资	31 075	30 770		
金融资产=货币资金+交易性金融资产+可供出售金融资产+其他非流动金融资产+对首旅财务公司的长期股权投资	85 721	100 594	99 188	102 903
资产负债表标准金融化程度（%）=金融资产÷资产总计	49.18	50.34	49.10	49.72
资产总计	174 306	199 832	202 021	206 957
金融资产回报率（%）=金融投资收益÷金融资产平均余额	1.42	2.56	1.76	1.54

续表

项　目	2020年	2019年	2018年	2017年
总资产回报率（％）＝营业利润÷总资产平均余额	−15.08	3.50	5.80	9.96
投资收益	3 303	5 517	4 061	3 567
其中：对联营企业和合营企业的投资收益	2 198	2 984	2 281	2 089
首旅财务公司的投资收益	1 199	182	—	—
差额1＝投资收益−对联营企业和合营企业的投资收益	1 105	2 533	1 780	1 478
公允价值变动损益	214	20		
金融投资收益＝投资收益−对联营企业和合营企业的投资收益＋首旅财务公司的投资收益＋公允价值变动损益	2 518	2 735	1 780	1 478
利润表标准金融化程度（％）＝金融投资收益÷营业利润	—	38.86	15.02	7.33
营业利润	−28 214	7 038	11 851	20 163
取得投资收益收到的现金	3 126	4 274	8	1 982
其中：首旅财务公司发放的现金股利	182	—	—	—
处置固定资产、无形资产和其他长期资产收回的现金净额	32	4	4	35
退出投资实体化程度（％）	0.04	0	0.01	0.03
收到其他与投资活动有关的现金	85 925	106 982	71 373	128 641
投资活动现金流入小计	89 895	111 260	71 384	130 658
退出投资金融化程度（％）	95.58	96.15	99.98	98.46
购建固定资产、无形资产和其他长期资产支付的现金	4 201	4 469	4 911	3 935
投资支付的现金（对首旅财务公司的长期股权投资）	—	30 587	—	—
新增投资实体化程度（％）	3.47	3.19	6.59	3.00
支付其他与投资活动有关的现金	117 000	105 000	69 600	127 050
投资活动现金流出小计	121 201	140 057	74 511	130 985
新增投资金融化程度（％）	96.53	96.81	93.41	97.00
差额2＝收到其他与投资活动有关的现金＋交易性金融资产−支付其他与投资活动有关的现金	1 138	1 982	1 773	1 591

资料来源：根据全聚德2017—2020年合并财务报表及相关附注整理计算而得。

从表8-4可以看出，投资收益减去对联营企业和合营企业的投资收益之后，2017—2020年的差额1分别为1 478万元、1 780万元、2 533万元和1 105万元。表8-4的原始数据摘自合并财务报表，投资收益中不包含对子公司的长期股权投资所获得的收益，那么这个差额就只能是其他投资项目的收益。然后看到可供出售金融资产或其他非流动金融资产只有25～46万元不等，不可能带来如此大的投资收益，其他流动资产不含金融资产。再看公允价值变动损益2017—2018年没有数据列示，2019—2020年只有20万元和214万元，那么2017—2019年到底是哪类金融资产带来差额1所显示的投资收益呢？资产负债表是一张时点的报表，列示的是各项目的期末数，不能展示变动的过程，所以，需要接着解读现金流量表上的相关项目。从表8-4可以看到，收到其他与投资活动有关的现金金额巨大，2017—2020年分别为128 641万元、71 373万元、106 982万元和85 925万元，支付其他与投资活动有关的现金金额同样巨大，同期分别为127 050万元、69 600万元、105 000万元和117 000万元，二者均为投资活动现金流入和流出的主要构成项目，附注显示是因为全聚德2017—2020年每年均有大额理财产品和结构性存款的购买和赎回。全聚德2020年有交易性金融资产32 213万元，查阅附注可知为银行理财产品，由于新金融工具会计准则的实施，自2019年起列为交易性金融资产。全聚德的这类短期金融资产投资一进一出之后，2017—2020年的差额2分别为1 591万元、1 773万元、1 982万元和1 138万元。差额2与差额1十分接近。这就是全聚德2017—2020年年末货币资金高企的原因，因为全聚德在期末将短期金融资产进行了处置并收回了货币资金。实际上，2017—2018年，全聚德的理财产品在资产负债表上是作为其他流动资产列报的，结构性存款计入以公允价值计量且其变动计入当期损益的金融资产。通过查阅更短期限的报表，如全聚德2018年半年报在其他流动资产项下列示52 030万元，2019年半年报在交易性金融资产项下列示68 128万元，这说明全聚德是因为作为内地上市公司自2019年起执行新金融工具会计准则后理财产品和结构性存款重分类为交易性金融资产所致。全聚德的金融资产大部分为短期银行理财产品和结构性存款，若以年报来统计，会低估其金融资产投资规模，所以超过正常需求的货币资金应计入金融资产的统计口径内。

3）资产负债表标准下衡量实体企业金融化程度的正确算法

鉴于全聚德没有短期借款、应付利息和一年内到期的非流动负债，所以其货币资金都是可以算作超过正常需求的。另外，全聚德2019—2020年长期股权投资中还有对首旅财务公司的长期股权投资，属于金融性长期股权投资，应该计入金融资产的统计口径内。基于以上的论证，笔者提出金融资产和资产负债表标准下衡量实体企业金融化程度的计算公式如下：

$$\text{金融资产} = \text{超过正常需求的货币资金} + \left(\begin{array}{c} \text{以公允价值计量且其变动} \\ \text{计入当期损益的金融资产} + \text{交易性金融资产} \end{array} \right) + \left(\begin{array}{c} \text{可供出售} \\ \text{金融资产} + \text{其他债权投资} + \end{array} \right)$$

$$\left(\begin{array}{c} \text{其他权益} \\ \text{工具投资} + \text{其他非流动金融资产} \end{array} \right) + \left(\begin{array}{c} \text{持有至} \\ \text{到期投资} + \text{债权投资} \end{array} \right) + \begin{array}{c} \text{其他流动资产中的} \\ \text{理财产品投资} + \text{发放贷款及垫款净额} + \text{金融性长期股权投资} \end{array}$$

　　由于执行新金融工具会计准则后，以公允价值计量且其变动计入当期损益的金融资产被重分类至交易性金融资产，可供出售金融资产分列为其他债权投资、其他权益工具投资和其他非流动金融资产，持有至到期投资转列为债权投资。上述金融资产的计算公式在新准则实施前后均适用。

　　至于资产负债表标准下的金融化程度，依旧可以用金融资产占总资产的比例来计算。表8-4中计算出了全聚德的这个指标，处于49%~51%，金融化程度相当高。可见，全聚德并不是一家单纯制作和销售北京烤鸭的餐饮企业。另外，从表8-4来看，如果将超过正常需求的货币资金计入金融资产，胡聪慧，燕翔，郑建明（2015）所担忧的偏误就可以得到修正。

8.6.5　现行利润表标准所存在的问题及解决办法

　　虽然只有吴成颂，黄送钦，钱春丽（2014）和后小仙，郑田丹（2021）等少数文献采用利润表标准来衡量实体企业的金融化程度，但是在实体企业金融化的定义中均隐含了这一标准。下面将专门讨论这一标准所存在的问题及解决办法。

　　1）金融（投资）收益的计算口径所存在的问题

　　（1）是否包括利息收入，应包括哪部分利息收入？

　　宋军，陆旸（2015），干胜道，陈妍村，王文兵（2016）和陈妍村，干胜道（2018）均认为实体企业的金融投资收益应包含利息收入，但只有宋军，陆旸（2015）明确指出应包含的是财务费用项下的利息收入。笔者以为，营业总收入项下的利息收入无疑是要计入的，因为那是财务子公司合并进来的，而财务费用项下的利息收入多源于实体企业实施类金融盈利模式所赚取的，即商业债务大于商业债权形成的对上下游资金的占用而赚取的利息。有的企业的类金融模式是自觉行为，有的企业则是因行业特点而形成的，不是自觉行为。通过类金融模式盈利从本质上讲不属于实体企业的金融投资行为，所以不应包括财务费用项下的利息收入。

　　（2）是否包括汇兑损益？

　　干胜道，陈妍村，王文兵（2016）和晋盛武，晋青青（2018）均认为实体企业的金融投资收益应包含汇兑损益，笔者认为不妥。企业在外币折算为本币的过程中因人民币汇率的波动所形成的无论是净收益还是净损失，都不是出自企业自主的金融化投资行为。例如，格力电器2016年因人民币贬值汇兑净收益达37亿元之巨导致当年的财务费用为-48.5亿元，即对营业利润的贡献为48.5亿元。但这一意外收获并非格力电器的主动炒汇行为，跟实体企业金融化扯不上关系。如果实体企业同时还持有衍生金融资产的话，会自动对冲掉汇兑损益。比如格力电器就持有远期结售汇产品和铜、铝期货。基于后一原因，汇兑损益更不能计入。

　　（3）是否需要区别投资收益的具体构成而决定哪些该计入金融投资收益？

　　投资收益明细中哪些可以计入实体企业的金融投资收益，不同文献的看法不尽相同。干胜道，陈妍村，王文兵（2016）认为应将投资净收益全部计入。胡聪慧，燕翔，郑建明（2015），陈妍村，干胜道（2018）和晋盛武，晋青青（2018）认为应将投资收益减去对联营企业和合营企业的投资收益之后的差额计入实体企业的金融投资收益。只有宋军，陆旸（2015）认为只能将投资收益中和金融活动相关的部分计入，其他投资收益不能计入。笔者赞同宋军和陆旸二位作者的观点。表8-5列示了金风科技2019—2020年投资收益的明细构成。

表8-5 　　　　　　金风科技2019—2020年投资收益的明细构成 　　　　单位：万元

项　目	2020年	2019年
投资收益	168 522	133 954
减：对联营企业和合营企业的投资收益	26 416	36 121
差额	142 106	97 833
减：丧失控制权后，剩余股权按公允价值重新计量产生的利得	77 536	0
减：处置子公司产生的投资收益	26 486	72 083
减：处置联营、合营公司产生的投资收益	21 773	20 725
金融投资收益	16 311	5 025

资料来源：根据金风科技2020年年报的投资收益附注整理而得。

从表8-5可以看出，投资收益减去对联营企业和合营企业的投资收益之后的差额2019—2020年分别为97 833万元和142 106万元，金额巨大。然而，扣除丧失控制权后，剩余股权按公允价值重新计量产生的利得和处置子公司、联营公司和合营公司产生的投资收益之后，真正算是金融投资收益的部分2019—2020年分别为5 025万元和16 311万元，这与金风科技的实际情况是吻合的，因为最后三项投资收益的明细构成显然与金融投资无关。所以，截至目前的大多数关于实体企业金融化的实证研究文献均高估了金融资产的回报，这会严重影响研究结果的可靠性。

（4）该只计收益而不计损失吗？

新金融工具会计准则实施后，资产减值损失中的坏账损失和贷款减值损失被划分为信用减值损失，其他如存货跌价损失、长期股权投资（包括金融性长期股权投资）减值损失，以及固定资产、在建工程和无形资产减值损失和商誉减值损失等依旧保留在资产减值损失中。依笔者看，信用减值损失中的贷款减值损失和资产减值损失中的其他债权投资、其他权益工具投资、其他非流动金融资产、债权投资和金融性长期股权投资减值损失均属于金融资产减值损失，应如公允价值变动损益一样计入金融资产的投资回报中，不能只计收益，而不计损失。

2）利润表标准下衡量实体企业金融化程度的正确算法

基于以上的论证，笔者提出利润表标准下实体企业金融化程度的计算公式如下：

$$\text{金融投资收益} = \text{营业总收入项下的利息收入} + \text{投资收益中与金融活动相关的部分} + \text{公允价值变动损益} - \text{金融资产减值损失}$$

相应地，利润表标准下实体企业金融化程度就可以用金融投资收益除以营业利润来衡量。表 8-4 中计算出了全聚德的这个指标，2017—2019 年呈逐年上升趋势，处于 7%～39%，比资产负债表标准低很多。2020 年，由于全聚德的营业利润为负，利润表标准下实体企业金融化程度无法计算，所以没有列示。

8.6.6　尝试提出衡量金融化和实体化程度的现金流量表标准

现有文献中还未有提出用现金流量表标准来测度实体企业的金融化程度的，也还没有学者提出应如何测度实体企业的实体化程度。此处尝试提出以下四个计算公式：

$$\frac{\text{新增投资实体化}}{\text{程度（%）}} = \frac{\text{购建固定资产、无形资产和}}{\text{其他长期资产支付的现金}} \div \frac{\text{投资活动现金}}{\text{流出小计}}$$

$$\frac{\text{新增投资金融化}}{\text{程度（%）}} = \left(\frac{\text{金融性投资}}{\text{支付的现金}} + \frac{\text{支付其他与投资活动有关的现金}}{\text{中的结构性存款与理财产品支出}}\right) \div \frac{\text{投资活动现金}}{\text{流出小计}}$$

$$\frac{\text{退出投资实体化}}{\text{程度（%）}} = \frac{\text{处置固定资产、无形资产和}}{\text{其他长期资产收回的现金净额}} \div \frac{\text{投资活动现金}}{\text{流入小计}}$$

$$\frac{\text{退出投资金融化}}{\text{程度（%）}} = \left(\frac{\text{收回金融性投资}}{\text{收到的现金}} + \frac{\text{收到其他与投资活动有关的现金}}{\text{中的结构性存款与理财产品赎回}}\right) \div \frac{\text{投资活动现金}}{\text{流入小计}}$$

上述四个公式计算的是新增和退出投资的实体化程度及金融化程度，因为现金流量表是时段的报表，只能显示增量。从表 8-4 可以看到，全聚德 2017—2020 年新增投资实体化程度很低，处于 3%~7%；新增投资金融化程度很高，处于 93%~97%；退出投资实体化程度低得可以忽略不计；退出投资金融化程度同样很高，处于 95%~100%。

8.6.7　到底如何衡量实体企业的金融化程度

从以上三个维度的讨论可知，资产负债表标准测度出来的全聚德的金融化程度实在太高了，属于过度金融化。利润表标准测度的结果偏低，但其是从金融化的本质出发来测度的。按照这个标准，全聚德金融化程度不算高，不属于过度金融化，其 2017—2019 年营业利润的主要来源是实业经营，不需要治理，但到 2020 年却巨亏了 28 214 万元。现金流量表标准能够显示动态变化的过程。上述全聚德的案例分析表明，该公司实业投资几乎处于停滞状态，唯一快速且大幅变动的是金融投资。由于金融投资快进快出，对实业投资不构成挤出效应，所以，现金流量表标准反而真实完整地反映了全聚德金融化的动机和经济后果。从 2017—2018 年的报表来看，全聚德实际上是由于主业发展面临瓶颈，转型又没有出路，因此暂时为了避免资金的大量闲置而进行短期金融资产投资。这样的公司下一步一定是增持集团财务公司而跨界做金融，其金融化的趋势已属必然。这就引发了一个疑问：到底应该采纳哪个标准来衡量实体企业的金融化程度？笔者认为，现金流量表标准最为可靠。按照该标准，全聚德的金融化程度就不算高，因为新增投资金融化程度与退出投资金融化程度此消彼长，相互抵消。除此之外，笔者认为用利润表标准来测度实体企业的金融化程度比较接近真实。资产负债表标准的偏差有可能是最大的。刘贯春（2017）实证发现，金融资产持有份额和金融渠道获利扮演着不同的角色，前者更多是"蓄水池"的功能，后者更多是"替代品"的功能。为避免过度金融化带来的去工业化和产业空心化，加强对实体企业金融渠道获利的监管才是关键。这从侧面证实了笔者的判断。当然，无论是采用资产负债表标准还是采用利润表标准都无法回避一个问题：可能企业金融资产的配置没有任何变化，但牛市或熊市会自动影响金融资产和金融投资收益的金额，从而使金融化程度的测度不再准确。所以，建立一个三维度综合评判标准有可能更合理，也是必然的选择。

8.6.8 过度金融化该如何界定

干胜道，陈妍村，王文兵（2016）认为金融化率不宜超过20%，否则就算过度金融化。这是唯一一篇明确提出过度金融化界限的文献。然而，这个界限的规定是否合理？通常认为，如果不考虑行业差异的话，企业重资产占比超过30%就被认为是重资产企业（任新鹏，2016），新业务营业收入占比或新业务净利润占比超过10%就是企业转型成功的标记（付雅雪，2019）。实体企业金融化如果被认为是一种向轻资产盈利模式的转型，那么是否可以将金融资产占比超过30%或金融投资收益占营业利润的比例超过10%作为过度金融化的界限？笔者认为是可以的。因为无论是轻资产盈利模式还是实体企业金融化都属于企业转型的方式，可以比照处理。不过，不同行业和不同类型的企业应该有不同的标准线。

若以营业利润为计算口径，实体企业总资产回报率低于金融资产回报率，能被认为属于过度金融化吗？此标准有一个明显的缺陷：近年来金融行业的利润率本身就高于实业，除非企业不涉足任何金融资产投资。虽然表8-4显示除2020年外，全聚德的总资产回报率2017—2019年呈快速下滑趋势，处于3.50%~9.96%，远高于金融资产回报率，后者同期处于1.54%~2.56%，呈上升趋势。这只能说明全聚德处于转型的困境中不能自拔，进行金融投资是不得已的行为，其动机未必是投机性的。因为从全聚德所处的产业链位置看，属于餐饮旅游行业中的品牌餐饮企业，只能延伸至房地产业或金融业。全聚德早已涉足房地产业，所以只能向金融业延伸。虽然曾经有投资者建议全聚德把鸭毛卖给波司登以实现产业链延伸[①]，但随后很快就被全聚德管理层否决。全聚德最终还是决定加大对其实际控制人首旅集团旗下的财务公司的投资。除此之外，穆林娟，佟欣（2020）提出区别过度金融化和适度金融化的界限为：企业金融化行为对主业的发展壮大是否产生了不利影响，即是否具有挤占效应。但该文献并没有提出一个客观化的标准。这在个案研究中是可行的，而在大样本实证研究中如何解决，还有待进一步探索。

8.6.9 需要厘清的几个模糊概念

在研究企业金融化的文献中，出现了一些模糊不清甚至相互混淆的概念，笔者觉得需要在此一并厘清。首先，实体企业进行房地产投资不属于金融化。实体企业实施类金融盈利模式不属于金融化。实体企业本币和外币之间折算形成汇兑损益不属于金融化。实体企业通过配置衍生金融资产对冲金融风险不属于金融化。实体企

---

① 每日经济新闻. 烤鸭的鸭毛怎么处理 有股民建议全聚德收购波司登 [EB/OL]. [2019-12-21]. https://baijiahao.baidu.com/s? id=1653501747135250662&wfr=spider&for=pc.

业参股或控股银行或其他金融机构或拥有财务子公司属于金融化，即产融结合（黄光明，刘放，2018），或称之为业务金融化（穆林娟，佟欣，2020）。实体企业开展影子银行业务属于金融化。实体企业转型成为金融企业，不宜称之为金融化。例如，泛海建设由房地产行业跨界至金融行业，股票简称由泛海建设更名为泛海控股①，所属行业分类也变更为金融行业，就不属于金融化而属于多元化。

8.6.10　结论与建议

本节解决了实体企业金融化研究中存在的几个关键问题：金融资产和金融投资收益的统计口径的统一及二者的匹配性；金融化程度多维度测度指标的确立；过度金融化界限应该如何确立及企业和行业异质性的考虑；一些模糊概念的澄清等。在解决了这些关键问题后，本节建议对实体企业金融化的动机和经济后果应重新探究，如到底是高新技术企业的研发投入抑制了实体企业金融化还是实体企业金融化挤出了高新技术企业的研发投入？在此基础上，还应针对过度金融化提出有效的治理措施并进行深入论证。比如始于 2017 年的再融资新规，对于上市公司权益性再融资所募集的资金用于持有金额较大、期限较长的交易性金融资产和可供出售金融资产、借与他人款项、委托理财等财务性投资的情形是予以禁止的②。其治理效果如何？以上这些既是挑战，也是开展进一步研究的机会。实体企业偏离主业过度金融化会产生高风险，从而导致金融体系形成系统性风险，这会影响我国国民经济健康和可持续发展。所以，治理施策必须要"对症"。具体到从事这一选题研究的学术界人士，必须要有足够的责任心，要做与实际情况相吻合的研究。既要做实证研究，也要做大量的个案研究。只有在充分解剖案例的基础上，才能将实证研究做真、做实、做细。所以，此处还建议国家有关部门应专门立项，让精通会计和财务报表分析的专业人员建立各类实体企业金融化的专门数据库，定期发布描述性统计结果，并对相关研究人员开放。

【总结与结论】

本章介绍了新金融工具会计准则修订和发布的背景，以及新准则实施的时间进度和修订的主要内容。本章讲述了三类金融资产的取得、资产负债表日和处置环节的账务处理。本章的难点是其他权益工具投资——非交易性权益工具投资处置环节的账务处理在新旧准则下的差异。除此之外，本章还对实体企业金融化的研究现状进行了文献综述并对亟待解决的几个关键问题展开了讨论，以满足教材也要反映编者对某些关键问题的最新研究成果的要求。自 2013 年学术界首次关注经济金融化现象以来，关于实体企业金融化相关问题的研究日益繁荣，尤其是 2018 年以后。

① 证券时报网. 泛海建设正式更名泛海控股 公司证券代码保持不变 [EB/OL]. [2014-04-30]. http://news.winshang.com/html/024/1063.html.
② 深圳证监局. 上市公司非公开发行股票实施细则的决定（证监会公告〔2017〕5 号，2017 年 2 月 15 日）[EB/OL]. [2017-07-04]. http://www.csrc.gov.cn/pub/shenzhen/ztzl/ssgsjgxx/jgfg/ssgsrz/201707/t20170704_319642.htm.

然而，纵观这些研究文献，发现其原始数据主要来源于会计报表项目，由于对会计报表项目缺乏真正的理解，导致一些关键问题反而没有得到解决。这些问题包括金融资产和金融投资收益的统计口径以及二者之间的匹配性，如何测度金融化程度才是合理的，过度金融化的界限如何确定，甚至还有一些模糊概念需要厘清。进一步地，一些实证研究也许需要重做以便解析清楚相互之间的影响机理。凡此种种，均提供了对实体企业金融化进一步研究的机会。学术界需要以真正负责任的态度将该主题的研究做真、做实、做细，以便提出真正"对症"的治理实体企业过度金融化的对策。为了论证的方便，本章以全聚德2017—2020年的报表和部分青岛啤酒与金风科技的报表项目作为实例。相关结论与建议对学术界、监管层和企业管理层均具有重要意义，值得引起足够的重视。

【练习题库】

★思考题

1.以公允价值计量且其变动计入当期损益的金融资产和以公允价值计量且其变动计入其他综合收益的金融资产的分类标准有何不同？其账务处理有何不同？

2.债权投资与其他债权投资在账务处理上有差异吗？

★业务题

假定风华公司于2021年1月1日以189 754元买进3年期的债券，债券面值为180 000元，票面利率为8%，每年1月1日和7月1日各付息一次。

要求：采用实际利率法计算每期持有债券的投资收益并做出全部业务的会计分录。

【课程思政案例】

云南白药的金融资产投资

【相关链接8-1】和【相关链接8-2】是关于云南白药投资金融资产2021年第三季度亏损超15亿元的两个案例资料。

【相关链接8-1】

不务正业？云南白药被曝"炒股巨亏15亿元"，官方独家回应

云南白药集团股份有限公司（以下简称"云南白药"）业绩持续下滑。根据公司2021年10月27日发布的三季报，公司2021年前三季度实现营收283.63亿元，同比增长18.52%；实现归属净利润24.51亿元，同比下降42.38%。其中，第三季度营收92.79亿元，归属净利润6.49亿元，同比下降63.94%；基本每股收益0.51元，同比下滑64.12%。与此同时，云南白药2021年前三季度投资收益（除同公司正常经营业务相关的有效套期保值业务外，持有交易性金融资产、交易性金融负债产生的公允价值变动损益，以及处置交易性金融资产、交易性金融负债和可供出售金融资

产取得的投资收益）为−11亿元；公允价值变动收益下降396.58%，为−15.55亿元，公司解释为主要是交易性金融资产持有期间的公允价值变动损益。对于云南白药2021年前三季度营收出现双位数增长，净利润却呈现两位数负增长，市场有声音表示是由于云南白药公司"不务正业，炒股亏了15亿元"导致的。2021年10月28日，话题"云南白药炒股亏15亿元"登上网络热搜榜。而早在2021年10月26日，已有投资者于互动平台上发文表示：参考宝洁公司等同行，公司的族群产品仍需要加速拓展，无限的产业空间需要投入的资金何止百亿，真的想不明白，如此优秀的管理怎么会沉迷于二级市场，这个错误实在太过低级了！对此，云南白药董事会秘书办公室则回复表示：公司一定会认真听取广大投资者的意见和建议，我们会审慎对待已开展的二级市场投资，始终如一持续深耕主业。2021年10月28日，针对云南白药净利润腰斩是否由公司炒股亏损所致，记者拨打了云南白药投资者电话，一位工作人员并未直接回答记者问题，只是表示：如果仅看归母净利润确实是下滑了，但在扣非净利润这部分，公司主营业绩呈现良好的双位数增长。云南白药三季报显示，本期公司确认股份支付费用8.66亿元，而上期无。剔除该部分费用的影响，公司实现归属于上市公司股东的扣除非经常性损益的净利润36.67亿元，同比增长15.14%。此外，对于−15.55亿元的公允价值变动损益的原因，该工作人员则表示：公司股东大会此前审议通过以自有资金开展证券投资，是想利用自有资金为股东创造更好的回报，"但是我们持有的几只股票股价出现了下滑"。云南白药半年报显示，截至2021年上半年，公司持有境内外股票6只，基金4只，以及期末持有的其他证券投资32.65亿元，前述三类证券投资最初投资成本合计98亿元，当期公允价值变动损益合计−8.88亿元，其中，云南白药持有的小米集团、伊利股份、恒瑞医药分别造成公允价值变动−6.10亿元、−1.71亿元、−1.85亿元。而2021年第一季度，在前述10只股票及基金中，云南白药持有的3只股票和2只基金均出现浮亏，合计约−8亿元。

作为百年老字号企业，云南白药依托云南白药系列产品发家，随后向日化领域拓展，并成功打造出牙膏等大健康产品。2021年半年报显示，公司业务范围涵盖药品、健康品、中药资源、医药流通领域，主要产品云南白药膏、云南白药气雾剂、云南白药创可贴、云南白药牙膏均已成为国内细分市场头名。近年来，云南白药业绩出现连续波动。据公开资料显示，过去20年，云南白药营收、净利润一直保持双位数的速度增长。从2016年开始，云南白药营收、净利润放缓，增长率出现个位数浮动，一直持续到2018年。业绩放缓背景下，投资成为云南白药布局的方向之一。2019年至今，云南白药持续加大证券领域的投资，也曾尝到甜头。2019—2020年，云南白药的公允价值变动净收益分别为2.27亿元、22.40亿元，投资净收益分别为14.70亿元、3.92亿元，占公司当年利润总额的35.91%、38.71%。以2020年为例，云南白药通过持有贵州茅台等10只股票累计浮盈超20亿元。2020年年报显示，公司2020年实现营收327.43亿元，同比增长10.38%；利润总额68.01亿元，同比增长43.90%；净利润55.16亿元，同比增长31.85%。其中，公司公允价值变动损益 22.40 亿元，同比增长 32.94%，主要是因为公司持有的证券、基金单位净值变化而产生。具体来看，云南白药 2020 年证券投资主要为持有的九州通、贵州茅台等境内外 10 只股票，以及期末持有的其他证券投资，其中境内外股票期内公允价值变动损益合计 20.58 亿元。不过，2021 年以来，云南白药股票投资开始出现浮亏，公司净利润也出现负增长。2021 年上半年，云南白药净利润首次出现降幅超 26%，半年归属净利润 18.02 亿元，相较去年同期的 24.54 亿元减少 6.52 亿元，同比下降 26.57%。这也是云南白药上市以来，该公司首次出现半年净利润下滑幅度超 20% 的情况。业绩的持续萎靡下，云南白药也痛失"中药一哥"的宝座。2020 年 8 月，一直稳坐中药第一股的云南白药，市值首次被片仔癀反超。2021 年 10 月 28 日股市收盘，云南白药收跌 3.83%，总市值 1 133 亿元，已不及片仔癀 2 469 亿元市值的一半。

资料来源：吴珊. 不务正业？云南白药被曝"炒股巨亏 15 亿元"，官方独家回应 [EB/OL]. [2021-10-28]. https://www.163.com/dy/article/GNDTDQII0519QIKK.html.

【相关链接 8-2】

云南白药因炒股亏损超 15 亿元：将逐步压缩证券投资，聚焦主业

云南白药集团股份有限公司（云南白药，000538）因为炒股亏损 15 亿元登上了网络热搜榜。2021 年 10 月 27 日晚间，云南白药披露三季报，显示前三季度公司营业收入 283.63 亿元，同比增长 18.52%，归母净利润 24.51 亿元，同比下降 42.38%，扣非净利润 29.31 亿元，同比下降 7.96%。从单季度来看，第三季度营业收入 92.79 亿元，同比增长 9.98%，归母净利润 6.49 亿元，同比下降 63.94%，扣非净利润 10.46 亿元，同比下降 21.7%。在营收增长两位数的情况下，为何云南白药净利润一直在下滑？这与其股票投资存在关系。

2021 年 10 月 28 日，云南白药证券事务部门工作人员在电话中向记者表示，就此事其实公司已经在互动平台，包括公司的投资者交流、相关文件上有所回应，的确是会逐步压缩，不会增加证券投资，肯定还是会聚焦主业。

（1）云南白药买了谁的股票？

三季报并未披露详细的交易性金融资产情况，而从 2021 年半年报来看，其金融资产投资包括小米集团、伊利股份、易方达裕丰回报债券、富国鼎利纯债债券、腾讯控股、富国祥利一年期、广发聚利债券 A 类、恒瑞医药、通威股份、中国抗体等，涉及境内外股票、债券和基金等证券品种。根据半年报披露的数据来看，当时小米集团、伊利股份、恒瑞医药、中国抗体等报告期内均为亏损状态，其中投资小米集团亏损最多，达到 6.1 亿元，投资恒瑞医药亏损 1.8 亿元。

云南白药半年报关于交易性金融资产的部分数据资料显示，云南白药创建于 1902 年，是中华老字号品牌，1993 年作为云南首家上市公司在深圳证券交易所上市，1996 年实现品牌的完整统一，1999 年成功实施企业再造，2005 年推出"稳中央、突两翼"产品战略，2010 年开始实施"新白药、大健康"产业战略。云南白药曾经被称为"中药一哥"，但如今市值已经被片仔癀超越。或受上述消息影响，

2021 年 10 月 28 日，云南白药大幅低开，盘中最低至 84 元，截至收盘，报价 88.36 元，跌幅 3.83%，市值 1 133.3 亿元。

（2）40 家医药生物类上市公司公允价值变动净收益亏损。

上市公司参与股票等投资的情况并不少见，而因此拖累整体业绩的上市医药类公司也并非云南白药一家。根据 Wind 数据显示，截至 2021 年 10 月 28 日，共有 40 家上市医药类公司公允价值变动净收益为亏损状态，亏损额从 1 万元到 15 亿元不等。截至 2021 年 10 月 28 日，医药生物类上市公司公允价值变动净收益为亏损的部分公司中不乏恒瑞医药、爱尔眼科、康龙化成等细分领域巨头，具体来说，云南白药亏损最多，海南海药紧随其后，亏损 2.6 亿元。根据海南海药此前的三季报显示，这部分亏损主要系报告期确认中国抗体等股票的公允价值变动所致。值得注意的是，云南白药的投资内容也包含了中国抗体这家公司。

资料来源：澎拜新闻. 云南白药因炒股亏损超 15 亿元：将逐步压缩证券投资，聚焦主业［EB/OL］.［2021-10-28］. https://baijiahao.baidu.com/s？id=1714856789511285348&wfr=spider&for=pc.

思考题：

（1）投资者的质疑和上市公司的官方回应，你觉得哪个更可信？

（2）结合本书 "8.6 实体企业金融化研究现状及亟待解决的几个关键问题" 的论述，你觉得云南白药过度金融化了吗？

（3）云南白药的金融化行为与股权激励计划的实施有关联吗？其目的是达到股权激励的业绩门槛吗？

（4）云南白药的金融化行为与其大股东陈发树被誉为 "股神" 的金融背景有关联吗？

（5）云南白药官方回应：其投资交易性金融资产的出发点是提高资金的使用效率，其金融化行为并未挤出研发投入，也未影响主业发展壮大，主业依旧稳健。你觉得可信吗？

小提示：

请结合云南白药 2019 年年报、2020 年年报、2021 年半年报和 2021 年三季报以及金融资产投资明细、公允价值变动损益明细、投资收益明细、研发投入明细等计算其金融化程度，判断是否过度金融化并考察金融投资收益对营业利润的影响等来回答上述问题，不要主观臆断。

第9章

长期股权投资

【学习目标】

通过本章的学习，您应该：(1) 了解长期股权投资的定义；(2) 掌握企业合并的方式及不同情况下长期股权投资的初始计量；(3) 掌握长期股权投资的后续核算成本法及权益法的账务处理；(4) 理解未实现内部交易损益的抵销，掌握顺流交易和逆流交易下的账务处理；(5) 掌握长期股权投资核算方法的转换；(6) 理解长期股权投资的减值及其处理；(7) 掌握长期股权投资处置的账务处理。

● 9.1　长期股权投资的定义与分类

长期股权投资指的是企业准备长期持有的权益性投资。长期股权投资按投资对象可以分为以下三类：

(1) 投资方能够对被投资单位实施控制的权益性投资，即对子公司的投资。控制，一般是指投资方拥有被投资方50%及其以上的表决权，通过参与被投资单位的相关活动而享有可变回报，并且有能力运用对被投资单位的权利影响其回报金额。

(2) 投资方与其他合营方一同对被投资单位实施共同控制且对被投资单位净资产享有权利的权益性投资，即对合营企业的投资。共同控制，一般是指按照相关约定对某项安排所共有的控制，并且该安排的相关活动必须经过分享控制权的参与方一致同意后才能决策。

(3) 投资方对被投资单位具有重大影响的权益性投资，即对联营企业的投资。重大影响，一般是指对一个企业的财务和经营政策有参与决策的权利，但并不能够控制或者与其他方一起共同控制这些政策的制定。实务中，较为常见的重大影响体现为在被投资单位董事会或类似权力机构中派有代表，通过在被投资单位财务和经营决策制定过程中的发言权实施重大影响。投资方直接或者通过子公司间接持有被投资单位 20% 及其以上但低于 50% 的表决权时，一般认为对被投资单位具有重大影响，除非有明确的证据表明该种情况下不能参与被投资单位的生产经营决策，不形成重大影响。在确定能否对被投资单位施加重大影响时，一方面应考虑投资方直接或间接持有被投资单位的表决权股份，同时要考虑投资方及其他方持有的当期可执行潜在表决权在假定转换为对被投资单位的股权后产生的影响，如被投资单位发行的当期可转换的认股权证、股份期权及可转换公司债券等的影响。

此处需要特别注意：投资企业持有的对被投资单位不具有控制、共同控制或重大影响，且在活跃市场中没有报价、公允价值不能可靠计量的权益性投资应按金融资产进行会计核算，不再计入长期股权投资。

● 9.2 长期股权投资的初始计量

9.2.1 企业合并的方式

企业合并的方式有三种：

1）控股合并：A+B=A+B

2）吸收合并：A+B=A

3）新设合并：A+B=C

吸收合并时，A 企业与 B 企业需要合并报表，B 企业不复存在，只留下 A 企业。新设合并时，A、B 两家企业均不复存在，形成一家新的企业 C。只有在控股合并的情况下，A 企业控制 B 企业，但 A、B 两家企业依然作为独立的法人存在。很显然，长期股权投资指的是控股合并情况下投资方如何进行会计处理。

控股合并形成的长期股权投资，初始投资成本的确定应区分形成控股合并的类型，分别同一控制下控股合并与非同一控制下控股合并两种情况确定长期股权投资的初始投资成本。

9.2.2 同一控制下控股合并形成的长期股权投资

同一控制下控股合并形成的长期股权投资，应采用权益结合法（Pooling of Interest Method），亦称股权结合法、权益联营法，是企业合并业务会计处理方法之一。其与购买法基于不同的假设，即视企业合并为参与合并的双方，通过股权的交换形成的所有者权益的联合，而非资产的交易。

1）投资成本包含的已宣告但尚未发放的现金股利或利润的会计处理

企业无论以何种方式取得股权投资，也无论将取得的股权投资作为何种权益性资产（长期股权投资、交易性金融资产、其他权益工具投资）核算，取得投资时，对于支付的对价中包含的应享有被投资单位已宣告但尚未发放的现金股利或利润应确认为应收股利。

2）合并方以支付现金、转让非现金资产或承担债务方式作为合并对价的账务处理

借：长期股权投资（被合并方所有者权益在最终控制方合并财务报表中的账面
        价值的份额+包括最终控制方收购被合并方而形成的商誉）

　　贷：负债（承担债务账面价值）
　　　　资产（投出资产账面价值）
　　　　资本公积——资本溢价或股本溢价（差额在借方）
　　借：管理费用（审计、法律服务等相关费用）
　　　　贷：银行存款

【实例 9-1】

　　甲公司和乙公司同属某集团内的两家公司，2021 年 1 月 1 日，甲公司以 1 400 万元银行存款购入乙公司 60% 的普通股股权，并准备长期持有。乙公司 2021 年 1 月 1 日的所有者权益账面价值总额为 2 700 万元。相关账务处理如下：

　　借：长期股权投资——乙公司 　　　　　　　　　16 200 000
　　　　贷：银行存款 　　　　　　　　　　　　　　　　14 000 000
　　　　　　资本公积——股本溢价 　　　　　　　　　　 2 200 000

　　3）合并方以发行权益性证券作为合并对价的账务处理

　　借：长期股权投资（被合并方所有者权益在最终控制方合并财务报表中的账面
　　　　　　　　　　　价值的份额+包括最终控制方收购被合并方而形成的商誉）
　　　　贷：股本（发行股票的数量×每股面值）
　　　　　　资本公积——股本溢价（差额）
　　借：资本公积——股本溢价（权益性证券发行费用）
　　　　贷：银行存款

【实例 9-2】

　　A 公司和 B 公司同属某集团内的两家企业，2021 年 1 月 1 日，A 公司以其发行的普通股股票 600 万股，取得 B 公司 60% 的普通股股权，并准备长期持有。B 公司 2021 年 1 月 1 日的所有者权益账面价值总额为 1 800 万元。相关账务处理如下：

　　借：长期股权投资——B 公司 　　　　　　　　　10 800 000
　　　　贷：股本 　　　　　　　　　　　　　　　　　　 6 000 000
　　　　　　资本公积——股本溢价 　　　　　　　　　　 4 800 000

　　4）企业通过多次交换交易分步取得股权最终形成同一控制下控股合并的账务处理

　　（1）合并日初始投资成本=合并日相对于最终控制方而言的被合并方所有者权益账面价值×全部持股比例+包括最终控制方收购被合并方而形成的商誉；

　　（2）新增投资部分初始投资成本=合并日初始投资成本-原长期股权投资账面价值；

　　（3）新增投资部分初始投资成本与为取得新增部分所支付对价的账面价值的差额，调整资本公积，资本公积不足冲减的，冲减留存收益。

【实例 9-3】

　　2020 年 1 月 1 日，甲公司取得 A 公司 25% 的股权，实际支付款项 6 875 万元，能够对 A 公司施加重大影响，同日，A 公司可辨认净资产账面价值为 26 000 万元

（与公允价值相等）。2020 年度，A 公司实现净利润 12 500 万元，无其他所有者权益变动。2021 年 1 月 1 日，甲公司以定向增发股票的方式购买同一集团内另一企业持有的 A 公司 45% 的股权。为取得该股权，甲公司增发 2 300 万股普通股，每股面值为 1 元，每股公允价值为 3.5 元；支付承销商佣金 60 万元。取得该股权时，相对于最终控制方而言的 A 公司可辨认净资产账面价值为 28 000 万元，甲公司所在集团最终控制方此前合并 A 公司时确认的商誉为 400 万元。进一步取得股权投资后，甲公司能够对 A 公司实施控制。假定甲公司和 A 公司采用的会计政策、会计期间均相同。

　　要求：确定甲公司 2021 年 1 月 1 日进一步取得股权投资时应确认的资本公积是多少。

　　解析过程如下：

合并日长期股权投资初始投资成本 =28 000×70%+400=20 000（万元）

原 25% 股权投资账面价值 =6 875+12 500×25%=10 000（万元）

新增长期股权投资入账成本 =20 000-10 000=10 000（万元）

甲公司 2021 年 1 月 1 日进一步取得股权投资时应确认的资本公积 =10 000-2 300（股本面值）-60（发行费用）=7 640（万元）

9.2.3　非同一控制下控股合并形成的长期股权投资

　　购买方应当按照确定的企业合并成本作为长期股权投资的初始投资成本。企业合并成本包括购买方付出的资产、发生或承担的负债、发行的权益性证券的公允价值之和。相关费用的会计处理，与同一控制下控股合并的会计处理相同。

　　1）合并方以支付现金、转让非现金资产或承担债务方式作为合并对价

【实例 9-4】

　　2021 年 1 月 1 日，甲公司以 1 350 万元银行存款购入乙公司 65% 的普通股股权，并准备长期持有。乙公司 2021 年 1 月 1 日的所有者权益账面价值总额为 1 600 万元。甲公司支付评估费用 15 万元。相关账务处理如下：

借：长期股权投资——乙公司　　　　　　　　　　13 500 000

　　贷：银行存款　　　　　　　　　　　　　　　　　　　13 500 000

借：管理费用　　　　　　　　　　　　　　　　　　150 000

　　贷：银行存款　　　　　　　　　　　　　　　　　　　150 000

　　2）以固定资产、无形资产等作为合并对价

【实例 9-5】

　　A 公司于 2021 年 3 月 31 日取得 B 公司 80% 的股权。为核实 B 公司的资产价值，A 公司聘请专业资产评估机构对 B 公司的资产进行评估，支付评估费用 320 万元。合并中，A 公司支付的有关资产在购买日的账面价值与公允价值见表 9-1。

　　假定合并前 A 公司与 B 公司不存在任何关联方关系，A 公司用作合并对价的土地使用权和专利技术原价为 9 350 万元，截至企业合并发生时已累计摊销 950 万元。

表 9-1 　　　　A公司支付的有关资产在购买日的账面价值与公允价值 　　　　单位：万元

项　目	账面价值	公允价值
土地使用权（自用）	6 500	6 800
专利技术	1 900	2 100
银行存款	3 700	3 700
合　计	12 100	12 600

无形资产的公允价值与账面价值的差额应确认为资产处置损益（中国注册会计师协会，2021）。相关账务处理如下：

借：长期股权投资　　　　　　　　　　　　　　　126 000 000
　　管理费用　　　　　　　　　　　　　　　　　　3 200 000
　　累计摊销　　　　　　　　　　　　　　　　　　9 500 000
　　贷：无形资产　　　　　　　　　　　　　　　　　　　93 500 000
　　　　银行存款　　　　　　　　　　　　　　　　　　　40 200 000
　　　　资产处置收益　　　　　　　　　　　　　　　　　　5 000 000

3）企业通过多次交换交易分步实现非同一控制下控股合并

购买日初始投资成本=购买日之前所持被购买方股权投资的账面价值+购买日新增投资成本

【实例 9-6】

A公司于2020年3月以2 800万元取得B（上市）公司5%的股权，对B公司不具有重大影响，A公司将其分类为以公允价值计量且其变动计入其他综合收益的金融资产。

2021年4月1日，A公司又斥资30 000万元自C公司取得B公司另外50%的股权。假定A公司在取得对B公司的长期股权投资后，B公司未宣告发放现金股利。A公司原持有B公司5%的股权于2021年3月31日的公允价值为3 100万元（与2021年4月1日的公允价值相等），累计计入其他综合收益的金额为300万元。A公司与C公司不存在任何关联方关系。

①2020年3月A公司取得B公司5%的股权时：

借：其他权益工具投资——成本　　　　　　　　　28 000 000
　　贷：银行存款　　　　　　　　　　　　　　　　　　　28 000 000

②2021年3月31日A公司调整其他权益工具投资的账面价值时：

借：其他权益工具投资——公允价值变动　　　　　　3 000 000
　　贷：其他综合收益　　　　　　　　　　　　　　　　　3 000 000

③2021年4月1日购买日，A公司应进行如下账务处理：

借：长期股权投资　　　　　　　　　　　　　　　331 000 000
　　贷：其他权益工具投资　　　　　　　　　　　　　　　31 000 000
　　　　银行存款　　　　　　　　　　　　　　　　　　　300 000 000

| 借：其他综合收益 | 3 000 000 | |

借：其他综合收益　　　　　　　　　　　　　　　3 000 000
　　贷：盈余公积　　　　　　　　　　　　　　　　　　　　300 000
　　　　利润分配——未分配利润　　　　　　　　　　　　2 700 000

假定 A 公司于 2020 年 3 月以 12 550 万元取得 B 公司 20% 的股权，并能对 B 公司施加重大影响，采用权益法核算该项股权投资，当年确认对 B 公司的投资收益 450 万元。2021 年 4 月 1 日，A 公司又斥资 27 500 万元自 C 公司取得 B 公司另外 30% 的股权。A 公司对该项长期股权投资未计提任何减值准备。则：

2021 年 4 月 1 日购买日，A 公司应进行如下账务处理：

借：长期股权投资　　　　　　　　　　　　　　275 000 000
　　贷：银行存款　　　　　　　　　　　　　　　　　　275 000 000

购买日对 B 公司长期股权投资的账面价值=（12 550+450）+27 500=40 500（万元）

9.2.4　不形成控股合并的长期股权投资

以支付现金取得，长期股权投资初始投资成本的确认为实际支付的购买价款（包括与取得长期股权投资直接相关的费用、税费及其他必要支出）。以发行权益性证券取得，长期股权投资初始投资成本的确认为权益性证券的公允价值。以债务重组等方式取得，长期股权投资初始投资成本的确认按照《企业会计准则第 12 号——债务重组》等相关准则规定处理。

【实例 9-7】

2021 年 3 月 5 日，A 公司通过增发 9 200 万股本公司普通股（每股面值 1 元）取得 B 公司 20% 的股权，该 9 200 万股股份的公允价值为 16 560 万元。为增发该部分股份，A 公司向证券承销机构等支付了 460 万元的佣金和手续费。假定 A 公司取得该部分股权后，能够对 B 公司的财务和生产经营决策施加重大影响。

①A 公司应当以所发行股份的公允价值作为取得长期股权投资的成本，账务处理为：

借：长期股权投资　　　　　　　　　　　　　　165 600 000
　　贷：股本　　　　　　　　　　　　　　　　　　　92 000 000
　　　　资本公积——股本溢价　　　　　　　　　　　73 600 000

②发行权益性证券过程中支付的佣金和手续费，应冲减权益性证券的溢价发行收入，账务处理为：

借：资本公积——股本溢价　　　　　　　　　　4 600 000
　　贷：银行存款　　　　　　　　　　　　　　　　　4 600 000

● 9.3　长期股权投资的后续计量

9.3.1　长期股权投资持股比例

1）对子公司的投资

企业持有的能够对被投资单位实施控制的权益性投资，即对子公司的投资，持股比例一般为50%及其以上。未合并之前，母公司采用成本法进行长期股权投资的后续计量。期末，由母公司编制合并报表，在编制合并报表前要将成本法转换成权益法。

2）对合营企业的投资

企业持有的能够与其他合营方一同对被投资单位实施共同控制的权益性投资，即对合营企业的投资。

3）对联营企业的投资

企业持有的能够对被投资单位施加重大影响的权益性投资，即对联营企业的投资。

上述第二项和第三项的持股比例一般处于20%及其以上且50%以下，长期股权投资采用权益法进行后续计量。

9.3.2 长期股权投资后续计量的核算方法

1）成本法

成本法是指长期股权投资的价值通常按初始投资成本计量，除追加投资或收回投资外，一般不对长期股权投资的账面价值进行调整的一种会计处理方法。相关准则规定母公司对子公司的长期股权投资采用成本法核算。

2）权益法

权益法是指长期股权投资最初以投资成本计量，以后则要根据投资企业应享有被投资单位所有者权益份额的变动，对长期股权投资的账面价值进行相应调整的一种会计处理方法。相关准则规定对联营企业和合营企业的长期股权投资应采用权益法进行核算。

9.3.3 长期股权投资成本法下的账务处理

长期股权投资初始投资成本确认后，在持有期间，当被投资单位宣告分派股利或利润时，投资企业按享有的份额确认为投资收益，被投资单位未分配股利的，投资企业不做任何会计处理。

【实例9-8】

甲公司于2020年1月1日以3 600万元的价格购入乙公司65%的股份，且准备长期持有，购买过程中另支付相关税费10万元。甲公司取得该部分投资后，乙公司实现的净利润及利润分配情况见表9-2。

表9-2　　　　　　　乙公司实现的净利润及利润分配情况　　　　　单位：万元

期　间	被投资单位实现净利润	分派利润
2020年	6 000	3 500
2021年上半年	3 000	2 000

①甲公司取得乙公司的长期股权投资时，账务处理为：

借：长期股权投资——乙公司　　　　　　　　　　36 000 000

　　贷：银行存款　　　　　　　　　　　　　　　　　　　36 000 000

借：管理费用　　　　　　　　　　　　　　　　　　　　100 000

　　贷：银行存款　　　　　　　　　　　　　　　　　　　　　　100 000

②2020年乙公司宣告分派利润时，账务处理为：

应确认的投资收益=3 500×65%=2 275（万元）

借：应收股利　　　　　　　　　　　　　　　　　　22 750 000

　　贷：投资收益　　　　　　　　　　　　　　　　　　　　22 750 000

③收到2020年乙公司分派的利润时，账务处理为：

借：银行存款　　　　　　　　　　　　　　　　　　22 750 000

　　贷：应收股利　　　　　　　　　　　　　　　　　　　　22 750 000

④2021年上半年乙公司宣告分派利润时，账务处理为：

应确认的投资收益=2 000×65%=1 300（万元）

借：应收股利　　　　　　　　　　　　　　　　　　13 000 000

　　贷：投资收益　　　　　　　　　　　　　　　　　　　　13 000 000

⑤收到2021年上半年乙公司分派的利润时，账务处理为：

借：银行存款　　　　　　　　　　　　　　　　　　13 000 000

　　贷：应收股利　　　　　　　　　　　　　　　　　　　　13 000 000

【实例9-9】

甲公司和丁公司同为大华集团的子公司，甲公司2020—2021年有关长期股权投资的资料如下：

（1）2020年4月1日，甲公司以原价为2 600万元，累计折旧为800万元，公允价值为2 000万元的固定资产作为合并对价，从丁公司取得其子公司A公司70%的普通股股权。合并日，A公司的账面所有者权益总额为3 200万元，可辨认净资产的公允价值为3 500万元。在企业合并过程中，甲公司支付相关法律咨询费用22万元，相关手续均已办理完毕。

（2）2020年4月20日，A公司宣告分派2019年度的现金股利280万元。

（3）2020年5月15日，甲公司收到A公司分派的2019年度现金股利。

（4）2020年度，A公司实现净利润650万元（其中1—3月份净利润为210万元）。

（5）2021年4月25日，A公司宣告分派2020年度的现金股利400万元。

（6）2021年5月22日，甲公司收到A公司分派的2020年度现金股利。

要求：

（1）说明甲公司对该项投资应采用何种核算方法。

（2）编制甲公司有关长期股权投资业务的会计分录。

解析过程如下：

（1）根据《企业会计准则第2号——长期股权投资》的规定，甲公司对A公司的长期股权投资应采用成本法核算。

（2）甲公司有关账务处理如下（金额单位以万元表示）：

①2020年4月1日甲公司取得A公司的长期股权投资时：

借：累计折旧 800
　　固定资产清理 1 800
　　贷：固定资产 2 600
借：长期股权投资——A公司 2 240
　　贷：固定资产清理 1 800
　　　　资本公积 440
借：管理费用 22
　　贷：银行存款 22

②2020年4月20日A公司宣告分派2019年度的现金股利时：

应确认的投资收益=280×70%=196（万元）

借：应收股利 196
　　贷：投资收益 196

③2020年5月15日甲公司收到A公司分派的2019年度现金股利时：

借：银行存款 196
　　贷：应收股利 196

④2020年度A公司实现净利润650万元时，不进行账务处理。

⑤2021年4月25日A公司宣告分派2020年度的现金股利时：

应确认的投资收益=400×70%=280（万元）

借：应收股利 280
　　贷：投资收益 280

⑥2021年5月22日甲公司收到A公司分派的2020年度现金股利时：

借：银行存款 280
　　贷：应收股利 280

从整个账务处理流程可以看出，因属于同一控制下控股合并形成的长期股权投资，支付的对价资产要基于账面价值而非公允价值确认，确认的长期股权投资初始入账价值也要基于被投资方可辨认净资产的账面价值而非公允价值的相应份额确认。

9.3.4　长期股权投资权益法下的账务处理

（1）取得长期股权投资时，当初始投资成本>享有被投资单位可辨认净资产公允价值份额的，不进行调整。

借：长期股权投资——成本
　　贷：银行存款等

【实例9-10】

甲公司于2021年1月1日以1 700万元购入C公司30%的普通股股权，并对C公司有重大影响，2021年1月1日C公司可辨认净资产的公允价值为5 000万元，款项已用银行存款支付。甲公司的会计分录如下：

5 000 万元×30%=1 500 万元，1 700 万元大于 1 500 万元，所以：

借：长期股权投资——成本　　　　　　　　　　　17 000 000

　　贷：银行存款　　　　　　　　　　　　　　　　　　　17 000 000

（2）取得长期股权投资时，当初始投资成本<享有被投资单位可辨认净资产公允价值份额的，其差额应当计入当期损益（营业外收入）。

借：长期股权投资——投资成本（被投资单位可辨认净资产公允价值×投资持股比例）

　　贷：银行存款等（支付的全部价款）

　　　　营业外收入（差额）

【实例 9-11】

承接【实例 9-10】，甲公司于 2021 年 1 月 1 日以 1 700 万元购入 C 公司 30% 的普通股股权，并对乙公司有重大影响，2021 年 1 月 1 日 C 公司可辨认净资产的公允价值为 6 000 万元，款项已用银行存款支付。甲公司的会计分录如下：

6 000 万元×30%=1 800 万元，1 700 万元小于 1 800 万元，所以：

借：长期股权投资——成本　　　　　　　　　　　18 000 000

　　贷：银行存款　　　　　　　　　　　　　　　　　　　17 000 000

　　　　营业外收入　　　　　　　　　　　　　　　　　　　1 000 000

（3）持有期间：按照被投资单位实现的净利润或发生的净亏损中投资企业应享有或应分担的份额确认投资收益，同时调整长期股权投资的账面价值；被投资单位宣告分派现金股利或利润时，投资企业按应分得的部分，相应减少长期股权投资的账面价值；分派的股票股利，在备查簿中登记。

（4）其他变动：投资企业对于被投资单位除净损益以外所有者权益的其他变动，在持股比例不变的情况下，按照持股比例计算应享有或应承担的部分，调整长期股权投资账面价值，同时增加或减少资本公积（其他资本公积）和其他综合收益。

【实例 9-12】

2020 年 1 月 5 日，华联实业股份有限公司以每股 2.1 元的价格购入 D 公司股票 1 800 万股作为长期股权投资，并支付交易税费 15 万元。该股份占 D 公司股份的 25%，华联实业股份有限公司采用权益法核算。假定 D 公司可辨认净资产的公允价值为 15 000 万元。相关账务处理如下：

初始投资成本=1 800×2.1+15=3 795（万元）

应享有 D 公司可辨认净资产的公允价值=15 000×25%=3 750（万元）＜3 795 万元

借：长期股权投资——成本　　　　　　　　　　　37 950 000

　　贷：银行存款　　　　　　　　　　　　　　　　　　　37 950 000

2020 年度，D 公司报告净收益 4 820 万元，2021 年 3 月 5 日，D 公司宣告 2020 年度利润分配方案，每股分派现金股利 0.35 元。

确认投资收益=4 820×25%=1 205（万元）

借：长期股权投资——损益调整　　　　　　　　　　12 050 000

　　贷：投资收益　　　　　　　　　　　　　　　　　　　　　12 050 000

确认应收股利=1 800×0.35=630（万元）

借：应收股利　　　　　　　　　　　　　　　　　　6 300 000

　　贷：长期股权投资——损益调整　　　　　　　　　　　　　6 300 000

2021年度，D公司报告净亏损500万元。

确认投资损失=500×25%=125（万元）

借：投资收益　　　　　　　　　　　　　　　　　　1 250 000

　　贷：长期股权投资——损益调整　　　　　　　　　　　　　1 250 000

【实例9-13】

2021年1月2日，甲公司以货币资金取得乙公司32%的股权，初始投资成本为4 500万元；当日，乙公司可辨认净资产的公允价值为15 000万元，与其账面价值相同。甲公司取得投资后即派人员参与乙公司的生产经营决策，但未能对乙公司形成控制。乙公司2021年度实现净利润1 200万元。假定不考虑所得税等其他因素，甲公司2021年度下列各项与该项投资相关的会计处理正确的有（　　　）。

A.确认商誉200万元

B.确认营业外收入300万元

C.确认投资收益384万元

D.确认资本公积200万元

答案：BC

解析过程如下：

选项A：因为甲公司未能对乙公司形成控制，且初始投资成本＜享有被投资单位可辨认净资产公允价值份额4 800万元，所以不形成商誉。

选项B：营业外收入=享有被投资单位可辨认净资产公允价值份额-初始投资成本=15 000×32%-4 500=4 800-4 500=300（万元）。

选项C：投资收益=1 200×32%=384（万元）。

选项D：不需要确认资本公积。

● 9.4　未实现内部交易损益的抵销

投资企业在采用权益法确认投资收益时，应抵销与联营企业及合营企业之间发生的未实现内部交易损益。这类内部交易分为顺流交易和逆流交易两种，如图9-1所示。

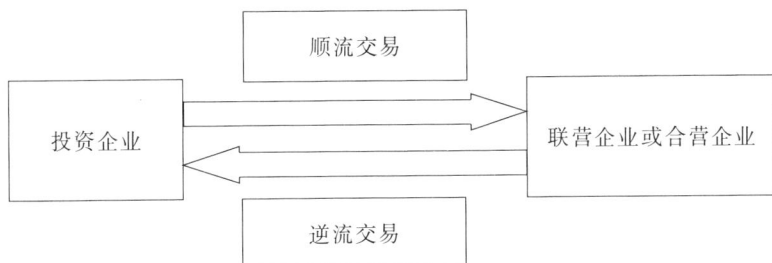

图9-1　顺流交易和逆流交易示意图

1）顺流交易

【实例9-14】

甲企业持有乙公司25%的有表决权的股份，能够对乙公司的财务和生产经营决策施加重大影响。2021年，甲企业将其账面价值为680万元的商品以1 080万元的价格出售给乙公司。截至2021年资产负债表日，该批商品尚未对第三方出售。假定甲企业取得该项投资时，乙公司各项可辨认资产、负债的公允价值与其账面价值相同，两者在以前期间未发生过内部交易。2021年，乙公司实现净利润为3 000万元。假定不考虑所得税因素。

①甲企业在该项交易中实现利润400万元，其中，100万元（400×25%）是针对本企业持有的对联营企业的权益份额，在采用权益法计算确认投资损益时应予抵销，即甲企业应当进行的账务处理为（计算过程金额单位以万元表示）：

借：长期股权投资——损益调整（3 000×25%）　7 500 000

贷：投资收益　7 500 000

借：投资收益（400×25%）　1 000 000

贷：长期股权投资——损益调整　1 000 000

②投资企业有子公司，甲企业如需编制合并财务报表，在合并财务报表中，对该未实现内部交易损益应在个别财务报表已确认投资损益的基础上进行调整，账务处理为（计算过程金额单位以万元表示）：

借：营业收入（1 080×25%）　2 700 000

贷：营业成本（680×25%）　1 700 000

投资收益（400×25%）　1 000 000

2）逆流交易

【实例9-15】

甲企业于2021年1月取得乙公司25%的有表决权的股份，能够对乙公司施加重大影响。假定甲企业取得该项投资时，乙公司各项可辨认资产、负债的公允价值与其账面价值相同。2021年8月，乙公司将其成本为680万元的商品以1 080万元的价格出售给甲企业，甲企业将取得的商品作为存货。截至2021年资产负债表日，甲企业仍未对外出售该存货。2021年，乙公司实现净利润为4 200万元。假定不考虑所得税因素。

①甲企业在按照权益法确认应享有乙公司2021年净损益时，应进行以下账务处理（计算过程金额单位以万元表示）：

借：长期股权投资——损益调整（4 200×25%）　　　　10 500 000

　　贷：投资收益　　　　　　　　　　　　　　　　　　　　　　10 500 000

借：投资收益（400×25%）　　　　　　　　　　　　1 000 000

　　贷：长期股权投资——损益调整　　　　　　　　　　　　　　1 000 000

②上述账务处理后，投资企业有子公司，需要编制合并财务报表的，在合并财务报表中，因该未实现内部交易损益体现在投资企业持有存货的账面价值中，应进行以下调整（计算过程金额单位以万元表示）：

借：长期股权投资——损益调整（400×25%）　　　　1 000 000

　　贷：存货　　　　　　　　　　　　　　　　　　　　　　　　1 000 000

● 9.5　长期股权投资核算方法的转换

1）转换情况：分为增持和减持两种

（1）增持：

公允价值计量—权益法

公允价值计量—成本法

权益法—成本法

（2）减持：

成本法—权益法

成本法—公允价值计量

权益法—公允价值计量

2）减少投资，持股比例减少导致：成本法转为权益法

（1）按处置或收回投资的比例结转应终止确认的长期股权投资成本。

（2）比较剩余的长期股权投资成本与按照剩余持股比例计算原投资时应享有被投资单位可辨认净资产公允价值的份额。

（3）对于原取得投资时至处置投资当期期初被投资单位实现的净损益（扣除已发放及已宣告发放的现金股利及利润）中应享有的份额，调整留存收益。

借：长期股权投资

　　贷：盈余公积

　　　　利润分配——未分配利润

（4）对于处置投资当期期初至处置投资之日被投资单位实现的净损益中应享有的份额，调整当期损益。

借：长期股权投资

　　贷：投资收益

（5）对于被投资单位在此期间所有者权益的其他变动应享有的份额，在调整长

期股权投资的账面价值的同时，应记入"资本公积——其他资本公积"科目。

　　借：长期股权投资
　　　　贷：资本公积——其他资本公积

【实例 9-16】

　　2019 年 1 月 1 日，甲公司以 4 200 万元取得 B 公司 60% 的股权，款项以银行存款支付，B 公司 2019 年 1 月 1 日可辨认净资产公允价值总额为 6 000 万元（假定其公允价值等于账面价值），甲公司对 B 公司具有控制权，并对该项投资采用成本法核算。甲公司每年均按 10% 提取盈余公积。

　　（1）2019 年，B 公司实现净利润 900 万元，未分派现金股利，资本公积增加 100 万元。

　　（2）2020 年，B 公司实现净利润 1 000 万元，未分派现金股利。

　　（3）2021 年 1 月 3 日，甲公司出售 B 公司 40% 的股权，取得出售价款 3 300 万元，款项已收入银行存款户，当日 B 公司可辨认净资产公允价值总额为 8 000 万元。

　　出售该部分股权后，甲公司不再对 B 公司实施控制，但能够对 B 公司施加重大影响，因此甲公司将对 B 公司的长期股权投资由成本法改为权益法核算。

　　要求：编制甲公司股权投资的有关会计分录。

　　解析过程如下（计算过程金额单位以万元表示）：

　　①2019 年 1 月 1 日甲公司取得 B 公司 60% 的股权时：

　　借：长期股权投资　　　　　　　　　　　　　　　42 000 000
　　　　贷：银行存款　　　　　　　　　　　　　　　　　　42 000 000

　　②2021 年 1 月 3 日甲公司出售 B 公司 40% 的股权时：

　　借：银行存款　　　　　　　　　　　　　　　　　33 000 000
　　　　贷：长期股权投资（4 200×40%÷60%）　　　　　　28 000 000
　　　　　　投资收益　　　　　　　　　　　　　　　　　　5 000 000

　　③转为权益法并调整长期股权投资的账面价值：

　　借：长期股权投资［（8 000-6 000）×20%］　　　　4 000 000
　　　　贷：盈余公积［（900+1 000）×20%×10%］　　　　380 000
　　　　　　利润分配——未分配利润［（900+1 000）×20%×90%］　3 420 000
　　　　　　投资收益［（8 000-6 000-1 900）×20%］　　　200 000

　　借：长期股权投资　　　　　　　　　　　　　　　200 000
　　　　贷：资本公积——其他资本公积（100×20%）　　　　200 000

　　3）追加投资，持股比例增加导致：权益法改为成本法

　　初始投资成本=购买日之前所持被购买方股权投资的账面价值+购买日新增投资成本

【实例 9-17】

　　2020 年 1 月 1 日，甲公司以 1 800 万元取得 C 公司 30% 的股权，款项以银行存款支付，C 公司 2020 年 1 月 1 日可辨认净资产公允价值总额为 5 500 万元（假定其公允价值等于账面价值），因对 C 公司具有重大影响，甲公司对该项投资采用权益法

核算。甲公司每年均按10%提取盈余公积。

（1）2020年，C公司实现净利润1 200万元，未分派现金股利。

（2）2021年1月1日，甲公司又以2 100万元取得C公司30%的股权，款项以银行存款支付，当日C公司可辨认净资产公允价值总额为7 000万元。取得该部分股权后，甲公司能够对C公司实施控制，因此甲公司将对C公司的股权投资转为成本法核算。

要求：编制甲公司股权投资的有关会计分录。

解析过程如下（计算过程金额单位以万元表示）：

①2020年1月1日甲公司取得C公司30%的股权时：

借：长期股权投资 18 000 000

　贷：银行存款 18 000 000

②2020年年末C公司实现净利润时：

借：长期股权投资——损益调整（1 200×30%） 3 600 000

　贷：投资收益 3 600 000

③2021年1月1日甲公司又取得C公司30%的股权时：

借：长期股权投资 21 000 000

　贷：银行存款 21 000 000

初始投资成本=1 800+360+2 100=4 260（万元）

4）公允价值计量转换为权益法核算

转换后长期股权投资初始投资成本=转换日原投资公允价值+新增投资公允价值。原持有的股权投资分类为以公允价值计量且其变动计入其他综合收益的金融资产的，其公允价值与账面价值之间的差额，以及原计入其他综合收益的累计公允价值变动应当转入改按权益法核算的留存收益。

【实例9-18】

甲公司于2020年2月取得乙公司12%的股权，对乙公司不具有控制、共同控制和重大影响，甲公司将其分类为以公允价值计量且其变动计入其他综合收益的金融资产，投资成本为1 100万元，取得时，乙公司可辨认净资产公允价值总额为8 500万元（假定其公允价值与账面价值相同）。

2021年3月1日，甲公司又以1 900万元取得乙公司13%的股权，当日乙公司可辨认净资产公允价值总额为13 000万元。取得该部分股权后，按照乙公司章程规定，甲公司能够派遣人员参与乙公司的财务和生产经营决策，对该项长期股权投资转为采用权益法核算。

假定甲公司在取得乙公司12%的股权后，双方未发生任何内部交易。乙公司通过生产经营活动实现的净利润为1 000万元，未派发现金股利或利润。除所实现净利润外，未发生其他所有者权益变动事项。2021年3月1日，甲公司对乙公司投资原12%股权的公允价值为1 600万元，原计入其他综合收益的累计公允价值变动为150万元。

本例中，2021年3月1日，甲公司对乙公司投资原12%股权的公允价值为1 600万元，账面价值为1 250万元（1 100+150），差额350万元调整留存收益；同时，因追加投资改按权益法核算，原计入其他综合收益的累计公允价值变动150万元转入留存收益。

甲公司对乙公司股权增持后，持股比例改为25%，初始投资成本为3 500万元（1 600+1 900），应享有乙公司可辨认净资产公允价值份额为3 250万元（13 000×25%），前者大于后者250万元，不调整长期股权投资的账面价值。

甲公司对上述交易的会计处理如下：

借：长期股权投资——投资成本　　　　　　　　　　　35 000 000
　　贷：银行存款　　　　　　　　　　　　　　　　　　　19 000 000
　　　　留存收益　　　　　　　　　　　　　　　　　　　 3 500 000
　　　　其他权益工具投资　　　　　　　　　　　　　　　12 500 000
借：其他综合收益　　　　　　　　　　　　　　　　 1 500 000
　　贷：留存收益　　　　　　　　　　　　　　　　　　　 1 500 000

● 9.6　长期股权投资的减值

与可收回金额相比较，发生减值时，借记"资产减值损失"科目，贷记"长期股权投资减值准备"科目。

长期股权投资的减值准备在提取后，不允许转回。

● 9.7　长期股权投资的处置

出售所得价款与处置长期股权投资账面价值之间的差额，应确认为处置损益。投资方全部处置权益法核算的长期股权投资时，原权益法核算的相关其他综合收益应当在终止采用权益法核算时采用与被投资单位直接处置相关资产或负债相同的基础进行会计处理，因被投资方除净损益、其他综合收益和利润分配以外的其他所有者权益变动而确认的所有者权益，应当在终止采用权益法核算时全部转入当期投资收益（如果可转入损益）或留存收益。

【实例9-19】

A企业原持有B企业30%的股权，2021年12月31日，A企业决定出售15%的B企业股权，出售时A企业账面上对B企业长期股权投资的构成为：投资成本1 850万元，损益调整445万元，可转入损益的其他综合收益105万元，其他权益变动300万元。出售取得价款1 400万元。

要求：编制A企业的有关会计分录。

解析过程如下（计算过程金额单位以万元表示）：

①A企业确认处置损益的账务处理为：

借：银行存款　　　　　　　　　　　　　　　　　　　14 000 000
　　贷：长期股权投资（2 700×15%÷30%）　　　　　　　　13 500 000
　　　　投资收益　　　　　　　　　　　　　　　　　　　　 500 000

②除应将实际取得价款与出售长期股权投资的账面价值进行结转，确认出售损益以外，还应将原计入其他综合收益或资本公积的部分按比例转入当期损益。

借：资本公积——其他资本公积（300×15%÷30%）　　　1 500 000
　　其他综合收益（105×15%÷30%）　　　　　　　　525 000
　　贷：投资收益　　　　　　　　　　　　　　　　　　　　　2 025 000

③其他综合收益105万元的来源。

假定增设B企业的背景资料如下：

B企业于2021年2月3日从C企业购入股票100万股，每股价格10元，将其划分为以公允价值计量且其变动计入其他综合收益的金融资产。2021年12月31日，该股票价格上涨到每股13.5元。

2021年2月3日B企业从C企业购入股票时：

借：其他权益工具投资——成本　　　　　　　　　10 000 000
　　贷：银行存款　　　　　　　　　　　　　　　　　　　10 000 000

2021年12月31日B企业购入的C企业股票价格上涨时：

借：其他权益工具投资——公允价值变动　　　　　3 500 000
　　贷：其他综合收益　　　　　　　　　　　　　　　　　3 500 000

2021年12月31日A企业的账务处理为：

借：长期股权投资——其他综合收益（350×30%）　　1 050 000
　　贷：其他综合收益　　　　　　　　　　　　　　　　　1 050 000

【总结与结论】

本章系统地介绍了长期股权投资的定义与分类、控股合并形成的长期股权投资初始投资成本的确认、不形成控股的长期股权投资初始投资成本的确认、长期股权投资的后续计量方法（包括成本法和权益法）、长期股权投资后续核算方法的转换以及长期股权投资处置时的账务处理。本章的重点和难点是同一控制下和非同一控制下长期股权投资初始投资成本的确认对比、权益法下长期股权投资初始投资成本的确认、长期股权投资后续核算方法的差异、长期股权投资后续核算方法的转换和长期股权投资处置时的账务处理。

【练习题库】

★思考题

1.同一控制下和非同一控制下长期股权投资初始投资成本的确认有何显著差异？

2.成本法和权益法的会计处理有何显著差异？

3.什么是实质重于形式原则？其在长期股权投资的核算方法的确定过程中有何

具体应用？试举例说明。

★业务题

1.甲公司于 2020 年 1 月 1 日以 30 000 万元的价格取得 A 公司 90% 的股权。A 公司净资产的公允价值为 36 000 万元。甲公司在购买 A 公司股权的过程中发生审计、评估和法律服务等相关费用 100 万元。上述价款均以银行存款支付。甲公司与 A 公司均为同一控制下的企业。A 公司采用的会计政策与甲公司一致。购买日，A 公司股东权益 32 000 万元，其中，股本 22 000 万元，资本公积 6 000 万元，盈余公积 1 400 万元，未分配利润 2 600 万元。购买日，A 公司固定资产账面价值 18 000 万元，公允价值 22 000 万元。2020 年 12 月 31 日，A 公司股东权益 37 000 万元，其中，股本 22 000 万元，资本公积 6 000 万元，盈余公积 3 400 万元，未分配利润 5 600 万元。A 公司 2020 年全年实现净利润 10 000 元，经股东大会批准，提取盈余公积 2 000 万元，向股东分配现金股利 5 000 万元。

要求：编制甲公司取得 A 公司长期股权投资时的有关会计分录。

2.2019 年 1 月 1 日，甲公司以 3 000 万元取得 B 公司 80% 的股权，款项以银行存款支付，B 公司 2019 年 1 月 1 日可辨认净资产账面价值为 5 500 万元。甲公司与 B 公司属于非同一控制下的两家企业，甲公司对 B 公司具有控制权，并对该项投资采用成本法核算。甲公司每年均按 10% 提取盈余公积。

（1）2019 年，B 公司实现净利润 900 万元，未分派现金股利，资本公积增加 1 100 万元。

（2）2020 年，B 公司实现净利润 1 000 万元，未分派现金股利。

（3）2021 年 1 月 3 日，甲公司出售 B 公司 40% 的股权，取得出售价款 2 700 万元，款项已收入银行存款户，当日 B 公司可辨认净资产公允价值总额为 8 500 万元。出售该部分股权后，甲公司不再对 B 公司实施控制，但能够对 B 公司施加重大影响，因此甲公司将对 B 公司的股权投资由成本法改为权益法核算。

要求：编制甲公司长期股权投资的有关会计分录。

【延伸阅读文献】

[1] 王冬梅，林旭锋，刘云.对 2014 年以来若干会计准则修订的反思 [J].财会月刊，2020（9）：74-78.

[2] 谢德仁，张梅.母公司个别财务报表中对子公司投资的会计处理方法之辨：成本法还是权益法 [J].会计研究，2020（2）：3-15.

第 10 章
固定资产和在建工程

【学习目标】

通过本章的学习，您应该：（1）掌握固定资产的初始确认和计量，掌握购入的固定资产及自行建造的固定资产的核算；（2）掌握固定资产折旧的计提方法和核算；（3）掌握固定资产后续支出的会计处理；（4）了解固定资产期末调整和减值准备的计提；（5）掌握固定资产处置的核算。

● 10.1　固定资产的认定

一般来说，应将使用期限较长，单位价值较高（5 000 元以上），并且在使用过程中保持原有实物形态的资产列为固定资产。

企业的固定资产需要同时满足下列条件，才能予以确认：

（1）与该固定资产有关的经济利益很可能流入企业；

（2）该固定资产的成本能够可靠地计量。

● 10.2　固定资产的取得

10.2.1　购入的固定资产

1）购入不需安装的固定资产

【实例 10-1】

某企业购入一台不需安装的设备，已交付使用，设备价款 120 000 元，运杂费共计 700 元，包装费 300 元，均已通过银行支付。

设备原价=120 000+700+300=121 000（元）

借：固定资产　　　　　　　　　　　　　　　　　　　　　　121 000

　　贷：银行存款　　　　　　　　　　　　　　　　　　　　　　　121 000

2）购入需要安装的固定资产

【实例 10-2】

承接【实例 10-1】，假如购入的设备需要安装，安装工程共领用原材料 1 000 元，应负担的安装人员工资 280 元，以现金支付其他安装费用 220 元。

需要安装的固定资产在交付使用前应将该固定资产的购入价和安装过程中所花费的料、工、费全部统计进入"在建工程"账户，待安装完毕再一起转入"固定资产"账户。所以，有关会计分录如下：

①购进时：

借：在建工程　　　　　　　　　　　　　　　　　　　121 000

　　贷：银行存款　　　　　　　　　　　　　　　　　　　　　121 000

②发生安装费用时：

借：在建工程　　　　　　　　　　　　　　　　　　　　1 500

　　贷：原材料　　　　　　　　　　　　　　　　　　　　　　1 000

　　　　应付职工薪酬　　　　　　　　　　　　　　　　　　　　280

　　　　库存现金　　　　　　　　　　　　　　　　　　　　　　220

③安装完毕交付使用时：

借：固定资产　　　　　　　　　　　　　　　　　　　122 500

　　贷：在建工程　　　　　　　　　　　　　　　　　　　　　122 500

3）分期付款购入固定资产

分期付款购入固定资产指的是购买固定资产的价款超过正常信用条件延期支付的处理。这种情况实质上是具有融资性质的，固定资产的成本应以购买价款的现值为基础确定。实际支付的价款与购买价款的现值之间的差额，先记入"未确认融资费用"科目，然后在信用期内以实际利率法分摊记入"财务费用"科目。

【实例 10-3】

假定 A 公司 2021 年 1 月 1 日从 C 公司购入一间仓库，无需建造，产权已过户。购货合同约定，此仓库的总价款为 1 500 万元，分 3 年支付，2021 年 12 月 31 日支付 800 万元，2022 年 12 月 31 日支付 400 万元，2023 年 12 月 31 日支付 300 万元，假定 A 公司 3 年期银行借款年利率为 6%。

总价款的现值$=800 \div (1+6\%) + 400 \div (1+6\%)^2 + 300 \div (1+6\%)^3$

　　　　　　　$=1 362.60$（万元）

总价款与现值之间的差额$=1 500 - 1 362.60 = 137.40$（万元）

利息费用摊销情况见表 10-1。

①2021 年年初，购入固定资产时：

借：固定资产——操作用（仓库）　　　　　　　　13 626 000

　　未确认融资费用——分期付款购入资产　　　　　1 374 000

　　　贷：长期应付款——分期付款购入资产　　　　　　　15 000 000

表 10-1 　　　　　　　　　　　利息费用摊销表　　　　　　　　　　金额单位：万元

年份	总价款	每年应确认的利息费用	每年支付的价款金额	总价款现值的期初余额	未确认融资费用	利率
	1	2=上期4×6	3	4=上期4+本期2－本期3	5	6
初始	1 500			1 362.60	137.40	6%
2021		81.76	800	644.36	55.64	6%
2022		38.66	400	283.02	16.98	6%
2023		16.98	300	—		6%

②2021年底：

借：长期应付款——分期付款购入资产　　　　　　　　8 000 000

　　贷：银行存款　　　　　　　　　　　　　　　　　　　　8 000 000

借：财务费用——未确认融资费用摊销　　　　　　　　817 600

　　贷：未确认融资费用——分期付款购入资产　　　　　　　817 600

③2022年底：

借：长期应付款——分期付款购入资产　　　　　　　　4 000 000

　　贷：银行存款　　　　　　　　　　　　　　　　　　　　4 000 000

借：财务费用——未确认融资费用摊销　　　　　　　　386 600

　　贷：未确认融资费用——分期付款购入资产　　　　　　　386 600

④2023年底：

借：长期应付款——分期付款购入资产　　　　　　　　3 000 000

　　贷：银行存款　　　　　　　　　　　　　　　　　　　　3 000 000

借：财务费用——未确认融资费用摊销　　　　　　　　169 800

　　贷：未确认融资费用——分期付款购入资产　　　　　　　169 800

10.2.2　自行建造的固定资产

【实例10-4】

某企业2020年采用自营方式建造产品生产线，发生下列经济业务：

（1）2月3日，购进工程专用物资，增值税专用发票价款1 600 000元，增值税税率13%，物资已验收入库，款项已用转账支票支付。

（2）领用工程物资，建造专用设备，共计价款80万元。

（3）2月5日，向银行借款110万元，用于此装配工程。

（4）2月20日，支付装配线设计费18万元。

（5）该装配线在建造过程中发生工资费用8 200元，耗用本企业产品售价为80 000元，成本为60 800元，同时将所建专用设备装入该产品装配线。

（6）2021年2月5日，该装配线正式投入使用，交付使用前应付借款利息

11 万元。

企业在建工程耗用本企业产品时，按照相关准则规定，若是动产，按成本计入；若是不动产，视同销售，同时将进项税额转出。所以，相关业务的会计分录如下：

借：工程物资　　　　　　　　　　　　　　　　1 808 000
　贷：银行存款　　　　　　　　　　　　　　　　　　1 808 000
借：在建工程——专用设备　　　　　　　　　　800 000
　贷：工程物资　　　　　　　　　　　　　　　　　　800 000
借：银行存款　　　　　　　　　　　　　　　　1 100 000
　贷：长期借款　　　　　　　　　　　　　　　　　　1 100 000
借：在建工程　　　　　　　　　　　　　　　　180 000
　贷：银行存款　　　　　　　　　　　　　　　　　　180 000
借：在建工程　　　　　　　　　　　　　　　　869 000
　贷：应付职工薪酬　　　　　　　　　　　　　　　　8 200
　　库存商品　　　　　　　　　　　　　　　　　　60 800
　　在建工程——专用设备　　　　　　　　　　　　800 000
借：在建工程　　　　　　　　　　　　　　　　110 000
　贷：长期借款　　　　　　　　　　　　　　　　　　110 000
借：固定资产　　　　　　　　　　　　　　　　1 159 000
　贷：在建工程　　　　　　　　　　　　　　　　　　1 159 000

10.2.3　投资者投入的固定资产

【实例 10-5】

某公司接受外资股东以一座生产用房屋作为投入资本，投资合同确定的价格为 1 500 万元，经评估该房屋的价格为 1 600 万元。由于评估增值不予确认，故会计处理如下：

借：固定资产——操作用（生产房屋）　　　　15 000 000
　贷：股本——普通股（外资股）　　　　　　　　15 000 000

10.2.4　盘盈的固定资产

盘盈的固定资产应作为会计差错更正来处理，根据《企业会计准则第 28 号——会计政策、会计估计变更和差错更正》准则的规定，企业应当采用追溯重述法更正重要的前期差错，但确定前期差错累积影响数不切实可行的除外。

追溯重述法，是指在发现前期差错时，视同该项前期差错从未发生过，从而对财务报表相关项目进行更正的方法。确定前期差错影响数不切实可行的，可以从可追溯重述的最早期间开始调整留存收益的期初余额，财务报表其他相关项目的期初余额也应当一并调整，也可以采用未来适用法。企业应当在重要的前期差错发现当期的财务报表中，调整前期比较数据。

● 10.3　固定资产折旧的计提

10.3.1　固定资产计提折旧的范围

企业对于房屋和建筑物、在用的机器设备、仪表、工具、器具等，季节性停用、大修理停用的固定资产，融资租入和以经营租赁方式租出的固定资产，都应按月计提折旧。

企业一般按月提取折旧。当月增加的固定资产，当月不提折旧，从下月起计提折旧；当月减少的固定资产，当月照提折旧，从下月起不提折旧。固定资产提足折旧后，不管能否继续使用，均不再提取折旧；提前报废的固定资产，也不再补提折旧。

10.3.2　固定资产计提折旧的方法

固定资产计提折旧的方法有：工作量法、直线法（也称平均年限法）和加速折旧法。工作量法适合于某些特殊的固定资产计提折旧，如飞机、轮船、汽车等，其工作量越大，损耗就越大，计提的折旧就越多。加速折旧法又分为年数总和法和双倍余额递减法，适合于更新换代较快的设备、仪表等，如计算机、高新技术设备等。除此之外，绝大多数固定资产适合使用直线法计提折旧。因此，本节首先介绍直线法计提折旧。

1）直线法

【实例 10-6】

假定某企业某项固定资产原值为 21 000 元，预计净残值为 1 000 元，使用年限为 4 年，则直线法下各年固定资产折旧额的计算见表 10-2。其中，折旧基数为原值减去净残值，折旧率为 25%，每年折旧额相等，均为 5 000 元，最后折至净残值。

表 10-2　　　　　　　　固定资产折旧的直线法　　　　　　　金额单位：元

年　份	折旧基数	折旧率	折旧额	累计折旧	账面净值
0					21 000
1	20 000	25%	5 000	5 000	16 000
2	20 000	25%	5 000	10 000	11 000
3	20 000	25%	5 000	15 000	6 000
4	20 000	25%	5 000	20 000	1 000（净残值）

2）加速折旧法

（1）2014 年以来，固定资产加速折旧的相关政策介绍如下：财政部、国家税务总局于 2014 年 10 月 20 日发布《财政部 国家税务总局关于完善固定资产加速折旧企业所得税政策的通知》（财税〔2014〕75 号）以来，已陆续发布四个文件，旨在通过税收优惠鼓励制造企业对固定资产进行加速折旧，其目的是促进我国制造业加速固定资产的更新换代和制造业的转型升级，以便顺利实现"中国智造"的目标。表10-3详细汇总了固定资产加速折旧的相关新政。

表10-3　　　　　　　　　　固定资产加速折旧相关新政汇总

文　件	适用期	适用行业、对象	新政要点
《财政部 国家税务总局关于完善固定资产加速折旧企业所得税政策的通知》（财税〔2014〕75号）	2014.1.1—	生物药品制造业，专用设备制造业，铁路、船舶、航空航天和其他运输设备制造业，计算机、通信和其他电子设备制造业，仪器仪表制造业，信息传输、软件和信息技术服务业等六个行业的企业（六大行业企业）	2014年1月1日后新购进的固定资产，允许按不低于企业所得税法规定折旧年限的60%缩短折旧年限，或选择采取双倍余额递减法或年数总和法进行加速折旧
		六大行业中小型微利企业	2014年1月1日后新购进的研发和生产经营共用的仪器、设备，单位价值不超过100万元的，允许一次性计入当期成本费用在计算应纳税所得额时扣除，不再分年度计算折旧；单位价值超过100万元的，允许按不低于企业所得税法规定折旧年限的60%缩短折旧年限，或选择采取双倍余额递减法或年数总和法进行加速折旧
		所有行业企业	①持有的单位价值不超过5 000元的固定资产，允许一次性计入当期成本费用在计算应纳税所得额时扣除，不再分年度计算折旧。②2014年1月1日后新购进的专门用于研发的仪器、设备，单位价值不超过100万元的，允许一次性计入当期成本费用在计算应纳税所得额时扣除，不再分年度计算折旧；单位价值超过100万元的，允许按不低于企业所得税法规定折旧年限的60%缩短折旧年限，或选择采取双倍余额递减法或年数总和法进行加速折旧

文 件	适用期	适用行业、对象	新政要点
《财政部 国家税务总局关于进一步完善固定资产加速折旧企业所得税政策的通知》（财税〔2015〕106号）	2015.1.1—	轻工、纺织、机械、汽车等四个领域重点行业	2015年1月1日后新购进的固定资产，允许按不低于企业所得税法规定折旧年限的60%缩短折旧年限，或选择采取双倍余额递减法或年数总和法进行加速折旧
		四个领域重点行业中小型微利企业	2015年1月1日后新购进的研发和生产经营共用的仪器、设备，单位价值不超过100万元的，允许一次性计入当期成本费用在计算应纳税所得额时扣除，不再分年度计算折旧；单位价值超过100万元的，允许按不低于企业所得税法规定折旧年限的60%缩短折旧年限，或选择采取双倍余额递减法或年数总和法进行加速折旧
《财政部 国家税务总局关于设备器具扣除有关企业所得税政策的通知》（财税〔2018〕54号）	2018.1.1—2020.12.31	设备、器具（是指除房屋、建筑物以外的固定资产）	新购进的设备、器具，单位价值不超过500万元的，允许一次性计入当期成本费用在计算应纳税所得额时扣除，不再分年度计算折旧；单位价值超过500万元的，仍按企业所得税法实施条例、财税〔2014〕75号和财税〔2015〕106号等相关规定执行
《财政部 税务总局关于扩大固定资产加速折旧优惠政策适用范围的公告》（财政部税务总局公告2019年第66号）	2019.1.1—	扩大至全部制造业	财税〔2014〕75号和财税〔2015〕106号规定固定资产加速折旧优惠的行业范围，扩大至全部制造业领域

资料来源：根据财税〔2014〕75号、财税〔2015〕106号、财税〔2018〕54号和财政部 税务总局公告2019年第66号整理而得。

从表10-3可以看出，年数总和法和双倍余额递减法这两种加速折旧方法被大力提倡，反复提及。所以，下文将重点介绍这两种加速折旧方法。

（2）年数总和法：加速折旧法的一种。年数总和法的折旧基数依旧是固定资产原值减去预计净残值。每年折旧率的计算公式中，分子为未折旧年限，分母为年数总和。如表 10-4 所示，折旧年限为 4 年，第 1～4 年的折旧率分别为 4/10、3/10、2/10 和 1/10，呈等差级数变化，因此出现前期折得多，而后期折得少的情形，最后折至净残值 1 000 元。

表10-4　　　　　　　　　　　固定资产折旧的年数总和法　　　　　　　　　金额单位：元

年 份	折旧基数	折旧率	折旧额	累计折旧	账面净值
0					21 000
1	20 000	4/10	8 000	8 000	13 000
2	20 000	3/10	6 000	14 000	7 000
3	20 000	2/10	4 000	18 000	3 000
4	20 000	1/10	2 000	20 000	1 000（净残值）

（3）双倍余额递减法：加速折旧法的一种。双倍余额递减法的折旧基数是固定资产的余额（折余价值），折旧率是直线法的两倍。如表 10-5 所示，折旧率为直线法 25% 的两倍，即 50%。第 1 年的折旧基数为原值 21 000 元，第 2 年的折旧基数为 21 000 元减去第 1 年的折旧额 10 500 元后的余额 10 500 元。但在这种折旧方法下，如果按此规律一直继续下去，就无法折至净残值。所以，在最后到期前的两年内，需改用直线法，平均折旧。如表 10-5 所示，第 2 年年末固定资产的折余价值为 5 250 元，扣除净残值后为 4 250 元，在第 3 年和第 4 年平均折旧，两年的折旧额均为 2 125 元，这样，最后能够折至净残值 1 000 元。

表10-5　　　　　　　　　　　固定资产折旧的双倍余额递减法　　　　　　　　金额单位：元

年 份	折旧基数	折旧率	折旧额	累计折旧	账面净值
0					21 000
1	21 000	50%	10 500	10 500	10 500
2	10 500	50%	5 250	15 750	5 250
3	4 250	50%	2 125	17 875	3 125
4	4 250	50%	2 125	20 000	1 000（净残值）

10.3.3　固定资产计提折旧的账务处理

企业一般每月按单项计提固定资产折旧。按固定资产归属部门的不同，计提的固定资产折旧记入不同的会计科目。

【实例 10-7】

承接【实例 10-6】，假定该企业 2020 年的三项固定资产采用双倍余额递减法计提折旧的总额为 10 500 元，其中，生产车间固定资产折旧额为 5 000 元，销售部门固定资产折旧额为3 000元，行政管理部门固定资产折旧额为2 500元。则计提折旧的会计分录如下：

借：制造费用   5 000
    销售费用   3 000
    管理费用   2 500
  贷：累计折旧   10 500

● 10.4 固定资产后续支出的处理

固定资产的后续支出，指的是固定资产在后续使用过程中发生的更新改造支出、修理费用等。企业与固定资产有关的后续支出，同时符合固定资产两个确认条件的，应当计入固定资产的成本；不符合确认条件的，应当在发生时计入当期损益。可计入固定资产成本的后续支出，未完工前在"在建工程"科目中核算，完工后转入"固定资产"科目。

1）不得计入固定资产成本的后续支出

固定资产的日常修理费用，不符合固定资产的确认条件，应当在发生时计入当期管理费用，不得采用预提或待摊方式处理。

2）可计入固定资产成本的后续支出

固定资产更新改造支出、房屋装修费用若符合固定资产确认条件，应当计入固定资产成本，同时将被替换掉的账面价值扣除。实务中，将更新改造支出计入固定资产成本，应修改系统中的固定资产卡片信息。

3）租入固定资产改良支出的会计处理

企业以经营租赁方式租入的固定资产发生的改良支出应予以资本化，作为长期待摊费用进行摊销。

【实例10-8】

某公司对其所属的码头仓库进行更新改造，该仓库原值为1 500万元，累计折旧为800万元，共花费改造资金450万元。

①将仓库转入在建工程：

借：在建工程——基建（仓储房）   7 000 000
    累计折旧——操作用（仓储房）   8 000 000
  贷：固定资产——操作用（仓储房）   15 000 000

②支付更新改造款：

借：在建工程——基建（仓储房）   4 500 000
  贷：银行存款   4 500 000

③工程完工后转入固定资产：

借：固定资产——操作用（仓储房）   11 500 000
  贷：在建工程——基建（仓储房）   11 500 000

● 10.5　固定资产期末调整和减值准备的计提

对固定资产的使用寿命、预计净残值和折旧方法复核后进行的调整，应作为会计估计变更处理，采用未来适用法，不需进行追溯调整。

对固定资产计提减值准备后，需要重新计算固定资产的应计折旧额，按原来的折旧方法在剩余年限中进行摊销。企业计提的固定资产减值准备在以后期间不得转回。固定资产的减值准备一般按单项计提。提取后，借记"资产减值损失——计提的固定资产减值准备"科目，贷记"固定资产减值准备"科目。

【实例 10-9】

2017 年 12 月 25 日，某公司外购一台生产用检测设备，实际支付的价款为 380 万元，无其他费用。该设备的使用年限为 18 年，预计净残值为 20 万元，采用直线法计提折旧。2019 年底，该资产出现减值迹象，经测算其可收回金额为 320 万元。2020 年底，该资产再次发生减值，其可收回金额估计为 290 万元。

①2017 年 12 月 25 日，购入固定资产时：

借：固定资产——操作用（检测设备）　　　　　　　　　3 800 000

　　贷：银行存款　　　　　　　　　　　　　　　　　　　　　　　3 800 000

②2018 年和 2019 年计提折旧时：

每年的折旧额=（3 800 000-200 000）÷18=200 000（元）

借：制造费用　　　　　　　　　　　　　　　　　　　　200 000

　　贷：累计折旧　　　　　　　　　　　　　　　　　　　　　　　200 000

③2019 年底计提减值损失时：

计提的减值准备=3 800 000-200 000×2-3 200 000=200 000（元）

借：资产减值损失　　　　　　　　　　　　　　　　　　200 000

　　贷：固定资产减值准备　　　　　　　　　　　　　　　　　　　200 000

④2020 年计提折旧时：

计提的折旧额=（3 200 000-200 000）÷16=187 500（元）

借：制造费用　　　　　　　　　　　　　　　　　　　　187 500

　　贷：累计折旧　　　　　　　　　　　　　　　　　　　　　　　187 500

⑤2020 年底计提减值损失时：

计提的减值准备=3 200 000-187 500-2 900 000=112 500（元）

借：资产减值损失　　　　　　　　　　　　　　　　　　112 500

　　贷：固定资产减值准备　　　　　　　　　　　　　　　　　　　112 500

⑥2021 年计提折旧时：

计提的折旧额=（2 900 000-200 000）÷15=180 000（元）

借：制造费用　　　　　　　　　　　　　　　　　　　　180 000

　　贷：累计折旧　　　　　　　　　　　　　　　　　　　　　　　180 000

● 10.6 固定资产的处置

【实例 10-10】

某公司有一批旧的电脑，原值 185 000 元，已提折旧 165 000 元，因使用期满批准报废。在清理过程中，支付清理费用 500 元，残料变卖收入 10 000 元。

对于固定资产处置的账务处理，有一个原则性的要求：如果使用期满报废处理或者意外损坏进入清理，不记入"资产处置损益"科目，而记入"营业外收入"或"营业外支出"科目。所以，本例中，结转固定资产清理净损益时，记入"营业外支出"科目，而不是"资产处置损失"科目。相关会计分录如下：

①固定资产转入清理时：

借：固定资产清理　　　　　　　　　　　　　　　　20 000
　　累计折旧　　　　　　　　　　　　　　165 000
　贷：固定资产　　　　　　　　　　　　　　　　　　　185 000

②支付清理费用时：

借：固定资产清理　　　　　　　　　　　　　　　　500
　贷：银行存款　　　　　　　　　　　　　　　　　　500

③收到变价收入时：

借：银行存款　　　　　　　　　　　　　　　　10 000
　贷：固定资产清理　　　　　　　　　　　　　　　　10 000

④结转固定资产清理净损益时：

借：营业外支出　　　　　　　　　　　　　　　10 500
　贷：固定资产清理　　　　　　　　　　　　　　　　10 500

【总结与结论】

本章介绍了固定资产的确认条件、固定资产的取得、固定资产的折旧范围及计提折旧的方法、固定资产的后续支出直至固定资产的处置等各环节的账务处理。本章的重点是固定资产折旧方法的选择，难点是自行建造的固定资产要先在"在建工程"账户中核算，待处于可使用状态后再转入"固定资产"账户。需要特别注意的是，固定资产使用期满处置不使用"资产处置收益"账户，而是记入"营业外收入"或"营业外支出"账户。

【练习题库】

★思考题

1.利息费用在在建工程建造期内和在建工程完工后的处理有何不同？

2.加速折旧法中的年数总和法和双倍余额递减法有何差异？

★ 业务题

某公司购进小汽车一辆，原值 300 000 元，预计使用年限 5 年。试问在年数总和法和双倍余额递减法下，第一年的折旧额分别是（　　）元和（　　）元。在两种折旧方法下，倒数第二年的折旧额分别是（　　）元和（　　）元。

★ 案例分析

格力电器 2018 年年报在会计估计变更部分对缩短部分固定资产的折旧年限的具体情况及其影响的说明，详见【相关链接 10-1】。

要求回答以下问题：

1.讨论格力电器决定对部分固定资产进行加速折旧的政策背景。

2.格力电器采用加速折旧后对其盈利业绩产生的是不利的影响，为何该公司还要进行此类会计估计变更？

【相关链接 10-1】

格力电器固定资产折旧会计估计变更

鉴于公司主要固定资产使用状况和固定资产使用过程中所处经济环境、技术环境较前期已有巨大变化，为真实反映固定资产为公司提供经济利益的期间及每期实际的资产消耗，真实、可靠、公允地反映公司的财务状况和经营成果，根据公司实际情况和《企业会计准则第 28 号——会计政策、会计估计变更和差错更正》的相关规定，2018 年 8 月 30 日，公司召开第十届董事会第二十次会议，审计并通过了《关于公司会计估计变更的议案》，自 2018 年 1 月起，对房屋及建筑物、电子设备、运输设备、机器设备四类固定资产折旧年限进行调整，缩短了部分固定资产的折旧年限。会计估计变更前后的对比见表 10-6 和表 10-7，其对财务报表的主要影响见表 10-8。

表 10-6　　　**会计估计变更前的固定资产折旧年限及预计净残值率**

固定资产类别	预计净残值率（%）	预计使用年限（年）	年折旧率（%）
房屋、建筑物	5.00	20.00~30.00	3.17~4.15
机器设备	5.00	6.00~10.00	9.50~15.83
电子设备	5.00	2.00~5.00	19.00~47.50
运输设备	5.00	3.00~6.00	15.83~31.67

表 10-7　　　**会计估计变更后的固定资产折旧年限及预计净残值率**

固定资产类别	预计净残值率（%）	预计使用年限（年）	年折旧率（%）
房屋、建筑物	5.00	20.00	4.75
机器设备	5.00	6.00~10.00	9.50~15.83
电子设备	5.00	2.00~3.00	31.67~47.50
运输设备	5.00	3.00~4.00	23.75~31.67

表 10-8   会计估计变更对财务报表的主要影响   单位：元

影响科目	影响金额
所有者权益合计	−428 836 599.59
营业利润	−505 220 450.94
净利润（净亏损以"−"号填列）	−428 836 599.59

资料来源：根据格力电器2018年年报第129～130页整理而得。

第 11 章

投资性房地产、无形资产和商誉

【学习目标】

通过本章的学习，您应该：（1）了解无形资产的性质、无形资产取得的核算及研发支出的账务处理、无形资产摊销的计提和核算；（2）了解投资性房地产的定义，掌握投资性房地产的初始计量和后续计量，理解为何要采用不同的计量模式如成本模式和公允价值模式以及二者的区别；（3）掌握投资性房地产后续计量模式变更的账务处理及投资性房地产用途的转换与处置；（4）了解商誉及其减值测试；（5）掌握商誉的确认与计量。

● 11.1 投资性房地产

11.1.1 投资性房地产的确认

投资性房地产，是指为赚取租金或资本增值，或两者兼有而持有的房地产。投资性房地产应当能够单独计量和出售。其主要包括：已出租的土地使用权、持有并准备增值后转让的土地使用权、已出租的建筑物。

企业的投资性房地产需要同时满足下列条件，才能予以确认：

①与该投资性房地产有关的经济利益很可能流入企业；

②该投资性房地产的成本能够可靠地计量。

11.1.2 投资性房地产的初始计量

投资性房地产应当按照初始成本进行计量。不同渠道取得的投资性房地产，其成本构成有所不同，主要分为：

①外购的投资性房地产；

②自行建造的投资性房地产；

③以其他方式取得的投资性房地产。

【实例 11-1】

某企业购入土地使用权用于出租，价款为 7 800 万元，款项以银行存款转账支付。该企业对投资性房地产采用成本模式进行后续计量。假定不考虑其他相关税费。

借：投资性房地产　　　　　　　　　　　　　78 000 000

　　贷：银行存款　　　　　　　　　　　　　　　　　78 000 000

11.1.3　投资性房地产的后续计量

投资性房地产的后续计量可以采用两种计量模式：成本模式和公允价值模式。企业通常应当采用成本模式进行后续计量。同一企业只能采用一种模式对所有投资性房地产进行后续计量，不得同时采用两种模式。

1）成本模式

其账务处理同固定资产和无形资产。

【实例 11-2】

承接【实例 11-1】，假定该企业购入的土地使用权预计使用寿命为 40 年，预计净残值为零，采用直线法按年摊销。年末取得的租金收入为 235 万元，已存入银行。假定不考虑其他相关税费。

①每年计提摊销时：

借：其他业务成本　　　　　　　　　　　　　1 950 000

　　贷：投资性房地产累计摊销　　　　　　　　　　1 950 000

②取得租金收入时：

借：银行存款　　　　　　　　　　　　　　　2 350 000

　　贷：其他业务收入　　　　　　　　　　　　　　2 350 000

2）公允价值模式

企业只有存在确凿证据表明投资性房地产的公允价值能够持续可靠地取得，并且同时满足下列条件时，才可以采用公允价值模式对投资性房地产进行后续计量：

①投资性房地产所在地有活跃的房地产交易市场；

②企业能够从活跃的房地产交易市场上取得同类或类似房地产的市场价格及其他相关信息，从而对投资性房地产的公允价值做出估计。

其账务处理同交易性金融资产。

【实例 11-3】

某企业对投资性房地产采用公允价值模式进行后续计量。该企业出租的办公楼账面价值为 8 700 万元，年末公允价值为 9 160 万元。当年取得租金收入为 1 115 万元，已存入银行。假定不考虑其他相关税费。

①取得租金收入时：

借：银行存款 11 150 000

　贷：其他业务收入 11 150 000

②年末调整账面价值时：

借：投资性房地产——公允价值变动 4 600 000

　贷：公允价值变动损益 4 600 000

3）后续计量模式的变更

企业对投资性房地产的计量模式一经确定，不得随意变更。后续计量模式的变更可以从成本模式转为公允价值模式，但应当作为会计政策变更处理。已采用公允价值计量的投资性房地产，不得从公允价值模式转为成本模式。

【实例 11-4】

A 企业原采用成本模式计量出租的办公楼，其所在地的房地产交易市场已比较成熟，具备了采用公允价值计量的条件，因此决定对该项投资性房地产从成本模式转为公允价值模式计量。该办公楼购入时的成本为 990 万元，已计提折旧 45 万元，账面价值为 945 万元。2020 年 12 月 31 日，该办公楼的公允价值为 998 万元。假定该企业按净利润的 10% 提取盈余公积。

公允价值与账面价值的差额=998-945=53（万元）

盈余公积=53×10%=5.3（万元）

利润分配——未分配利润=53-5.3=47.7（万元）

借：投资性房地产——成本 9 980 000

　投资性房地产累计折旧 450 000

　贷：投资性房地产——购入时成本 9 900 000

　　盈余公积 53 000

　　利润分配——未分配利润 477 000

11.1.4　投资性房地产的转换

1）成本模式下的转换

【实例 11-5】

2021 年 8 月 21 日，B 企业原采用成本模式计量的一幢出租用办公楼收回，作为企业办公用房。该办公楼账面原值为 850 万元，已计提折旧 330 万元。

借：固定资产 8 500 000

　投资性房地产累计折旧 3 300 000

　贷：投资性房地产 8 500 000

　　累计折旧 3 300 000

【实例 11-6】

2021 年 9 月 30 日，某企业将一块自用的土地使用权作为投资性房地产对外出租。经营租赁协议规定：起租日为 2021 年 10 月 1 日，为期 3 年。2021 年 10 月 1 日，该土地使用权的账面余额为 5 700 万元，已计提摊销 1 400 万元。假设该企业所在地区没有活跃的房地产交易市场。

借：投资性房地产   57 000 000

    累计摊销   14 000 000

   贷：无形资产   57 000 000

      投资性房地产累计摊销   14 000 000

2）公允价值模式下的转换

【实例 11-7】

2021 年 10 月 31 日，由于租赁期满，某企业收回原出租的办公楼正式投入自用。当日该办公楼的公允价值为 9 500 万元，账面成本为 9 300 万元，公允价值变动为增值 160 万元。

借：固定资产   95 000 000

   贷：投资性房地产——成本   93 000 000

        ——公允价值变动   1 600 000

    公允价值变动损益   400 000

若转换日投资性房地产的公允价值为 9 400 万元，则：

借：固定资产   94 000 000

   公允价值变动损益   600 000

   贷：投资性房地产——成本   93 000 000

        ——公允价值变动   1 600 000

11.1.5　投资性房地产的处置

1）成本模式计量的投资性房地产的处置

【实例 11-8】

某企业将一幢出租用房出售，取得收入 3 260 万元，款项已存入银行。企业对该厂房采用成本模式计量，其账面原值为 4 980 万元，已计提折旧 2 930 万元。假定不考虑相关税费。

借：银行存款   32 600 000

   贷：其他业务收入   32 600 000

借：其他业务成本   20 500 000

    投资性房地产累计折旧   29 300 000

   贷：投资性房地产   49 800 000

2）公允价值模式计量的投资性房地产的处置

【实例 11-9】

某企业将一幢出租用房出售，取得收入 8 000 万元，款项已存入银行。企业对该房地产采用公允价值模式计量。处置当日，该房地产的成本和公允价值变动明细科目分别为 7 000 万元和 200 万元（借方）。假设不考虑相关税费。

借：银行存款   80 000 000

   贷：其他业务收入   80 000 000

借：其他业务成本　　　　　　　　　　　　　　　　　72 000 000
　　贷：投资性房地产——成本　　　　　　　　　　　　　　70 000 000
　　　　　　　　　　——公允价值变动　　　　　　　　　　2 000 000
借：公允价值变动损益　　　　　　　　　　　　　　　2 000 000
　　贷：其他业务收入　　　　　　　　　　　　　　　　　　2 000 000

● 11.2　无形资产

11.2.1　无形资产的性质及分类

1）无形资产的性质

无形资产，是指企业拥有或者控制的没有实物形态的可辨认非货币性资产。一般来说，无形资产具有以下特点：

①没有实物形态（No Physical Existence）；

②能被企业长期使用（Long-term Assets）；

③未来的经济利益具有较大的不确定性（Uncertainty of Future Benefits）；

④可辨识，指的是商誉（Goodwill）不再包含在无形资产内，因为商誉属于不可辨认的资产，只在兼并收购的过程中才能被测度出来，其价值等于出价超过被并购企业可辨认的净资产公允价值的部分。

无形资产同时满足下列条件的，才能予以确认：

①与该无形资产有关的经济利益很可能流入企业；

②该无形资产的成本能够可靠地计量。

2）无形资产的分类

无形资产具体指的是商标（Trade Marks）、品牌（Brand Name）、专利权（Patent）、版权（Copyright）、专有技术（Expertise）、诀窍（Know-how）、特许权（Franchise）、土地使用权（User's License for Land）等。值得特别指出的是，在我国，一般企业的土地使用权属于无形资产，不属于固定资产，因为在我国土地所有权属于国家。

无形资产按来源可分为自制的无形资产（Inherent Intangibles or Internally Developed Intangibles）和外购的无形资产（Purchased Intangibles）。对无形资产进行会计核算时也按此分类进行。

11.2.2　无形资产的账务处理

1）无形资产的账务处理原则

①对于自制的无形资产，所有的研究支出均在发生时计入当期费用。符合条件的开发费用可以资本化，称之为部分资本化。

②对于外购的无形资产，资本化且分期摊销。摊销时，一般采用直线法。摊销期按法定期限、有效寿命和预期受益期孰短为准（Legal Life, Useful Life and Expected Period of Future Benefits, Whichever is Shorter）。

2）无形资产的取得

【实例 11-10】

2021 年 1 月 3 日，A（上市）公司从 B 公司购买一项商标权，由于 A 公司资金比较紧张，经与 B 公司协议采用分期付款方式支付款项。合同规定：该商标权总计 750 万元，每年年末支付 250 万元，3 年付清。假定同期银行贷款利率为 8%，3 年期年金现值系数为 2.5771。

购买无形资产的价款超过正常信用条件延期支付，实质上具有融资性质的，无形资产的成本以购买价款的现值为基础确定。实际支付的价款与购买价款的现值之间的差额，除了按照《企业会计准则第 17 号——借款费用》的规定应予以资本化外，还应当在信用期间内计入当期损益。

无形资产现值 = 2 500 000×2.5771 = 6 442 750（元）

未确认融资费用 = 7 500 000 - 6 442 750 = 1 057 250（元）

第 1 年应确认的融资费用 = 6 442 750×8% = 515 420（元）

第 2 年应确认的融资费用 = [（7 500 000 - 2 500 000） - （1 057 250 - 515 420）]×8%

= （5 000 000 - 541 830）×8% = 356 653.6（元）

第 3 年应确认的融资费用 = 1 057 250 - 515 420 - 356 653.6 = 185 176.4（元）

①2021 年 1 月 3 日购入无形资产时：

借：无形资产——商标权 　　　　　　　　　　　　　6 442 750

　　未确认融资费用 　　　　　　　　　　　　　　　1 057 250

　　贷：长期应付款 　　　　　　　　　　　　　　　　　　　　7 500 000

②2021 年底付款时：

借：长期应付款 　　　　　　　　　　　　　　　　　2 500 000

　　贷：银行存款 　　　　　　　　　　　　　　　　　　　　　2 500 000

借：财务费用 　　　　　　　　　　　　　　　　　　515 420

　　贷：未确认融资费用 　　　　　　　　　　　　　　　　　　515 420

③2022 年底付款时：

借：长期应付款 　　　　　　　　　　　　　　　　　2 500 000

　　贷：银行存款 　　　　　　　　　　　　　　　　　　　　　2 500 000

借：财务费用 　　　　　　　　　　　　　　　　　　356 653.6

　　贷：未确认融资费用 　　　　　　　　　　　　　　　　　　356 653.6

④2023 年底付款时：

借：长期应付款 　　　　　　　　　　　　　　　　　2 500 000

　　贷：银行存款 　　　　　　　　　　　　　　　　　　　　　2 500 000

借：财务费用 　　　　　　　　　　　　　　　　　　185 176.4

　　贷：未确认融资费用 　　　　　　　　　　　　　　　　　　185 176.4

3）研发支出的账务处理

企业内部研究开发项目的支出，应当区分研究阶段支出与开发阶段支出。研究是指为获取并理解新的科学或技术知识而进行的独创性的有计划的调查。开发是指在进行商业性生产或使用前，将研究成果或其他知识应用于某项计划或设计，以生产出新的或具有实质性改进的材料、装置、产品等。企业内部研究开发项目研究阶段的支出，应当于发生时计入当期损益。

【实例 11-11】

某企业自行研究开发一项新产品专利技术，在研发过程中发生材料费 4 730 万元，人工工资 1 200 万元以及其他费用 3 270 万元，总计 9 200 万元。其中，符合资本化条件的支出 8 200 万元。期末该专利技术已经达到预定用途。相关账务处理如下（金额单位以万元表示）：

①企业自行研究开发无形资产时：

借：研发支出——费用化支出　　　　　　　　　　　　　　　　1 000

　　　　　——资本化支出　　　　　　　　　　　　　　　　8 200

　　贷：原材料　　　　　　　　　　　　　　　　　　　　　4 730

　　　　应付职工薪酬　　　　　　　　　　　　　　　　　　1 200

　　　　银行存款　　　　　　　　　　　　　　　　　　　　3 270

②期末达到预定用途时：

借：管理费用　　　　　　　　　　　　　　　　　　　　　　1 000

　　无形资产　　　　　　　　　　　　　　　　　　　　　　8 200

　　贷：研发支出——费用化支出　　　　　　　　　　　　　　1 000

　　　　　　——资本化支出　　　　　　　　　　　　　　　　8 200

【思政课堂】

中科系高科技企业的担当和关键技术人员的家国情怀

【相关链接 11-1】和【相关链接 11-2】介绍了中科曙光等五家公司被美国商务部列入"实体名单"的相关背景及中科曙光的回应。

中科曙光 2019—2020 年研发投入情况统计见表 11-1。

表 11-1　　　　　　中科曙光 2019—2020 年研发投入情况统计　　　　金额单位：元

项　目	2020 年	2019 年
本期费用化研发投入	655 387 492.27	703 113 443.13
本期资本化研发投入	284 794 150.78	217 941 532.43
研发投入合计	940 181 643.05	921 054 975.56
研发投入总额占营业收入的比例（%）	9.25	9.67
公司研发人员的数量（人）	2 039	1 706
研发人员数量占公司总人数的比例（%）	61.19	55.95
研发投入资本化的比重（%）	30.29	23.66
研发费用占比（%）	7.23	7.74

资料来源：根据中科曙光经营情况讨论与分析的研发投入情况整理而得。

从表11-1可以看出，2019—2020年，中科曙光虽然费用化研发投入金额略有下降，但资本化研发投入金额有小幅上升，研发投入合计也有小幅上升。研发强度即研发投入总额占营业收入的比例虽然有小幅下降，但大于9%，仅次于华为，华为为10%。在面临不利的外部环境的情况下，研发人员的数量及占比均有上升，升幅分别为19.52%和5.24个百分点。尤其难能可贵的是，研发投入资本化的比重较高且上升了6.63个百分点，表示科技成果的转化率在提高。研发费用占比虽然有小幅下降，但大于7%。这显示了中科系高科技企业面临不利的外部环境下的担当，也显示了中科曙光关键技术人员的家国情怀。

【相关链接11-1】

中科曙光等五家公司被美国商务部列入"实体名单"，进口将受限

我国五家科技公司与美国有关企业主要在芯片和超级计算机方面展开竞争。在中美有望重启贸易谈判之时，美国商务部再一次扩大了"实体清单"范围。美国当地时间2019年6月21日，美国商务部宣布将五家中国科技公司列入"实体名单"，分别是中科曙光、天津海光、成都海光集成电路、成都海光微电子技术和无锡江南计算技术研究所。

被纳入美国商务部下属的工业与安全局的"实体清单"意味着：没有美国商务部工业与安全局的许可，美国企业不得给清单中的企业或个人供货。如果美国商务部工业与安全局认定向清单中的实体供货（产品+技术转移）有损美国国家安全或者外交政策利益，将拒绝颁发出口许可证。

1）五家科技公司中有四家公司或与中科曙光研发国产x86 CPU（中央处理器）有关联

中科曙光（603019.SH）是从中科院计算所走出来的高科技公司，主要研发超级计算机，也生产通用服务器和存储设备。中科曙光研发制造了中国第一台实测性能超过千万亿次的超级计算机"星云"，"星云"在第35届全球超级计算机"TOP 500"中排名第二，是中国超级计算机研发史上的里程碑事件。

天津海光，全名海光信息技术有限公司，成立于2014年，中科曙光是其最大股东，控股36.44%（2018年年报数据）。成都海光集成电路、成都海光微电子技术则为天津海光控股子公司。海光系列公司覆盖了芯片设计、制造和销售的一整套环节。

中科曙光投资天津海光主要是为了研发国产x86 CPU。天津海光设计了"禅定"x86 CPU，但这种处理器的IP授权来自美国超威半导体公司（AMD）。

2016年，美国超威半导体公司（AMD）与中国天津海光先进技术投资有限公司（THATIC）签订技术许可协议，授权其x86和SoC IP用于芯片开发，AMD获得了价值2.93亿美元的许可费和版税收入。这份合作对于当时处于亏损状态的美国AMD公司来说无疑是一个好消息，同时有利于急于进军x86处理器研发领域的中国公司。此外，按照协议的约定，生产的芯片只面向中国市场销售。

但2019年6月初，美国AMD公司的CEO苏姿丰（Lisa Su）公开对外表示，

不再向中国公司授权其新的 x86 IP 产品。当时有观点认为这是 AMD 以中美贸易问题为借口收回技术，如今看来美国商务部制裁中科曙光和天津海光是其核心理由。

2）江南计算技术研究所与中科曙光之间的关联尚不明确，更大可能是与打压中国超算产业相关

江南计算技术研究所创建于 1951 年，是我国最早建立的计算机科学与工程相结合的大型综合计算技术研究所，地处江苏省无锡市。江南计算技术研究所自 2003 年起研究纯国产处理器"申威"。"申威"并非 x86 架构处理器，而是 RISC 架构。一位国产芯片研发产业相关人士向记者评价称，"申威"算是真正意义上的国产化芯片。江南计算技术研究所并非第一家受制裁的中国超算机构。2015 年，四家中国知名超算研究机构——国家超级计算长沙中心、国家超级计算广州中心、国家超级计算天津中心和国防科技大学已被美国商务部列入"实体名单"。同时，美国英特尔与英伟达被禁止向中国四家国家超级计算机中心出售高端芯片。当时有人担心我国蓬勃发展的超算产业会因禁运而放慢脚步，然而，2016 年，基于国产芯片"申威"的超级计算机"太湖之光"成为世界上首台运算速度超过十亿亿次的超级计算机。

我国五家被列入"实体名单"的科技公司中，中科曙光所受影响可能最大。中科曙光的服务器业务主要依赖美国英特尔、AMD 和英伟达的处理器，将产品切换到天津海光处理器需要时间。英特尔、英伟达、AMD 等美国芯片公司在失去中国华为这个超级客户之后，又失去了中科曙光。

资料来源：金融界. 中科曙光等五家公司被美国商务部列入"实体名单"，进口将受限［EB/OL］.［2019-06-22］. https：//baijiahao.baidu.com/s? id=1637029141526717723.

【相关链接 11-2】

中科曙光回应被美国列入"实体清单"

曙光信息产业股份有限公司（以下简称"中科曙光"或"公司"）是中国科学院下属、注册在中国天津的高新技术企业，主要从事高性能计算机、服务器、存储产品开发及软件、云计算、大数据服务业务。2014 年，中科曙光在上海证券交易所上市（股票简称：中科曙光，股票代码：603019）。

2019 年 6 月 24 日，美国商务部工业与安全局（BIS）在未与公司核实情况也未事先告知的情况下，将中科曙光、海光信息技术有限公司、成都海光集成电路有限公司、成都海光微电子技术有限公司等五家中国公司添加到美国《出口管制条例》的"实体清单"中。这意味着公司使用含有美国技术的元器件、软件和服务受到限制，与美国合作伙伴之间的正常商业合同执行及供应链协作受到严重干扰，对此公司感到震惊并深表遗憾。

中科曙光致力于计算技术的研发与创新，并基于此为全球客户提供优质的产品和服务。一直以来，公司严格遵守法律法规，诚实履行与包括美国在内的全球合作伙伴达成的商业合同，展开了卓有成效的合作，与很多全球合作伙伴建立了长期稳

定的合作关系，实现了共同发展。

进入美国的出口管制"实体清单"，影响了公司的日常运营，也影响了公司与全球合作伙伴的正常合作。公司认为，美国有关机构对中科曙光及相关企业业务情况的理解存在着较大偏差，所做出的决定缺乏事实依据也不符合各方利益。公司将积极与相关机构沟通，希望通过对话增进了解，以降低事件造成的影响。

在产业全球化的今天，建设开放型世界经济、构建人类命运共同体是基本共识，公司愿意积极参与全球化进程，与包括美国在内的全球合作伙伴开展诚实、开放、互信的合作，共同面对机遇与挑战，共谋人类福祉。

曙光信息产业股份有限公司
2019 年 6 月 26 日

资料来源：一鸣. 中科曙光回应被美国列入"实体清单"：缺乏事实依据也不符合各方利益 [EB/OL]. [2019-06-26]. https://www.guancha.cn/industry-science/2019_06_26_507199.shtml.

4）无形资产的摊销

企业应当于取得无形资产时分析判断其使用寿命。无法预见无形资产为企业带来经济利益期限的，应当视为使用寿命不确定的无形资产。使用寿命有限的无形资产，其应摊销金额应当在使用寿命内系统合理摊销。企业摊销无形资产，应当自无形资产可供使用时起，至不再作为无形资产确认时止。企业选择的无形资产摊销方法，应当反映与该项无形资产有关的经济利益的预期实现方式。无法可靠确定预期实现方式的，应当采用直线法摊销。无形资产的应摊销金额为其成本扣除预计残值后的金额。已计提减值准备的无形资产，还应扣除已计提的无形资产减值准备累计金额。使用寿命有限的无形资产，其残值一般视为零。使用寿命不确定的无形资产，不应摊销。

【实例 11-12】

某企业 2021 年年初无形资产的情况如下：专利权入账价值 16 万元，摊销期 8 年；商标权入账价值 20 万元，摊销期 10 年。无形资产专门用于新产品的生产。

借：制造费用　　　　　　　　　　　　　　　　　　　　40 000
　贷：累计摊销——专利权　　　　　　　　　　　　　　　　20 000
　　　　　　　——商标权　　　　　　　　　　　　　　　　20 000

【实例 11-13】

A 公司以 650 000 元的价格向 B 公司购买一项工业产权，注册登记费为 50 000 元；此外，A 公司下属的科研机构在过去一年内研究发明了一种专有技术，共耗费 450 000 元的研发费（假定开发费为 150 000 元）及 30 000 元的技术论证费和注册登记费。假定上述工业产权及专有技术的法定使用年限均为 10 年，则相关会计处理如下：

①工业产权外购时：

借：无形资产——工业产权　　　　　　　　　　　　　　700 000
　贷：银行存款　　　　　　　　　　　　　　　　　　　　700 000

②工业产权摊销时：

借：管理费用　　　　　　　　　　　　　　　　　　　　70 000

　　贷：累计摊销　　　　　　　　　　　　　　　　　　　70 000

③专有技术研究开发时：

借：研发支出——费用化支出　　　　　　　　　　　　　300 000

　　　　　　——资本化支出　　　　　　　　　　　　　180 000

　　贷：银行存款　　　　　　　　　　　　　　　　　　480 000

④专有技术登记时：

借：管理费用　　　　　　　　　　　　　　　　　　　　300 000

　　无形资产——专有技术　　　　　　　　　　　　　　180 000

　　贷：研发支出——费用化支出　　　　　　　　　　　300 000

　　　　　　　——资本化支出　　　　　　　　　　　　180 000

⑤专有技术摊销时：

借：管理费用　　　　　　　　　　　　　　　　　　　　18 000

　　贷：累计摊销　　　　　　　　　　　　　　　　　　18 000

5）新修订《企业会计准则第 6 号——无形资产》的要点总结

（1）开发费用部分资本化，将对高新技术企业的资产和损益产生重大影响。

（2）首次发行股票而接受投资者投入的无形资产，可以按协议（公允）价格入账。

（3）使用寿命不确定的无形资产不再采用摊销的办法，而是期末进行减值测试。

（4）无形资产减值准备一旦计提，不可转回。

● 11.3　商誉及其减值测试

商誉，是指非同一控制下的企业合并，购买方对合并成本大于合并中取得的被购买方可辨认净资产公允价值的份额的差额。

企业合并所形成的商誉，至少应当在每年年度终了进行减值测试。商誉减值的会计处理要求是：

（1）对不含有商誉的资产组进行减值测试。如果资产组发生了减值，那么商誉整体确认减值，将计算出来的减值确认为资产组的减值。如果不包含商誉的资产组没有发生减值的，需要进入下一步。

（2）对包含商誉的资产组进行减值测试。如果发生减值的，应该先抵减商誉的价值；其中对于商誉减值的部分，应该按照股权比例确定集团公司应该反映的商誉减值准备；同时对于资产组来说，确认的减值仍然需要按照股权比例计算应该分担的减值，确认为当期的资产减值损失。

【实例 11-14】

假设 A 企业于 2020 年 1 月 1 日以 3 600 万元的价格收购了 B 企业 80% 的股权。购买日，B 企业可辨认净资产公允价值为 3 200 万元。假定 B 企业的所有资产被认定为一个资产组。2020 年底，A 企业确定该资产组的可收回金额为 1 900 万元，可辨认净资产账面价值为 3 000 万元。则 A 企业在合并财务报表中应确认的商誉为 1 040 万元。

计算过程如下：

商誉=3 600-3 200×80%=1 040（万元）

B 企业可辨认净资产公允价值=3 200 万元

少数股东权益的公允价值=3 200×20%=640（万元）

未确认归属于少数股东权益的商誉价值=（3 600÷80%-3 200）×20%=260（万元）

2020 年底，商誉减值测试与分摊过程见表 11-2 和表 11-3。

表 11-2　　　　　　　　　　**2020 年底商誉减值测试过程**　　　　　　　　　单位：万元

项　目	商　誉	可辨认净资产	合　计
账面原值	1 040	3 000	4 040
未确认归属于少数股东权益的商誉价值	260	—	260
调整后账面价值	1 300	3 000	4 300
可收回金额			1 900
减值损失			2 400

表 11-3　　　　　　　　　　**2020 年底商誉减值分摊表**　　　　　　　　　单位：万元

项　目	商　誉	可辨认净资产	合　计
账面原值	1 040	3 000	4 040
确认的减值损失	（1 040）	（1 100）	（2 140）
确认减值损失后的账面价值	—	1 900	1 900

①A 公司计提商誉减值准备：

借：资产减值损失——商誉减值损失　　　　　　　　　　　10 400 000

　　贷：商誉减值准备　　　　　　　　　　　　　　　　　　　　　10 400 000

②少数股东权益分摊 260 万元的资产减值损失。

③B 公司分摊 1 100 万元的资产减值损失。

【总结与结论】

本章首先介绍了投资性房地产的定义、初始计量、后续计量模式及其变更以及投资性房地产用途的转换与处置；然后介绍了无形资产的特点和确认条件、外购和自制无形资产取得和摊销环节的账务处理；紧接着介绍了商誉的定义、测度方法、商誉减值测试过程和商誉减值准备计提的账务处理。学习本章内容时要重点关注投资性房地产两种计量模式账务处理上的差别、无形资产与商誉的本质区别、研发支出资本化和费用化的界限以及资产组的减值测试与商誉减值损失的分摊。

【练习题库】

★ 思考题

1. 投资性房地产后续计量模式的变更可以从成本模式转为公允价值模式，但不得从公允价值模式转为成本模式。这是为什么？

2. 无形资产和商誉有什么本质区别？

3. 近些年有专家呼吁商誉应该同无形资产一样，其价值的损耗计提应采取分期摊销的方式而不应到期末才进行减值测试。你觉得哪一种方式更合理？

★ 案例分析

1. 根据【相关链接 11-3】的内容，要求回答以下问题：

（1）讨论掌趣科技计提巨额商誉减值准备的原因是否为收购价格过高、业绩承诺完成不达标、并购后经营整合存在缺陷和董事会及高管治理质量不高等。

（2）讨论掌趣科技计提巨额商誉减值损失是否构成盈余管理行为。

【相关链接 11-3】

掌趣科技 2020 年年报问询函片段

公告日期：2021-04-29

关于对北京掌趣科技股份有限公司的年报问询函

创业板年报问询函〔2021〕第 122 号

北京掌趣科技股份有限公司董事会：

我部在对你公司 2020 年年度报告事后审查中关注到以下情况：

1. 年报显示，公司因并购动网先锋、上游信息、玩蟹科技、天马时空等公司形成商誉 55.95 亿元，本期针对天马时空计提 3.3 亿元商誉减值，累计就上述公司共计提 39.7 亿元商誉减值，期末商誉账面价值 16.13 亿元。

（1）年报显示，商誉减值测试中各公司选取的关键参数如折现率、预测期收入增长率存在较大差异。请结合各公司游戏产品上线情况、历史及预计经营情况等说明上述差异存在的原因，并结合同行业公司可比情况说明上述差异及各参数选取的合理性。

（2）请说明减值测试选取的关键参数是否与收购时及以前年度使用的参数存在差异，如存在差异，请说明原因及合理性。

（3）请说明各公司 2020 年实际业绩与以前年度的盈利预测是否存在差异，如存在差异，请详细说明差异形成的原因，并结合历次减值测试利用的盈利预测与实际业绩数据存在差异的情况，说明公司各年盈利预测数据及商誉减值测试是否准确。

（4）请结合各公司具体运营数据和财务状况、减值测试的具体计算过程、关键参数选取等，说明商誉减值准备计提是否充分。

（5）2018—2020年，公司就三家公司计提商誉减值准备分别为33.8亿元、0.65亿元、3.33亿元，请结合宏观经济环境、行业监管政策、公司经营情况等说明各年间商誉减值准备计提金额差异较大的原因及合理性，公司是否存在利用商誉减值计提进行盈余管理等情形。

（6）请结合公司商誉余额占公司总资产、净资产的比例以及公司未来经营预测等情况，说明未来商誉减值对公司的影响及相关风险。

请公司补充披露评估报告，请年审注册会计师和评估师就问题（1）～（5）发表明确意见。

2.年报显示，报告期内，公司实现营业收入17.89亿元，同比上升10.65%，公司实现归属于上市公司股东净利润3.17亿元，同比下降12.83%，公司实现归属于上市公司股东的扣除非经常性损益的净利润0.8亿元，同比下降80%。请详细说明在扣除非经常性损益、计提商誉减值准备、推广费用重分类影响后的营业收入、成本、毛利率、期间费用、净利润的变动情况，并结合同行业公司情况、公司经营情况等说明上述变动的合理性。

⋯⋯

资料来源：股吧. 300315：掌趣科技年报问询函［EB/OL］.［2021-04-29］. https：//guba. eastmoney.com/news 300315 1029506421_3.html.

2.根据【相关链接11-4】的内容，要求回答以下问题：

（1）讨论宏创控股2019年是如何实现扭亏为盈的，出售投资性房地产对其业绩的贡献有多大。

（2）讨论宏创控股在扭亏为盈的过程中，当地政府对其是否有利益输送行为。

【相关链接11-4】

宏创控股2019年净利润3.26亿元增长3 669.30%

宏创控股主要从事高精度铝板带箔产品的研发、生产和销售。宏创控股发布2019年年度业绩快报公告，显示2019年营业总收入为28.78亿元，比上年同期增长89.65%；归属于上市公司股东的净利润为3.26亿元，比上年同期增长3 669.30%。公告显示，宏创控股总资产为24.67亿元，比本报告期初增长73.77%；基本每股收益为0.35元，上年同期为0.01元。

据了解，报告期内，宏创控股在建项目陆续投运，产能逐步释放，收购铝箔业务进一步拓展了自身产业链，公司积极开拓市场，主要产品产销量、收入大幅增长；根据当地政府"退城进园"政策，出售土地并将其收益计入其他业务收入。2019年度，公司实现营业总收入2 878 271 808.86元，营业利润359 147 053.19元，利润总额361 864 565.69元，归属于上市公司股东的净利润326 065 230.49元，基本每股收益 0.3520 元，分别较上年同期增长 89.65%、6 811.51%、4 083.14%、3 669.30% 和 3 684.95%。其主要是因为报告期内公司主要产品产销量、收入大幅增加以及公司出售划分为持有待售的非流动资产（投资性房地产）取得收益所致。

资料来源：铝云汇. 宏创控股2019年净利润3.26亿元增长3 669.30%［EB/OL］.［2020-03-02］. https：//al.iyunhui.com/news-208324/.

【延伸阅读文献】

［1］林青. 研发活动核算创新：全过程资本化与主体账户——基于研发部门为主体的视角［J］. 财会通讯，2021（19）：9-13.

［2］张玉娟，汤湘希. 无形资产的内核：创新资产的概念界定与分类研究［J］. 会计与经济研究，2017，31（2）：62-77.

［3］葛菁，徐秋菊. 重点排放企业碳排放权会计处理探析——基于《碳排放权交易有关会计处理暂行规定》的解读［J］. 财会通讯，2021（19）：96-100.

［4］张俊瑞，危雁麟，宋晓悦. 企业数据资产的会计处理及信息列报研究［J］. 会计与经济研究，2020，34（3）：3-15.

［5］秦荣生. 企业数据资产的确认、计量与报告研究［J］. 会计与经济研究，2020，34（6）：3-10.

［6］张敏，刘云菁，郭金同. 财务与会计领域的大数据研究：技术与应用［J］. 会计与经济研究，2021，35（3）：3-22.

第 12 章

负债、股本和资本公积

【学习目标】

通过本章的学习，您应该：（1）了解流动负债和非流动负债的性质及分类；（2）掌握短期借款、应交税费的会计处理，掌握职工福利费和非货币性福利的会计处理；（3）掌握长期借款的核算；（4）了解债券的概念、要素、特征及种类，以及短期融资券及公司债券的发行条件；（5）掌握公司债券发行价格的确定及账务处理；（6）掌握股本和资本公积的核算。

● 12.1 流动负债

1）流动负债的性质

流动负债是企业将在一年内或超过一年的一个营业周期内偿还的债务。流动负债与流动资产密切相关，通过两者的比较可以大致了解企业的短期偿债能力和清算能力。

2）流动负债的分类

流动负债主要包括：应付票据、应付账款、应交税费、短期借款、预收账款、应付职工薪酬、应付股利、其他应付款等。

3）流动负债的主要核算项目

由于应付票据与应付账款可与应收票据和应收账款对比理解，预收账款可与预付账款对比理解，其他应付款可与其他应收款对比理解，应付利息、应付股利可与应收利息、应收股利对比理解，所以，本章在流动资产部分只介绍短期借款、应交税费与应付职工薪酬这三个账户的核算。

12.1.1 短期借款

短期借款是指企业根据生产经营的需要，从银行或其他金融机构借入的偿还期在一年以内的各种借款，包括生产周转借款、临时借款等。

【实例 12-1】

某企业 2021 年 1 月 1 日获得短期贷款 1 500 万元，年利率 6%，期限 1 年，利息按季度支付。

①2021 年 1 月 1 日获得短期贷款时：

借：银行存款　　　　　　　　　　　　　　　　　　15 000 000

　　贷：短期借款　　　　　　　　　　　　　　　　　　　　15 000 000

②第 1、2 个月预提利息费用时：

借：财务费用　　　　　　　　　　　　　　　　　　　 75 000

　　贷：应付利息　　　　　　　　　　　　　　　　　　　　　 75 000

③第 3 个月支付第一季度利息时：

借：财务费用　　　　　　　　　　　　　　　　　　　 75 000

　　应付利息　　　　　　　　　　　　　　　　　　　150 000

　　贷：银行存款　　　　　　　　　　　　　　　　　　　　　225 000

④以后每个季度的账务处理同上。

⑤最后到期归还本金和最后一个季度利息时：

借：短期借款　　　　　　　　　　　　　　　　　　15 000 000

　　财务费用　　　　　　　　　　　　　　　　　　　 75 000

　　应付利息　　　　　　　　　　　　　　　　　　　150 000

　　贷：银行存款　　　　　　　　　　　　　　　　　　　　15 225 000

12.1.2　应交税费

1）应交税费的性质

应交税费是指企业按照国家和地方的规定必须履行的纳税义务，包括应纳流转税和应纳所得税。该科目的贷方登记应缴纳的各种税费，借方登记已缴纳的各种税费，期末贷方余额反映尚未缴纳的税费，期末如为借方余额则反映多缴或尚未抵扣的税费。应交税费包括企业依法缴纳的增值税、消费税、资源税、城市维护建设税、教育费附加和所得税等。

2）应交税费的会计处理

以消费税为例，其他税费依此类推。

【实例 12-2】

假定某企业年销售额为 1 050 万元，消费税税率为 5%。则：

借：税金及附加　　　　　　　　　　　　　　　　　　500 000

　　贷：应交税费——应交消费税　　　　　　　　　　　　　　500 000

12.1.3　应付职工薪酬

职工薪酬是指企业为获得职工提供的服务或解除劳动关系而给予的各种形式的报酬或补偿。职工薪酬包括短期薪酬、离职后福利、辞退福利和其他长期职工福利。企业提供给职工配偶、子女、受赡养人、已故员工遗属及其他受益人等的福利，也属于职工薪酬。

其中，短期薪酬是指企业在职工提供相关服务的年度报告期间结束后十二个月内需要全部予以支付的职工薪酬，因解除与职工的劳动关系给予的补偿除外。短期薪酬具体包括职工工资、奖金、津贴和补贴，职工福利费，医疗保险费、工伤保险费和生育保险费等社会保险费，住房公积金，工会经费和职工教育经费，短期带薪缺勤，短期利润分享计划，非货币性福利以及其他短期薪酬。带薪缺勤是指企业支付工资或提供补偿的职工缺勤，包括年休假、病假、短期伤残、婚假、产假、丧假、探亲假等。利润分享计划是指因职工提供服务而与职工达成的基于利润或其他经营成果提供薪酬的协议。离职后福利是指企业为获得职工提供的服务而在职工退休或与企业解除劳动关系后，提供的各种形式的报酬和福利，短期薪酬和辞退福利除外。辞退福利是指企业在职工劳动合同到期之前解除与职工的劳动关系，或者为鼓励职工自愿接受裁减而给予职工的补偿。其他长期职工福利是指除短期薪酬、离职后福利、辞退福利之外所有的职工薪酬，包括长期带薪缺勤、长期残疾福利、长期利润分享计划等。

1）职工工资和福利费的会计处理

职工工资的账务处理相对简单。职工工资按照人员所属部门的不同，分别记入"生产成本""制造费用""销售费用""管理费用"，甚至"在建工程"等科目。

长期以来，企业的职工福利费按照工资总额的14%提取，使用时再冲减提取的福利费。根据新修订的《企业会计准则第9号——职工薪酬》的规定，企业发放的职工福利费，应当在实际发生时根据实际发生额计入当期损益或相关资产成本。职工福利费为非货币性福利的，应当按照公允价值计量。

为员工发放各类福利支出，均应通过"应付职工薪酬——职工福利"科目核算。若此类福利为货币性福利，则在发放货币时直接冲减"应付职工薪酬——职工福利"科目；若为非货币性福利，应将福利费金额从"应付职工薪酬——职工福利"科目转出至"应付职工薪酬——非货币性福利"科目，再进行支付或转入其他应付款。若福利费发生时，福利费提取余额不足的，须先提取后再按上述方法处理。

【实例12-3】

某企业2021年9月职工工资总额为1 330 000元，其中，产品生产工人730 000元，在建工程人员225 000元，公司管理人员258 000元，产品销售人员117 000元。该企业发生的职工福利费为186 200元，其中，产品生产工人102 200元，在建工程人员31 500元，公司管理人员36 120元，产品销售人员16 380元。按工资总额的10%计算应缴纳的住房公积金，按工资总额的2%和1.5%分别计提工会经费和职工教育经费。另外，应由企业代扣代缴职工个人应负担的住房公积金66 500元，工会会费13 300元，个人所得税165 000元。

①工资分配进入成本、费用时：

借：生产成本   730 000

  在建工程   225 000

  管理费用   258 000

  销售费用   117 000

　　　贷：应付职工薪酬——工资　　　　　　　　　　　　　　　　　1 330 000

②发生职工福利费时：

借：生产成本　　　　　　　　　　　　　　　　　　　　　　　102 200

　　在建工程　　　　　　　　　　　　　　　　　　　　　　　　31 500

　　管理费用　　　　　　　　　　　　　　　　　　　　　　　　36 120

　　销售费用　　　　　　　　　　　　　　　　　　　　　　　　16 380

　　　贷：应付职工薪酬——职工福利　　　　　　　　　　　　　　　186 200

③按工资总额的10%计算应缴纳的住房公积金时：

借：生产成本　　　　　　　　　　　　　　　　　　　　　　　　73 000

　　在建工程　　　　　　　　　　　　　　　　　　　　　　　　22 500

　　管理费用　　　　　　　　　　　　　　　　　　　　　　　　25 800

　　销售费用　　　　　　　　　　　　　　　　　　　　　　　　11 700

　　　贷：应付职工薪酬——住房公积金　　　　　　　　　　　　　　133 000

④按工资总额的2%和1.5%分别计提工会经费和职工教育经费时：

借：生产成本　　　　　　　　　　　　　　　　　　　　　　　　25 550

　　在建工程　　　　　　　　　　　　　　　　　　　　　　　　　7 875

　　管理费用　　　　　　　　　　　　　　　　　　　　　　　　　9 030

　　销售费用　　　　　　　　　　　　　　　　　　　　　　　　　4 095

　　　贷：应付职工薪酬——工会经费　　　　　　　　　　　　　　　26 600

　　　　　　　　　　——职工教育经费　　　　　　　　　　　　　　19 950

⑤代扣代缴职工个人应负担的住房公积金、工会会费和个人所得税时：

借：应付职工薪酬——工资　　　　　　　　　　　　　　　　　244 800

　　　贷：其他应付款——应付住房公积金　　　　　　　　　　　　　66 500

　　　　　　　　　　——应付工会经费　　　　　　　　　　　　　　13 300

　　　　应交税费——应交个人所得税　　　　　　　　　　　　　　165 000

　　2）非货币性福利的会计处理

【实例12-4】

　　甲公司共有职工250名，其中，180名为操作人员，70名为管理人员。2021年5月，公司将外购的每台购买价为1 130元（含税价，增值税税率13%）的电暖器作为福利发放给公司的每名职工。企业的福利费余额足够支付这笔福利，这批电暖器是向乙公司采购的。该批电暖器已发放给职工，但款项尚未支付。

　　①从福利费转入非货币性福利时：

　　职工福利=250×1 130=282 500（元），实际上其已包含增值税进项税额，因为购入的货物用于职工福利，所以进项税额不抵扣，职工福利中包含购入货物的进项税额。购入时，选择索取增值税普通发票即可。

借：应付职工薪酬——职工福利　　　　　　　　　　　　　　　282 500

　　　贷：应付职工薪酬——非货币性福利　　　　　　　　　　　　282 500

②转入其他应付款时：

借：应付职工薪酬——非货币性福利 282 500

贷：其他应付款——乙公司 282 500

③支付电暖器款项时：

借：其他应付款——乙公司 282 500

贷：银行存款 282 500

【实例12-5】

承接【实例12-4】，甲公司决定为企业的部门经理每人租赁住房一套，并提供轿车一辆免费使用，轿车的月折旧额为2.05万元，外租住房的月租金总额为2.85万元。

①计提轿车折旧时：

借：管理费用 20 500

贷：应付职工薪酬——非货币性福利 20 500

借：应付职工薪酬——非货币性福利 20 500

贷：累计折旧 20 500

②确认租金费用时：

借：管理费用 28 500

贷：应付职工薪酬——非货币性福利 28 500

借：应付职工薪酬——非货币性福利 28 500

贷：银行存款 28 500

● 12.2 非流动负债

我国企业的负债主要为流动负债项目，非流动负债项目较少，其主要为长期借款和应付债券。所以，下面将介绍这两个账户是如何进行账务处理的。

12.2.1 长期借款

长期借款是指向银行或其他金融机构借入的期限为一年以上的贷款。长期借款一般用于企业的长期项目，如在建工程等。长期借款利息的核算依据付息条款的差异而略有不同。分期付息一次还本的，利息费用的计提贷记"应付利息"账户；到期一次还本付息的，利息费用的计提贷记"长期借款"账户。另外，利息费用资本化和费用化的界限为项目完工进入可使用状态。项目完工前，利息费用借记"在建工程"账户；项目完工后，其借记"财务费用"账户。

【实例12-6】

某企业于2020年1月1日向银行借入资金1 600万元，借款利率8%，期限2年，每年年底归还借款利息，最后还清本金（合同约定才可如此，一般规定是银行每月均自动扣除利息）。该企业用此借款购建厂房，2020年共发生材料费675万元和工资费425万元，2021年3月底以前又发生材料费78万元和工资费32万元。厂房于

2021年3月底完工交付使用，并已办理了竣工决算。

①2020年1月1日从银行借入资金时：

借：银行存款	16 000 000	
贷：长期借款		16 000 000

②2020年发生材料费和工资费时：

借：在建工程	11 000 000	
贷：工程物资		6 750 000
应付职工薪酬		4 250 000

③计算2020年利息费用时：

借：在建工程	1 280 000	
贷：应付利息		1 280 000

④2020年12月31日偿还借款利息时：

借：应付利息	1 280 000	
贷：银行存款		1 280 000

⑤2021年3月底以前发生材料费和工资费时：

借：在建工程	1 100 000	
贷：工程物资		780 000
应付职工薪酬		320 000

⑥计算2021年第一季度的利息费用时：

借：在建工程	320 000	
贷：应付利息		320 000

⑦在建工程完工转入固定资产时：

借：固定资产	13 700 000	
贷：在建工程		13 700 000

⑧计算2021年剩余三个季度的利息费用时：

借：财务费用	960 000	
贷：应付利息		960 000

⑨2021年12月31日偿还借款一年利息和本金时：

借：应付利息	1 280 000	
长期借款	16 000 000	
贷：银行存款		17 280 000

12.2.2　应付债券

1）债券的定义

债券是一种有价证券，是社会各类经济主体为筹措资金而向债券投资者出具的，并且承诺按一定利率定期支付利息和到期偿还本金的债权债务凭证。由于债券的利息通常是事先确定的，所以，债券又被称为固定收益证券。

2）债券的基本要素

债券的基本要素包括票面价值、价格和偿还期限。

3）债券的特征

债券作为一种债权债务凭证，与其他有价证券一样，也是一种虚拟资本，而非真实资本。它是经济运行中实际运用的真实资本的证书。从投资者的角度看，债券具有以下四个特征：偿还性、流动性、安全性和收益性。

4）债券的种类

①国债：由中央政府发行的债券。它是由一个国家政府的信用作担保，所以信用最好，被称为金边债券。

②地方政府债券：又称市政债券。它的信用、利率、流通性通常略低于国债。

③金融债券：由银行或非银行金融机构发行的债券。它的信用高、流动性好且安全，利率高于国债。

④企业债券：由企业发行的债券，又称公司债券。它的风险高，利率也高。

⑤国际债券：国外各种机构发行的债券。

5）短期融资券

短期融资券是短期债券的一种。根据中国人民银行的有关规定，我国境内具有法人资格的非金融企业经向中国人民银行备案由其核定发行短期融资券的最高余额后，可在银行间债券市场发行最长不超过365天的短期融资券。融资券的期限最长不超过365天，即所谓的短期融资券（发行人可在此期限内自主确定每期融资券的期限，融资券发行利率或发行价格由企业和承销机构协商确定）。短期融资券不对社会公众发行，只对银行间债券市场的机构投资人发行，在银行间债券市场交易。

6）公司债券的有关规定

公司债券是指公司依照法定程序发行，约定在一定期限还本付息的有价证券。公司债券可以公开发行，也可以非公开发行。公司债券上须载明：债券面值（Face Value）、票面利率（Stated Rate）、付息日（Date of Paying Interests）和到期日（Mature Date）。公司债券按偿还期限可以分为：

①短期债券：1年以内的债券，通常有3个月、6个月、9个月、12个月几种期限。

②中期债券：1年以上，5年以下的债券。

③长期债券：5年以上的债券。

2021年2月23日，中国证券监督管理委员会2021年第2次委务会议审议通过了《公司债券发行与交易管理办法》（中国证券监督管理委员会令第180号），并于2021年2月26日颁布实施。《公司债券发行与交易管理办法》修订的主要内容，详见【相关链接12-1】。

【相关链接12-1】

中国证监会发布《公司债券发行与交易管理办法》

为贯彻落实修订后的《中华人民共和国证券法》和《国务院办公厅关于贯彻实施修订后的证券法有关工作的通知》，进一步夯实公司债券注册制的制度基础，加强事中事后监管，中国证监会修订发布了《公司债券发行与交易管理办法》（以下简称《管理办法》）。

《管理办法》自 2020 年 8 月 7 日至 9 月 6 日向社会公开征求意见，并同步通过召开座谈会等形式充分听取各方意见，征求意见过程中，社会各界对本次修订的基本思路和主要内容表示赞同。中国证监会对各方提出的意见和建议，逐条认真研究，吸收采纳相关合理意见，并进一步修改完善了《管理办法》。

《管理办法》修订内容主要涉及以下几个方面：一是落实公开发行公司债券注册制，明确公开发行公司债券的发行条件、注册程序以及对证券交易场所审核工作的监督机制；二是涉及《中华人民共和国证券法》的适应性修订，包括证券服务机构备案、受托管理人相关规定、募集资金用途、重大事件界定、公开承诺的披露义务、信息披露渠道、区分专业投资者和普通投资者等事项；三是加强事中事后监管，压实发行人及其控股股东、实际控制人，以及承销机构和证券服务机构责任，严禁逃废债等损害债券持有人权益的行为，并根据监管实践增加限制结构化发债的条款；四是结合债券市场监管做出的其他相关修订，调整公司债券交易场所，取消公开发行公司债券信用评级的强制性规定，明确非公开发行公司债券的监管机制，强调发行公司债券应当符合地方政府性债务管理的相关规定。

资料来源：中国证监会. 中国证监会发布《公司债券发行与交易管理办法》[EB/OL]. [2021-02-26]. http://www.csrc.gov.cn/pub/newsite/zjhxwfb/xwdd/202102/t20210226_393152.html.

根据《公司债券发行与交易管理办法》的规定，公开发行公司债券，应当符合下列条件：

（1）具备健全且运行良好的组织机构；

（2）最近三年平均可分配利润足以支付公司债券一年的利息；

（3）具有合理的资产负债结构和正常的现金流量；

（4）国务院规定的其他条件。

公开发行公司债券，由证券交易所负责受理、审核，并报中国证监会注册。

存在下列情形之一的，不得再次公开发行公司债券：

（1）对已公开发行的公司债券或者其他债务有违约或者延迟支付本息的事实，仍处于继续状态；

（2）违反《中华人民共和国证券法》的规定，改变公开发行公司债券所募资金用途。

资信状况符合以下标准的公开发行公司债券，专业投资者和普通投资者可以参与认购：

（1）发行人最近三年无债务违约或者延迟支付本息的事实；

（2）发行人最近三年平均可分配利润不少于债券一年利息的 1.5 倍；

（3）发行人最近一期期末净资产规模不少于 250 亿元；

（4）发行人最近三十六个月内累计公开发行债券不少于三期，发行规模不少于 100 亿元；

（5）中国证监会根据投资者保护的需要规定的其他条件。

未达到前述规定标准的公开发行公司债券，仅限于专业投资者参与认购。

7）我国公司债券的主要形式

我国公司债券以不记名的、一次还本付息按单利计的（也有分期付息一次还本的）、不可转换的（也有可转换的）普通信用债券为主。

12.2.3 公司债券

1）公司债券发行价格的确定

发行价格=面值×到期归还本金的复利现值系数+每期利息×分期付息的年金现值系数　（12.1）

【实例12-7】

假定风华公司2021年1月1日发行3年期的债券，面值180 000元，票面利率8%，每年1月1日和7月1日各付息一次。假设：

（1）发行债券时市场利率为8%；

（2）发行债券时市场利率为6%；

（3）发行债券时市场利率为10%。

试问上述三种情况下发行价格应该分别为多少？

表12-1是对本例中所用缩略语的说明。

表12-1　　　　　　　　　　　　　　　　缩略语的说明

英文缩写	中文全称	英文全称
SR	票面利率	Stated Rate
EMR	市场利率	Effective Market Rate
PV	现值	Present Value
FV	面额	Face Value（Par Value）
IP	发行价	Issuing Price
D	折价	Discount
P	溢价	Premium

表12-2列示了上述三种情况下分别计算出来的债券发行价格。

表12-2　　　　　　　　　　　　　　　　债券的发行价格　　　　　　　　　　　金额单位：元

利率水平	债券现值	发行价格
SR=EMR（4%=4%）	PV=FV 180 000×0.7903+7 200×5.2421	IP=PV=FV=180 000 当市场利率等于票面利率时，公司债券平价发行
SR＞EMR（4%＞3%）	PV＞FV 180 000×0.8375+7 200×5.4172	IP=PV=FV+P＞FV=189 754=180 000+9 754 当市场利率低于票面利率时，公司债券溢价发行
SR＜EMR（4%＜5%）	PV＜FV 180 000×0.7462+7 200×5.0757	IP=PV=FV−D＜FV=170 861=180 000−9 139 当市场利率高于票面利率时，公司债券折价发行

2）公司债券的账务处理（包括明细科目的设置）

（1）一次还本付息债券：设置一个一级科目应付债券，三个明细科目面值、利息调整和应计利息。

应付债券——面值

———利息调整

———应计利息

（2）分期付息一次还本债券：设置两个一级科目应付债券、应付利息，一个二级科目面值。

应付债券——面值

应付利息

（3）应付债券的账务处理环节：包括债券的发行、利息调整、利息费用的计列和到期还本付息或提前处置。

【实例 12-8】

承接【实例 12-7】，假定风华公司 2021 年 1 月 1 日发行 3 年期的债券 1 000 张，每张面值 180 元，票面利率 8%，发行债券时市场利率为 6%，每年 1 月 1 日和 7 月 1 日各付息一次。债券溢价发行，每张发行价格 189.754 元。各期利息调整贷差摊销情况见表 12-3。

表 12-3 　　　　　　　　　　　利息调整贷差摊销表 　　　　　　　　　　单位：元

期 间	债券面值	财务费用	利息调整	期 间
	a	a×3%=b	7 200−b=c	
2021 年 1 月 1 日	189 754	5 692.62	1 507.38	2021 年 7 月 1 日
2021 年 7 月 1 日	188 246.62	5 647.40	1 552.60	2022 年 1 月 1 日
2022 年 1 月 1 日	186 694.02	5 600.82	1 599.18	2022 年 7 月 1 日
2022 年 7 月 1 日	185 094.84	5 552.85	1 647.15	2023 年 1 月 1 日
2023 年 1 月 1 日	183 447.69	5 503.43	1 696.57	2023 年 7 月 1 日
2023 年 7 月 1 日	181 751.12	5 452.53（5 448.88*）	1 747.47（1 751.12*）	2024 年 1 月 1 日
2024 年 1 月 1 日	180 000	—	—	—

注：表中*号处表示经尾数调整后的数字。

①2021 年 1 月 1 日发行债券时：

借：银行存款 　　　　　　　　　　　　　　　　　　　　　　　　　189 754

　　贷：应付债券——面值 　　　　　　　　　　　　　　　　　　　180 000

　　　　　　　———利息调整 　　　　　　　　　　　　　　　　　　9 754

②2021 年 7 月 1 日计提利息时：

借：财务费用 　　　　　　　　　　　　　　　　　　　　　　　　5 692.62

　　应付债券——利息调整 　　　　　　　　　　　　　　　　　　1 507.38

　　贷：应付利息 　　　　　　　　　　　　　　　　　　　　　　　7 200

借：应付利息 　　　　　　　　　　　　　　　　　　　　　　　　7 200

　　贷：银行存款 　　　　　　　　　　　　　　　　　　　　　　　7 200

③2022年1月1日、2022年7月1日、2023年1月1日、2023年7月1日、2024年1月1日计提利息时账务处理同上，只将数字调换即可。

④2024年1月1日支付债券本金时：

借：应付债券——面值   180 000

 贷：银行存款   180 000

利息调整采用的是实际利率法。债券到期时，所需偿还的债务只是债券的本息。在债券的存续期内，每期计算实际利息费用时可采用下列公式：

实际利息费用（财务费用）=每期应（付）计利息+利息调整（折价发行）

或   =每期应（付）计利息−利息调整（溢价发行）   （12.2）

12.2.4 可转换公司债券

1）可转换公司债券的定义

可转换公司债券，简称可转债（Convertible Bonds，CB）。它是一种可以在特定时间、按特定条件转换为普通股股票的企业债券（侯雪筠，杨忠海，李欢，2020）。可转换公司债券兼具债权和股权特征。除了可转换条款的规定外，可转换公司债券的条款中还包括了赎回条款和转股价向下修正条款等。

2）可转债发行的条件

按照《中华人民共和国证券法》的有关规定，可转债发行的条件如下：

（1）财务指标。

①净资产不低于人民币3 000万元；

②利率不超过国务院限定的利率水平；

③累计债券余额不超过公司净资产的40%；

④最近三年平均可分配利润足以支付公司债券一年的利息。

（2）公司治理。

公司章程合法有效，三会议事规则及独立董事制度健全，能依法有效履行职责，公司内部控制制度健全、完整、合理、有效。董事、监事和高级管理人员具备任职资格，忠诚勤勉等。

（3）可持续盈利能力。

业务和盈利来源相对稳定，不严重依赖控股股东、实际控制人等。现有主营业务能够可持续发展，经营模式稳健，主要产品和服务前景良好。高级管理人员和核心技术稳定，最近十二个月未发生不利变化。

（4）募集资金数额及用途。

募集资金必须用于核准的用途，不得用于弥补亏损和非生产性支出。募集资金数额不超过项目需要量，募集资金必须存放在董事会决定的专项账户内。

（5）财务状况。

会计基础工作规范，严格遵循国家统一的会计制度规定。最近三年及一年期财务报表未被注册会计师出具保留意见、否定意见或无法表示意见的审计报告。

（6）合规及担保。

最近三十六个月财务文件无虚假记载，没有重大违法行为。应当提供担保，最近一期净资产不低于人民币15亿元的除外。

3）可转债的会计处理

企业发行的可转换公司债券，既含有负债成分又含有权益成分，根据《企业会计准则第37号——金融工具列报》的规定，应该在初始确认时将负债和权益成分进行分拆，分别进行处理。企业在分拆时，应当先确定负债成分的公允价值作为其初始确认金额，确认为应付债券；再按照该可转换债券的整体发行价格扣除负债成分初始确认金额后的金额确定权益成分的初始确认金额，确认为权益工具。负债成分的公允价值是合同规定的未来现金流量按一定利率折现的现值。企业发行的可转债在"应付债券"科目下设置"可转换公司债券"明细科目核算。按照实际收到的款项，借记"银行存款"科目，按照可转债包含的负债成分的面值，贷记"应付债券——可转换公司债券（面值）"科目，按照权益成分的公允价值，贷记"其他权益工具"科目，按其差额，借记或贷记"应付债券——可转换公司债券（利息调整）"科目。

发行时：

借：银行存款

     应付债券——可转换公司债券（利息调整）（折价发行在借方）

  贷：应付债券——可转换公司债券（面值）

     其他权益工具

     应付债券——可转换公司债券（利息调整）（溢价发行在贷方）

对于可转换公司债券的负债成分，在转换成股份前，其会计处理与一般债券会计处理相同。即按摊余成本和实际利率确认利息费用，按面值和票面利率确认应付债券——应计利息或应付利息，差额为利息调整。

计算每期实际利息费用时：

借：财务费用

     应付债券——可转换公司债券（利息调整）（溢价发行在借方）

  贷：应付利息

     应付债券——可转换公司债券（利息调整）（折价发行在贷方）

可转换公司债券的持有人行使转换权利，将其持有的债券转换成股票时，按可转换公司债券的余额，借记"应付债券——可转换公司债券（面值）"科目，借记或贷记"应付债券——可转换公司债券（利息调整）"科目，按照权益成分金额，借记"其他权益工具"科目，按照股票面值和转换股数计算的股票面值总额，贷记"股本"科目，按其差额，贷记"资本公积——股本溢价"科目。

可转债转股时：

借：应付债券——可转换公司债券（面值）

     应付债券——可转换公司债券（利息调整）（溢价发行在借方）

     其他权益工具

贷：股本

资本公积——股本溢价

应付债券——可转换公司债券（利息调整）（折价发行在贷方）

4）可转债转股对上市公司的影响

可转换公司债券转股比例越高，公司负债转换成股权的比例越大，公司面临的还本付息的压力就会越小，这有助于上市公司盈利能力的提高，同时使得上市公司拥有更多的自由现金流。可转债中的负债转换成股权能够有效地降低上市公司资产负债率，从而合理控制上市公司的财务风险，实现上市公司资本结构的优化。可转债已经成为大规模融资的有效的替代方式。

【思政课堂】

中科曙光可转债转股和剩余债券的赎回

中科曙光可转债转股和剩余债券的赎回情况，详见【相关链接12-2】。

【相关链接12-2】

中科曙光可转债转股

经中国证监会证监许可〔2018〕1064号文核准，公司于2018年8月6日公开发行了1 120万张可转换公司债券，每张面值100元，发行总额112 000万元（详见公告：2018-032，2018-043）。经上海证券交易所自律监管决定书〔2018〕117号文同意，公司112 000万元可转债于2018年8月23日起在上交所挂牌交易，债券简称"曙光转债"，债券代码"113517"（详见公告：2018-045）。公司发行的"曙光转债"期限为自发行之日起6年，即自2018年8月6日至2024年8月6日。债券利率第1年0.40%，第2年0.60%，第3年1.00%，第4年1.50%，第5年1.80%，第6年2.00%。可转换公司债券转股的起止日期为2019年2月11日至2024年8月6日。

公司股票自2020年1月16日至2020年3月5日连续30个交易日内有15个交易日收盘价格不低于当期转股价格（36.53元/股）的130%，触发可转债的有条件赎回条款，经公司第三届董事会第二十九次会议审议，同意公司行使可转债的赎回权，对赎回登记日（2020年3月30日）登记在册、未实施转股的"曙光转债"全部赎回。截至2020年3月30日收市，"曙光转债"累计有1 088 742 000元转换为公司股份，占"曙光转债"发行总额的97.21%；累计转股数量为29 786 330股，占发行前公司股份总数的4.63%，公司股份总数增至930 036 359股。公司本次赎回"曙光转债"312 580张，赎回兑付总金额31 379 906.20元（含当期利息）。自2020年3月31日起，"曙光转债""曙光转股"在上交所摘牌（详见公告：2020-029）。

资料来源：根据中科曙光2020年年报第34~35页整理而得。

阅读上述材料后请思考：中科曙光于2020年提前完成可转债转股和剩余债券的赎回，是否为了避免利息费用的支付从而提高企业的盈利业绩如营业利润？中科曙光的这一行为是否构成了盈余管理?

提示:可以通过模拟中科曙光可转换公司债券的发行、计提利息费用、可转债转股和提前赎回的账务处理,并对比中科曙光 2017—2020 年的有息负债及利息费用的变化来寻求答案。

解析过程如下:

曙光转债自 2019 年 2 月 11 日起可以转股。表 12-4 列示了曙光转债历次转股的具体情形。

表 12-4   **曙光转债历次转股情况统计**   金额单位:元

时 间	事 项	数 量 或 金 额
2019 年 2 月 11 日	开始转股	0
2019 年 3 月 31 日	本期转股额	1 367 000
2019 年 6 月 30 日	本期转股额	1 206 000
2019 年 9 月 30 日	本期转股额	188 000
2019 年 12 月 31 日	本期转股额	3 000
2019 年转股额合计		2 764 000
2019 年转股数合计(股)		58 943
2020 年 3 月 30 日	本期转股额	1 085 978 000
2020 年转股数(股)		29 727 387
2020 年 3 月 30 日	累计转股额	1 088 742 000
累计转股数(股)		29 786 330
2020 年 3 月 31 日	赎回金额	31 258 000
累计转股数占转股前公司已发行股份总数比例(%)		4.63
未转股可转债占可转债发行总量比例(%)		2.79
金额合计		1 120 000 000

资料来源:根据中科曙光 2019 年一季报、半年报、三季报和四季报,2020 年一季报,以及 2018—2020 年年报整理而得。

中科曙光的账务处理模拟如下:

中科曙光 2018 年年报的应付债券、股本、其他权益工具和资本公积会计报表附注中提供以下信息:

本公司于 2018 年 8 月 6 日发行可转换公司债券 1 120 000 000.00 元,权益工具的公允价值为 193 106 329.11 元,确认递延所得税负债为 30 311 987.10 元后,权益工具的价值为 162 794 342.01 元。债券付息方式为:本次发行的可转债采用每年付息一次的付息方式,到期归还本金和最后一年利息。

另外,中科曙光 2018 年年报第 53 页披露:公司于 2018 年 8 月 10 日收到公开发行可转换公司债券募集资金净额 1 110 488 000.00 元(募集资金 1 120 000 000.00 元扣除支付的发行费用 9 512 000.00 元后的净额)。

2018 年 8 月 6 日发行可转换公司债券时:

借：长期待摊费用   538 415.09

  银行存款（1 120 000 000-9 512 000） 1 110 488 000.00

  应付债券——可转换公司债券（利息调整）202 079 914.02

  （1 120 000 000-917 920 085.98）

 贷：应付债券——可转换公司债券（面值） 1 120 000 000.00

  其他权益工具   162 794 342.01

  递延所得税负债   30 311 987.10

发行时，应付债券账面价值=917 920 085.98元。

实际可扣除的手续费 =1 120 000 000-917 920 085.98-193 106 329.11= 8 973 584.91（元）。

2018年确认利息费用时：

借：财务费用   20 523 727.42

 贷：应付利息   1 816 547.95

  应付债券——可转换公司债券（利息调整） 18 707 179.47

2018年年末，应付债券账面价值=936 627 265.45元。

中科曙光2019年年报的应付债券、股本、其他权益工具和资本公积会计报表附注中提供以下信息：

权益工具的价值为162 794 342.01元，本期可转换公司债券行权减少401 753.18元。本年度可转换公司债券合计转股58 943股。本公司本年度可转换公司债券行权影响资本公积2 679 271.43元。

2019年确认利息费用时：

借：财务费用   51 319 695.50

 贷：应付利息   2 862 264.40

  应付债券——可转换公司债券（利息调整） 48 457 431.10

2019年可转换公司债券转股时：

借：应付债券——可转换公司债券（面值）（1 088 742 000-1 085 978 000）

   2 764 000.00

  其他权益工具   401 753.18

 贷：股本（29 786 330-29 727 387） 58 943.00

  资本公积——股本溢价   2 679 271.43

  应付债券——可转换公司债券（利息调整） 427 538.75

  （48 884 969.85-48 457 431.10）

2019年年末，应付债券账面价值=982 748 235.30元。

中科曙光2020年年报的应付债券、股本、其他权益工具和资本公积会计报表附注中提供以下信息：

本期可转换公司债券行权及赎回减少其他权益工具162 392 588.83元。本公司本年度可转换公司债券行权及赎回增加资本公积1 095 908 443.76元。本公司本年度可转换公司债券行权及赎回减少递延所得税负债 20 173 164.71 元，增加资本公积 20 173 164.71 元。公司本次赎回"曙光转债"312 580 张，赎回兑付总金额 31 379 906.20 元（含当期利息）。2020 年没有计提票面利息。公司本期偿还可转债 990 658 850.44 元。

借：财务费用   7 910 615.14

 贷：应付债券——可转换公司债券（利息调整） 7 910 615.14

2020 年 3 月 30 日前可转债转股和 2020 年 3 月 30 日赎回剩余的可转债合并账务处理如下：

借：应付债券——可转换公司债券（面值）（1 085 978 000+31 258 000）

                1 117 236 000.00

  其他权益工具   162 392 588.83

  财务费用（财务费用可倒挤出来） 3 964 297.69

  递延所得税负债   20 173 164.71

 贷：股本   29 727 387.00

  资本公积——股本溢价（1 095 908 443.76+20 173 164.71）

                1 116 081 608.47

  应付债券——可转换公司债券（利息调整）（1 117 236 000.00−990 658 850.44）

                126 577 149.56

  银行存款   31 379 906.20

中科曙光的可转换公司债券票面利率极低，2018 年利息费用为 20 523 727.42 元，票面利息为 1 816 547.95 元。2019 年利息费用为 51 319 695.50 元，票面利息为 2 862 264.40 元。2020 年全部利息费用为 11 874 912.83 元。公司的利息费用最高时约 5 000 万元。

表 12-5 列示了中科曙光 2017—2020 年利润表和资产负债表的片段。

表 12-5 中科曙光 2017—2020 年利润表和资产负债表（部分）   单位：万元

项 目	2020 年	2019 年	2018 年	2017 年
营业收入	1 016 113.38	952 647.04	905 687.95	629 422.34
财务费用	1 609.38	14 307.00	14 030.11	8 348.04
其中：利息费用	5 479.08	17 865.80	16 913.50	10 212.76
利息收入	5 028.52	4 169.18	3 421.45	2 659.73
营业利润	104 052.70	72 972.78	53 191.65	36 133.31
短期借款	—	78 105.94	235 452.80	280 735.30
长期借款	50 000.00	7 000.00	73 000.00	30 000.00
应付债券		98 274.82	93 662.73	—

资料来源：根据中科曙光 2017—2020 年利润表和资产负债表整理而得。

从表 12-5 可以看出，2020 年，中科曙光财务费用中利息费用的锐减不单是应付债券的提前转股和赎回造成的，还有短期借款的减少。中科曙光可转债转股和剩余债券的提前赎回对其营业利润有一定的影响，但不是决定性的。中科曙光营业利润的增长还有营业收入增长的推动作用。或者说，如果没有营业收入增长的推动，营业利润则不再维持增长的趋势。

● 12.3　股本和资本公积

股东权益就是股东对公司净资产的要求权，包括决策参与权和收益分享权，所以，股东权益也称为留剩权益（Residual Equity）。其组成为：

（1）投入资本（股本和资本公积）；

（2）留存收益（Retained Earnings），包括盈余公积和未分配利润。

由于利润分配过程在第 6 章中已经讲述，此处仅讲述股本和资本公积的账务处理。

12.3.1　股本概述

1）股本的定义

股本是股东投入股份有限公司注册资本的通称，是一种具有所有权的风险资本。股本就是注册资本（Registered Capital），在募集方式设立的股份有限公司中以股票表示。

2）我国股票的简介

我国股票不可折价发行。我国股票（A 股）面值一般为 1 元，账面价值（Book Value）、发行价格（Issuing Price）和市价（Market Price）是三个不同的概念。账面价值指的是每股净资产；发行价格是一级市场价格；市价是挂牌上市后的二级市场价格，一般指的是收盘价。

12.3.2　股本的账务处理

1）公司设立以现金溢价发行股票的账务处理

【实例 12-9】

北京掌趣科技股份有限公司上市时发行普通股 40 915 000 股，每股面值 1 元，发行价 15 元，手续费合计 16 万元。则：

借：银行存款　　　　　　　　　　　　　　　　613 565 000
　　贷：股本——普通股　　　　　　　　　　　　　　40 915 000
　　　　资本公积——股本溢价　　　　　　　　　　　572 650 000
　　股款=15×40 915 000-160 000=613 565 000（元）

此处需要注意的是，手续费从溢价收入中扣除，不再单独列账反映。这类资本公积可以立即转增股本。而非现金出资形成的股本溢价计入资本公积后，则不能立即转增股本。本例中，资本公积转增股本时：

借：资本公积　　　　　　　　　　　　　　　　572 650 000

    贷：股本   572 650 000

2）公司设立以非现金发行股票的账务处理

【实例 12-10】

假设某公司接受一栋房屋出资，该房屋的账面净值为 3 775 000 元，公司发放给出资者面值为 1 元的普通股 3 682 000 股。则：

    借：固定资产——房屋   3 775 000

       贷：股本   3 682 000

          资本公积——股本溢价   93 000

12.3.3 资本公积

1）资本公积的定义

资本公积是指归全体股东所拥有的、非收益转化而形成的资本性的公共积累。资本公积的来源有资本溢价、股本溢价和其他资本公积等。

2）资本公积的账户设置

资本公积——资本溢价或股本溢价

            ——其他资本公积

资本公积的账务处理如上，不再赘述。

【总结与结论】

本章首先介绍了流动负债中的短期借款、应付职工薪酬和应交税费的核算；然后重点讲述了非流动负债中的长期借款和应付债券的账务处理。至于所有者权益的核算，本章仅讲述了股本和资本公积这两个账户的账务处理，因为盈余公积和未分配利润已经在第 6 章的利润分配过程中进行了讲述，本章不再重复。

【练习题库】

★ **思考题**

1.长期借款分期付息一次还本与到期一次还本付息在账务处理上有何不同？

2.现金溢价发行股票与以固定资产或无形资产作价入股所形成的资本公积有何不同？

★ **业务题**

2021 年 6 月，永兴公司发生如下经济业务：

（1）1 日，股东追加投资 5 000 万元，仅注册 4 500 万元，款项已存入银行。

（2）7 日，从银行获得贷款 1 000 万元，为期半年，年利率 6%，到期一次还本付息，款项用于日常周转。

（3）13 日，赊销货物一批，价款 4 000 万元，该批货物的成本为 3 500 万元。该公司为增值税一般纳税人，增值税税率为 13%。

（4）22 日，计提本月工资费用 100 万元，其中，销售人员工资 30 万元，行政人员工资 70 万元。

要求：根据上述经济业务做出有关的会计分录。

【课程思政案例】

金风科技的预计负债

《企业会计准则第 13 号——或有事项》中对预计负债的确认、计量及披露等进行了详细的规定。或有事项是指过去的交易或者事项形成的，其结果须由某些未来事项的发生或不发生才能决定的不确定事项。或有事项的结果是否发生具有不确定性，或者或有事项的结果预计将会发生但发生的具体时间或金额具有不确定性。预计负债是指根据或有事项等相关准则确认的各项负债。预计负债包括对外提供担保、未决诉讼、产品质量保证、重组义务以及固定资产和矿区权益弃置义务等产生的负债。

商品出售后，若真的出现了质量问题，就会发生修理费用，而这项修理费用应该由出售时的收入来补偿，但是出售时又难以确认将来要发生多少的修理费用，所以在取得商品销售收入时，按一定的比率提取保修准备金计入销售时的损益，即从当期收入获得相应的补偿，当修理费用实际发生时不再计入费用而直接冲减保修准备金。在对产品质量保证确认预计负债时，需要注意的是：

（1）如果发现保证费用的实际发生额与预计数额相差较大，应及时对预计比例进行调整；

（2）如果企业针对特定批次产品确认预计负债，则在保修期结束时，应将"预计负债——产品质量保证"科目余额冲销，不留余额；

（3）已对其确认预计负债的产品，若企业不再生产了，那么应在相应的产品质量保证期满后，将"预计负债——产品质量保证"科目余额冲销，不留余额。

弃置费用也称弃置成本，或称资产弃置义务（Asset Retirement Obligation, ARO），通常是指根据国家法律和行政法规、国际公约等规定，企业承担的环境保护和生态恢复等义务所确定的支出，如石油开采设施等的弃置和恢复环境义务等。在对资产弃置费用确认预计负债时，需要注意的是：

（1）存在弃置费用时需要将弃置费用的现值计入固定资产的入账价值；

（2）弃置费用最终发生的金额（终值）与计入固定资产的价值（现值）之间的差额按照实际利率法计算的摊销金额作为每年的财务费用计入当期损益；

（3）一般工商企业的固定资产发生的报废清理费用不属于弃置费用，应当在发生时作为固定资产的处置费用处理。

表 12-6 列示的是金风科技 2019—2020 年预计负债明细。

以 2020 年为例，金风科技预计负债的账务处理可以模拟如下（金额单位以万元表示）：

1）产品质量保证金的相关账务处理

（1）产品质量保证金的本年计提。

表 12-6　　　　　　　　　　金风科技 2019—2020 年预计负债明细　　　　　　　　　单位：万元

项　目	2020 年		2019 年	
	产品质量保证金	资产弃置费用	产品质量保证金	资产弃置费用
年初余额	366 542	7 887	344 210	11 034
本年增加	267 261	10 238	193 784	0
本年转回	45 164	0	41 331	3 103
处置子公司减少	0	7 883	—	—
本年消耗	147 631	0	129 277	0
汇率变动	−157	−1 544	−844	−44
小　计	440 851	8 698	366 542	7 887
减：划分为流动负债的部分	190 103	0	160 849	0
合　计	250 748	8 698	205 693	7 887

资料来源：根据金风科技 2020 年年报的预计负债会计附注整理而得。

借：销售费用　　　　　　　　　　　　　　　　267 261

　　贷：预计负债　　　　　　　　　　　　　　　　　　267 261

（2）产品质量保证金的本年转回。

借：预计负债　　　　　　　　　　　　　　　　45 164

　　贷：销售费用　　　　　　　　　　　　　　　　　　45 164

（3）产品质量保证金的本年消耗。

借：预计负债　　　　　　　　　　　　　　　　147 631

　　贷：银行存款　　　　　　　　　　　　　　　　　　147 631

　　　　（或库存商品）

（4）产品质量保证金的外币报表折算差额。

借：预计负债　　　　　　　　　　　　　　　　157

　　贷：财务费用　　　　　　　　　　　　　　　　　　157

2）固定资产弃置费用的相关账务处理

（1）固定资产弃置费用的本年增加。

借：固定资产　　　　　　　　　　　　　　　　10 238

　　贷：预计负债——弃置费用　　　　　　　　　　　　10 238

（2）固定资产弃置费用的处置子公司减少。

借：预计负债　　　　　　　　　　　　　　　　7 883

　　贷：固定资产　　　　　　　　　　　　　　　　　　7 883

（3）固定资产弃置费用的外币报表折算差额。

借：预计负债　　　　　　　　　　　　　　　　1 544

　　贷：财务费用　　　　　　　　　　　　　　　　　　1 544

思考题：

（1）金风科技产品质量保证金的计提是否合理？是否存在操纵利润的嫌疑？请从占风机销售收入的相对比例和占营业利润的相对比例方面来判断。

（2）金风科技预计负债中的资产弃置费用是什么资产的弃置所造成的？这部分预计负债的估计是否合理？

（3）金风科技计提大额预计负债遵从了什么会计原则？

【政策思考】

金风科技两度发行永续债

1）永续债及其分类

永续债指的是没有明确还款日期或期限非常长的债券，持有人按期获得固定利息，但不能要求清偿本金，发行人可以提前赎回或有权将到期日延期。这种债券多由国有企业发行。永续债可以分类为：无约定到期日的，发行人能够在约定的时间内按照一定的价格赎回；有约定到期日的，发行人有延期选择权，多为"3+N"或"5+N"。

2）永续债的设计机制

（1）递延付息——符合条件可以不受次数限制延期付息，但每笔递延利息在递延期间按照当期票面利率计算复利，有的永续债还对利息递延设置了罚息，还款成本较高。

（2）利率跳升——债券的利率可以随借款时间的增加而有所提升，如3+N，若第3年发行人不赎回，则债券票面利率上升，每一重定价周期跳升基点通常为3%左右，这是对投资人的保护性条款。

3）发行永续债的利与弊

企业选择发行永续债的"利"处为：

（1）可延迟付息，无违约责任，而普通债券一旦延期即构成违约；

（2）永续债券利息大于一般债券利息，且为次级债务，优于普通股和优先股，在发行时一般都带有赎回条款，即发行人在条款约定的时间点或者时间段内拥有按照某种价格赎回永续债券的权利；

（3）多计入权益而非负债，能够补充资本金，降低资产负债率，优化企业资本结构；

（4）基本不存在持有人参与公司经营或稀释股权的问题，清偿顺序优先于股权。

企业选择发行永续债的"弊"处为：

（1）递延付息附有相应的惩罚性条款，且存在利率跳升机制，融资成本较高；

（2）流动性差，变现能力较弱；

（3）在全部利息清偿完毕前，不得分红、减少注册资本等。

4）金风科技发行永续债的原因

作为风电龙头企业的金风科技于 2016 年发行的绿色永续债开创了国内首只绿色永续债券的先例。绿色永续债将绿色债券与永续债相结合，募集资金常用于环境、气候等绿色项目，成本、收益、风险等优势显著。金风科技之所以选择发行永续债，其原因如下：

（1）受 2015 年风电抢装的影响，风电行业的新增装机数连年下滑，作为风电行业的龙头企业，金风科技受到的影响较大；

（2）金风科技自 2014 年以来资产负债率已超过 65%，同时后续年度还在继续攀升；

（3）金风科技寻求资金发展的同时还要降低其资本负债率；

（4）当时境外利率低于国内利率水平，金风科技希望打通海外融资渠道。

金风科技希望通过发行绿色永续债获得稳定的长期资金来支持企业的发展，同时降低企业的资产负债率、调整资本结构。金风科技多个绿色风电项目需要资金投产，募集资金主要用于偿还现有债务以优化债务结构、项目投资以及补充一般营运资金缺口等。

5）金风科技发行境内永续债的情况

金风科技于 2016 年 5 月 24 日至 5 月 25 日发行了 2016 年度第一期绿色永续债，其是全国首单绿色永续债券，也是新疆债券市场上首单绿色债券。绿色永续债融资注册金额为 30 亿元，注册额度 2 年内有效。第一期绿色永续债，发行规模：10 亿元；期限：5+N 年；发行利率：按固定利率计息；赎回权：在 5+N 模式下，第 5 个年度之后有权按面值加应付利息延期；偿付顺序：偿还优先级高于股权；计息方式：按照单利计算，如有利息递延，则递延利息按照当期票面利率累计计息；付息方式：决定递延支付利息的，企业及相关中介机构应在付息日前 5 个工作日披露《递延支付利息公告》。

根据金风科技 2018 年年报第 229～230 页披露：

本公司于 2016 年 5 月 25 日发行新疆金风科技股份有限公司 2016 年度第一期中期票据（"2016 年第一期永续债"），票据于发行人依照发行条款约定的赎回之前长期存续，并在发行人依据发行条款的约定赎回时到期。票据初始票面利率为 5%，本集团有权选择递延支付利息，到期后本集团有权选择续展，且不受续展次数限制，续展期间票面利息按照当期基准利率+初始信用利差+300BP 确定。本集团将其分类为其他权益工具。

本公司于 2016 年 9 月 2 日发行新疆金风科技股份有限公司 2016 年度第二期中期票据（"2016 年第二期永续债"），票据于发行人依照发行条款约定的赎回之前长期存续，并在发行人依据发行条款的约定赎回时到期。票面利率为 4.2%，本集团有权选择递延支付利息，到期后本集团有权选择续展，且不受续展次数限制，续展期间票面利息按照当期基准利率+初始信用利差+300BP 确定。本集团将其分类为其他权益工具。

本公司于2018年12月26日发行新疆金风科技股份有限公司2018年度第一期中期票据（"2018年第一期永续债"），票据于发行人依照发行条款约定的赎回之前长期存续，并在发行人依据发行条款的约定赎回时到期。票面利率为6%，本集团有权选择递延支付利息，到期后本集团有权选择续展，且不受续展次数限制，续展期间票面利息按照当期基准利率+初始信用利差+300BP确定。本集团将其分类为其他权益工具。

金风科技2017年12月31日和2018年12月31日发行在外的永续债情况见表12-7。

表12-7 　金风科技2017年12月31日和2018年12月31日发行在外的永续债 金额单位：元

永续债批次	发行时间	会计分类	利率	发行价格	发行数量	金　额
2016年第一期永续债	2016年5月25日	其他权益工具	5.0%	100.00	10 000 000.00	996 547 169.82
2016年第二期永续债	2016年9月2日	其他权益工具	4.2%	100.00	5 000 000.00	498 571 320.75
2018年第一期永续债	2018年12月26日	其他权益工具	6.0%	100.00	5 000 000.00	498 500 000.00
2018年12月31日合计						1 993 618 490.57
2016年第一期永续债	2016年5月25日	其他权益工具	5.0%	100.00	10 000 000.00	996 547 169.82
2016年第二期永续债	2016年9月2日	其他权益工具	4.2%	100.00	5 000 000.00	498 571 320.75
2017年12月31日合计						1 495 118 490.57

资料来源：根据金风科技2018年年报的其他权益工具会计附注整理而得。

6）金风科技发行永续债的会计处理

根据2019年财政部发布的《永续债相关会计处理的规定》，永续债计入权益通常需要满足以下条件：（1）发行人拥有赎回选择权或续期选择权，以实现"永续"特点。（2）发行人可以无条件推延付息。如有强制付息事件条款，则该事件应可由发行人控制是否发生。（3）没有担保条款。根据相关规定，如果该工具要求企业在潜在不利条件下通过交换金融资产或金融负债结算（如因被担保方违约而造成的支付义务），该工具同样导致企业承担了合同义务。在这种情况下，发行方对于发行的金融工具应当归类为金融负债。（4）没有债权人回售条款。（5）无或有结算条款。如果合同存在或有结算条款，须满足下述条件之一：要求以现金、其他金融资产或以其他导致该工具成为金融负债的方式进行结算的或有结算条款几乎不具有可能性；只有在发行方清算时，才需以现金、其他金融资产或以其他导致该工具成为金融负债的方式进行结算。由于满足上述条件，所以，金风科技对其发行的永续债认定为权益工具而非金融负债。

（1）金风科技发行第一期永续债的会计处理。

2016年5月25日，金风科技发行2016年度第一期中期票据（"2016年第一期永续债"），票据于发行人依照发行条款约定的赎回之前长期存续，并在发行人依据发行条款的约定赎回时到期。票据初始票面利率为 5%，扣除发行费用后剩余部分为 996 547 169.82 元（约等于 10 亿元）。

2016 年 5 月 25 日发行时：

借：银行存款　　　　　　　　　　　　996 547 169.82

　贷：其他权益工具——永续债　　　　　　　　　　996 547 169.82

递延支付利息条款如下：除非发生强制付息事件，永续债的每个付息日，发行人可自行选择将当期利息以及将已经递延的所有利息及其孳息推迟至下一个付息日支付，且不受任何递延支付利息次数的限制；前述利息递延不构成发行人未能按照约定足额支付利息。每笔递延利息在递延期间应按当期票面利率累计计息。强制付息事件付息日前 12 个月内，发生以下事件的，发行人不得递延当期利息以及按照本条款已经递延的所有利息及其孳息：第一，向普通股股东分红；第二，减少注册资本。

（2）金风科技发行第二期永续债的会计处理。

2016 年 9 月 2 日，金风科技发行 2016 年度第二期中期票据（"2016 年第二期永续债"），票据于发行人依照发行条款约定的赎回之前长期存续，并在发行人依据发行条款的约定赎回时到期。票面利率为 4.2%，扣除发行费用后剩余部分为498 571 320.75 元（约等于 5 亿元）。

2016 年 9 月 2 日发行时：

借：银行存款　　　　　　　　　　　　498 571 320.75

　贷：其他权益工具——永续债　　　　　　　　　　498 571 320.75

（3）金风科技 2017 年计提利息。

金风科技于 2017 年 6 月 28 日宣告向普通股股东分红，触发强制付息事件，不得递延当期利息。2016 年，可续期公司债券（第一期）本金 1 000 000 000.00 元人民币（10 亿元人民币），票面利息 5%，计提本付息期（2016 年 5 月 27 日至 2017 年5 月 26 日）利息 50 000 000.00 元人民币（5 000 万元人民币）。2016 年，可续期公司债券（第二期）本金 500 000 000.00 元人民币（5 亿元人民币），票面利息 4.2%，计提本付息期（2016 年 9 月 6 日至 2017 年 9 月 5 日）利息 21 000 000.00 元人民币（2 100 万元人民币）。本年共计提利息 71 000 000.00 元人民币（7 100 万元人民币）。金风科技于上一个付息期（2016 年 5 月 27 日至 2017 年 5 月 26 日）计提的50 000 000.00 元人民币（5 000 万元人民币）的利息及本付息期（2016 年 9 月 6 日至2017 年 9 月 5 日）计提的 21 000 000.00 元人民币（2 100 万元人民币）的利息已经在本年支付。

借：利润分配——应付永续债利息　　　71 000 000.00

　贷：应付股利——永续债利息　　　　　　　　　　71 000 000.00

（4）金风科技 2017 年支付永续债利息。

第一期的 5 000 万元人民币（2016 年 5 月 27 日至 2017 年 5 月 26 日）以及第二期的 2 100 万元人民币（2016 年 9 月 6 日至 2017 年 9 月 5 日）：

借：应付股利——永续债利息   71 000 000.00

  贷：银行存款   71 000 000.00

（5）金风科技发行第三期永续债的会计处理。

2018年12月26日，金风科技发行2018年度第一期中期票据（"2018年第一期永续债"），票据于发行人依照发行条款约定的赎回之前长期存续，并在发行人依据发行条款的约定赎回时到期。票面利率6%，扣除发行费用后剩余部分为498 500 000.00元。

2018年12月26日发行时：

借：银行存款   498 500 000.00

  贷：其他权益工具——永续债   498 500 000.00

（6）金风科技2018年计提利息。

金风科技于2018年6月12日宣告向普通股股东分红，触发强制付息事件，不得递延当期利息。2016年，可续期公司债券（第一期）本金1 000 000 000.00元人民币，票面利息5%，计提本付息期（2017年5月27日至2018年5月26日）利息50 000 000.00元人民币。2016年，可续期公司债券（第二期）本金500 000 000.00元人民币，票面利息4.2%，计提本付息期（2017年9月6日至2018年9月5日）利息21 000 000.00元人民币。2018年，可续期公司债券本金500 000 000.00元人民币，票面利息6%，计提本付息期（2018年12月26日至2018年12月31日）利息410 958.90元人民币。

注意：第三期计提利息为50 000×6%×5/365=41.09589（万元）。

借：利润分配——应付永续债利息   71 410 958.90

  贷：应付股利——永续债利息   71 410 958.90

（7）金风科技2018年支付永续债利息。

第一期的5 000万元人民币（2017年5月27日至2018年5月26日）以及第二期的2 100万元人民币（2017年9月6日至2018年9月5日）：

借：应付股利——永续债利息   71 000 000.00

  贷：银行存款   71 000 000.00

金风科技截至2018年年末的"其他权益工具——永续债"余额为1 993 618 490.57元人民币。

请阅读以上材料并思考：永续债这种融资工具对投资者有何实质性保护？投资者持有永续债的回报仅限于因触发强制付息条款而支付的利息吗？金风科技因发行永续债对降低资产负债率有明显的效果吗？永续债最终会演变成一种国企和央企降杠杆的制度红利吗？

第 13 章

现金流量表

【学习目标】

通过本章的学习，您应该：（1）了解现金及现金等价物的概念；（2）了解现金流量表的格式，以及表内项目的统计口径；（3）掌握现金流量表的编制方法，包括直接法和间接法。

● 13.1 概念界定

现金流量表是反映公司在一定时期内现金流入、现金流出和现金净流量的基本财务报表。

现金流量表上的现金已不是会计上的概念。它包括库存现金、银行存款中可以随时支取的部分和其他货币资金。银行存款中不能随时支取的部分（如备用金、被冻结的货币资金等）就不能被列为现金流量表上的现金。此外，它还包括现金等价物（Cash Equivalents），即资产负债表上交易性金融资产中持有期限在 3 个月以内的短期债券投资。现金等价物的特点是期限短、流动性强、易于转换为已知金额的现金、价值变动的风险很小。所以，股票和基金的投资不能被包括在现金等价物的范围内。

● 13.2 现金流量表的格式

现金流量表的历史远不如资产负债表和利润表那么悠久，实际上出现得很晚。1987 年，美国企业被要求编制现金流量表。1992 年起，英国、新加坡、日本等国家的企业陆续被要求编制现金流量表。1998 年，我国企业开始编制现金流量表，而且一开始只在年报中要求这样做。

现金流量表分为正表和附表。正表中的经营活动产生的现金流量是按直接法编制的，附表中的经营活动产生的现金流量是按间接法编制的。我国要求企业正式的报表体系中必须出具正表，附表在会计报表附注中呈现。美国要求企业正式的报表体系中必须出具间接法编制的现金流量表，对于是否出具按直接法编制的现金流量表不做硬性要求。

13.2.1　正表的格式

1）现金流量表正表

表13-1是中科曙光2017—2020年现金流量表正表。现金流量表正表将现金流量分为三类：经营活动产生的现金流量、投资活动产生的现金流量和筹资活动产生的流量。

表13-1　　　　　　　　　中科曙光2017—2020年现金流量表正表　　　　　　　　　单位：万元

项目	2020年	2019年	2018年	2017年
一、经营活动产生的现金流量：				
销售商品、提供劳务收到的现金	1 170 078.53	1 297 877.43	954 947.41	683 561.77
收到的税费返还	2 531.77	3 884.01	2 976.48	3 055.70
收到其他与经营活动有关的现金	297 742.64	496 333.37	168 490.91	72 968.85
经营活动现金流入小计	1 470 352.94	1 798 094.81	1 126 414.80	759 586.32
购买商品、接受劳务支付的现金	866 136.26	991 001.45	894 420.20	619 713.36
支付给职工以及为职工支付的现金	80 905.79	74 426.03	56 203.49	42 195.60
支付的各项税费	35 935.99	32 964.32	23 902.10	20 604.43
支付其他与经营活动有关的现金	255 848.00	382 324.72	88 782.98	72 879.13
经营活动现金流出小计	1 238 826.04	1 480 716.51	1 063 308.77	755 392.52
经营活动产生的现金流量净额	231 526.90	317 378.29	63 106.03	4 193.80
二、投资活动产生的现金流量：				
收回投资收到的现金	126.84	25 494.99	—	100.00
取得投资收益收到的现金	1 622.60	5 195.02	1 756.63	72.38
处置固定资产、无形资产和其他长期资产收回的现金净额	21.01	34.84	24.74	672.78
收到其他与投资活动有关的现金	161 663.55	88 610.98	3 308.76	—
投资活动现金流入小计	163 434.00	119 335.83	5 090.13	845.16
购建固定资产、无形资产和其他长期资产支付的现金	55 416.72	75 452.26	63 354.70	59 302.47

续表

项目	2020年	2019年	2018年	2017年
投资支付的现金	1 425.00	3 600.00	118 585.76	17 873.00
支付其他与投资活动有关的现金	163 786.66	100 968.87	12 221.35	500.00
投资活动现金流出小计	220 628.38	180 021.13	194 161.81	77 675.47
投资活动产生的现金流量净额	−57 194.38	−60 685.29	−189 071.68	−76 830.31
三、筹资活动产生的现金流量：				
吸收投资收到的现金	479 743.61	3 161.99	2 352.50	5 192.46
其中：子公司吸收少数股东投资收到的现金	4 605.61	3 161.99	2 352.50	5 192.46
取得借款收到的现金	121 758.88	144 832.00	329 117.50	315 735.30
发行债券收到的现金	—	—	111 300.00	—
收到其他与筹资活动有关的现金	20 000.00	51 200.00	91 593.00	35 000.00
筹资活动现金流入小计	621 502.49	199 193.99	534 363.00	355 927.76
偿还债务支付的现金	225 151.54	295 832.00	333 400.00	108 700.00
分配股利、利润或偿付利息支付的现金	20 671.15	21 454.68	20 087.61	14 868.57
其中：子公司支付给少数股东的股利、利润	2 660.94	262.75	617.61	398.62
支付其他与筹资活动有关的现金	23 855.73	52 203.60	93 433.13	57 126.07
筹资活动现金流出小计	269 678.42	369 490.27	446 920.73	180 694.64
筹资活动产生的现金流量净额	351 824.06	−170 296.28	87 442.26	175 233.12
四、汇率变动对现金及现金等价物的影响	−1 605.49	365.16	−977.02	−1 560.05
五、现金及现金等价物净增加额	524 551.09	86 761.87	−39 500.41	101 036.57
加：期初现金及现金等价物余额	277 109.28	190 347.41	229 847.82	128 811.25
六、期末现金及现金等价物余额	801 660.37	277 109.28	190 347.41	229 847.82

资料来源：根据新浪财经披露的年报整理而得，存在尾差调整。

2）现金流量表正表的项目说明

（1）经营活动产生的现金流量和筹资活动产生的现金流量与通常的理解相同。即使对于初学者，一般也不会有理解上的错误。比如销售商品、支付税费、采购零部件等均属于经营活动，而获得银行或其他金融机构的长短期贷款、偿还债务、支付现金股利等均属于筹资活动。

（2）投资活动产生的现金流量应重新予以解释。它是指公司长期资产的购建和处置以及不包括在现金等价物范围内的投资及其处置活动。这与会计上投资的含义不尽一致。投资活动产生的现金流量既包括会计意义上的投资活动，比如配置金融资产（属于现金等价物的除外）、对上下游进行长期股权投资、收到被投资单位分配的现金股利等，也包括固定资产、无形资产和其他长期资产等的购建和处置活动。如表13-1所示，中科曙光2020年购建固定资产、无形资产和其他长期资产支付的现金为55 416.72万元，就列在现金流量表的投资活动产生的现金流量项下。

13.2.2 附表的格式

现金流量表的附表也称为补充资料，由三部分构成：将净利润调节为经营活动现金流量；不涉及现金收支的重大投资和筹资活动；现金及现金等价物净变动情况。如果没有不涉及现金收支的重大投资和筹资活动，第二部分则可以省去不列。具体格式见表13-2。

表13-2　　　　　　　　中科曙光2017—2020年现金流量表附表　　　　　　　单位：万元

项目	2020年	2019年	2018年	2017年
1.将净利润调节为经营活动现金流量：				
净利润	88 747.00	63 839.48	46 754.08	32 666.24
加：资产减值准备	4 939.98	10 613.92	8 044.55	3 787.33
信用减值损失	916.46	—	—	—
固定资产折旧、油气资产折耗、生产性生物资产折旧	22 247.35	18 804.53	12 674.81	7 486.98
无形资产摊销	9 356.09	4 938.18	3 164.14	2 764.60
长期待摊费用摊销	1 955.87	1 529.17	596.34	212.72
处置固定资产、无形资产和其他长期资产的损失（收益以"－"号填列）	-283.70	0.97	-6 621.33	-8 163.13
固定资产报废损失（收益以"－"号填列）	66.79	232.95	28.82	—
公允价值变动损失（收益以"－"号填列）	—	—	—	—
财务费用（收益以"－"号填列）	6 634.70	17 710.52	16 996.06	10 618.08
投资损失（收益以"－"号填列）	3 952.42	-11 426.33	49.28	2 201.59

项目	2020年	2019年	2018年	2017年
递延所得税资产减少（增加以"－"号填列）	145.16	−533.56	−3 279.26	−2 363.52
递延所得税负债增加（减少以"－"号填列）	−54.14	−2 914.84	1 599.87	1 081.13
存货的减少（增加以"－"号填列）	55 000.69	−111 545.57	−106 454.93	−66 683.30
经营性应收项目的减少（增加以"－"号填列）	−4 978.18	−123 738.58	−66 824.62	−145 167.77
经营性应付项目的增加（减少以"－"号填列）	36 406.67	447 427.19	144 517.25	179 438.41
其他	6 473.75	2 440.25	11 860.97	−13 685.57
经营活动产生的现金流量净额	231 526.90	317 378.29	63 106.03	4 193.80
2.不涉及现金收支的重大投资和筹资活动：				
债务转为资本	—	—	—	—
一年内到期的可转换公司债券	—	—	—	—
融资租入固定资产	—	—	—	—
3.现金及现金等价物净变动情况：				
现金的期末余额	801 660.37	277 109.28	190 347.41	229 847.82
减：现金的期初余额	277 109.28	190 347.41	229 847.82	128 811.25
加：现金等价物的期末余额	—	—	—	—
减：现金等价物的期初余额	—	—	—	—
现金及现金等价物净增加额	524 551.09	86 761.87	−39 500.41	101 036.57

资料来源：根据新浪财经披露的年报整理而得，存在尾差调整。

● 13.3 现金流量表的编制方法

现金流量表的编制方法根据经营活动产生的现金流量的列报方式不同分为直接法和间接法。企业会计准则规定两种方法均为我国企业所采用。正表中用直接法填列，附表中用间接法验证。至于投资活动产生的现金流量和筹资活动产生的现金流量，并无直接法和间接法之分，都是直接分析填列，将其称为直接法也未尝不可。鉴于企业的经营活动相比投资活动和筹资活动来说要频繁得多，所以编制现金流量表的重点是如何编制出经营活动产生的现金流量。

1）经营活动产生的现金流量的统计口径

（1）直接法。直接法就是在编制经营活动产生的现金流量时直接根据所发生的经济业务分析填列。究其本质，直接法可定义为：以营业收入为起算点，把利润表调节成收付实现制下的经营活动范围内的现金净利润。直接法下既然是直接分析填列经营活动产生的现金流量，那么对经营活动现金流入和流出小计中的主要项目的正确理解就显得格外重要了。就经营活动现金流入小计而言，首先是销售商品、提供劳务收到的现金，其统计口径包括：收到的增值税销项税额；本期销售，本期收现的部分；前期销售，本期收现的部分，即应收项目的减少，以及本期收现，后期销售的部分，即预收款项的增加。至于收到的税费返还和收到其他与经营活动有关的现金（如租金等）很好理解，在此不再赘述。经营活动现金流出小计中的购买商品、接受劳务支付的现金包括：支付的增值税进项税额；本期购买，本期付现的部分；前期购买，本期付现的部分，即应付项目的减少，以及本期付现，后期购买的部分，即预付款项的增加。支付给职工以及为职工支付的现金包括工资、奖金和津贴等，可以理解成为职工支付的一切现金。支付的各项税费包括企业所得税、消费税、资源税、城市维护建设税和教育费附加等，但不包括支付的增值税。支付其他与经营活动有关的现金包括租金、水电费和差旅费等。

（2）间接法。间接法就是在编制经营活动产生的现金流量时根据净利润按调节公式倒推出结果。究其本质，间接法可定义为：以净利润为起算点，把利润表调节成收付实现制下的经营活动范围内的现金净利润。

2）投资活动产生的现金流量的统计口径

投资活动现金流入项目主要有收回投资收到的现金、取得投资收益收到的现金，以及处置固定资产、无形资产和其他长期资产收回的现金净额等。收回投资收到的现金恰指会计意义上的投资被处置时的现金回流；取得投资收益收到的现金反而指会计意义上的投资未被处置时被投资对象发放的现金利润或股利；处置固定资产、无形资产和其他长期资产收回的现金净额所指明确，一般不会有理解上的困难，如表13-1所示，中科曙光2020年该项目列示的现金流入仅为21.01万元。

投资活动现金流出项目主要有购建固定资产、无形资产和其他长期资产支付的现金以及投资支付的现金等。其中，投资支付的现金指的是会计意义上的投资活动。

3）筹资活动产生的现金流量的统计口径

筹资活动现金流入项目主要有吸收投资收到的现金和取得借款收到的现金等。前者包括吸收股权投资和债权投资收到的现金，后者包括获得的短期借款和长期借款。

筹资活动现金流出项目主要有偿还债务支付的现金以及分配股利、利润或偿付利息支付的现金等。偿还债务支付的现金只包含本金，而利息的支付则包含在分配股利、利润或偿付利息支付的现金中。

4）勾稽关系

要想知道现金流量表是否编对了，必须验证两层勾稽关系：一是直接法下得出的现金流量净额是否等于资产负债表上现金及现金等价物从期初到期末的净增加额；二是直接法下得出的经营活动产生的现金流量净额是否与间接法下得出的经营活动产生的现金流量净额相等。

● 13.4　现金流量表编制示例

【实例 13-1】

某商品流通企业 2021 年 12 月份共实现销售收入 800 万元，其中赊销收入 200 万元。营业成本计 560 万元，其中本期购进的 400 万元存货全部销售完毕，还有 160 万元存货系以前期间的留存。本期计提的销售设备的折旧费为 120 万元，贷款利息支出为 5 万元。试分别用直接法和间接法编制出经营活动产生的现金流量净额，金额单位以万元计。假定不考虑相关税费。

表 13-3 列出了采用直接法和间接法编制该企业现金流量表对比以及与利润表之间的关系。

表 13-3　　　　　　　**采用直接法和间接法编制现金流量表对比**　　　　　单位：万元

利润表		直接法		间接法	
营业收入	800	销售商品、提供劳务收到的现金	600	减去没有现金流入的收入	-200④
营业成本	560	购买商品、接受劳务支付的现金	400	加回没有现金流出的成本	+160③
销售费用（折旧）	120			加回没有现金流出的费用	+120②
财务费用	5			剔除不属于经营活动范围内的损益	+5①
净利润	115			净利润	115
		经营活动产生的现金流量净额	200	经营活动产生的现金流量净额	200

表 13-3 最左边一列显示的是利润表上的净利润的计算过程。我国企业利润表的编制遵从的是全面损益观，即所有活动产生的损益均计入利润表。除此之外，利润表还采用权责发生制确认收入和费用。所以，115 万元的净利润中既有现金形态的，也有非现金形态的。现金流量表上的经营活动产生的现金流量净额实际上指的是经营活动范围内现金形态的净利润。若要求解这个值，就需要在利润表的基础上做两项工作：一是把损益的计算框定在经营活动范围内；二是把利润表上的数据从权责发生制转换成收付实现制。

从表 13-3 中间一列可以看出，采用直接法编制经营活动产生的现金流量净额就是按上述两个标准把利润表从上至下再编一遍，只不过这时营业收入被称为销售商品、提供劳务收到的现金，营业成本被称为购买商品、接受劳务支付的现金，关注的仅是有现金收支的经营活动范围内的项目。之所以销售费用不予扣减，是因为没有现金流出；之所以财务费用也不予扣减，是因为不是经营活动的损益。

从表13-3最右边一列可以看出，采用间接法编制经营活动产生的现金流量净额就是按上述两个标准把利润表从下至上再编一遍，只不过这时要做四类调整：一是剔除不属于经营活动范围内的损益，如利息费用在我国计入财务费用，即计入营业利润的统计口径，但实际上支付利息属于筹资活动，不应列在经营活动范围内，所以加回，抵销了计算净利润时的操作；二是加回没有现金流出的费用，如折旧费用等；三是加回没有现金流出的成本，如存货从期初到期末的减少，意味着销售出库计入了营业成本，但却没有现金流出，不应减去，所以加回；四是减去没有现金流入的收入，如应收账款期初到期末的增加，代表的是赊销的部分，计入了营业收入，却没有收到现金，所以减去。也就是说，间接法关注和调整的是不属于经营活动的损益和没有现金收支的经营活动范围内的项目，这是因为调整是从净利润开始的。这四类调整实际上涵盖了采用间接法编制经营活动产生的现金流量净额调节公式中的所有调节事项，无论企业经营活动的数量多寡和业务繁简。

● 13.5 对使用间接法编制现金流量表调节公式的理解

各类教材通常都会介绍使用间接法编制现金流量表调节公式，如式（13.1）所示，其中①至④代表调节类型。

经营活动产生的现金流量净额=净利润

$\qquad$ +资产减值准备 ②

$\qquad$ +固定资产折旧 ②

$\qquad$ +无形资产摊销 ②

$\qquad$ +固定资产报废损失（减：收益）（不属于经营活动）①

$\qquad$ +投资损失（减：收益）（不属于经营活动）①

$\qquad$ +存货的减少（减：增加）③

$\qquad$ +经营性应付项目的增加（减：减少）③

$\qquad$ +经营性应收项目的减少（减：增加）④   （13.1）

从这个公式可以看到，在使用间接法编制现金流量表时，第一类调节和第二类调节不难理解，一般也不会把调节符号搞错。难的是对第三类调节和第四类调节的理解，很容易把调节符号记混。通过观察，我们可以发现，公式（13.1）中的第三类调节和第四类调节均涉及存货和应收应付、预收预付项目，均是流动资产和流动负债项目。而一个企业配置流动资产，会减少现金流；配置流动负债，则会增加现金流。基于此，笔者提出如下"两个凡是"的规则来应对第三类调节和第四类调节：

（1）凡是流动资产项目，变动的符号相反；

（2）凡是流动负债项目，变动的符号一致。

下面就用这个规则来编制出一家公司的经营活动产生的现金流量净额。

【实例 13-2】

向荣公司 2021 年编制经营活动产生的现金流量净额需要关注的事项和金额见表 13-4。请直接在表上填写经营活动产生的现金流量净额，最后的结果是 500万元。

表 13-4 　　　　　　向荣公司 2021 年现金流量表编制草稿 　　　　　　单位：万元

项目	金额	经营活动产生的现金流量
（1）本期净利润	350	350
（2）本期折旧费用	130	+130
（3）存货减少	29	+29
（4）应收账款增加	21	−21
（5）预收账款减少	14	−14
（6）应付账款增加	16	+16
（7）预付账款减少	31	+31
（8）出售股票获得投资收益	10	−10
（9）处置固定资产损失	6	+6
（10）发行股票收到现金	400	—
（11）从银行借入 2 年期借款	260	—
（12）支付给股东的现金股利	115	—
（13）成本法下确认股利收入	25	−25
（14）支付给银行的利息费用	8	+8
（15）归还银行 1 年期借款	28	—
经营活动产生的现金流量净额		500

首先，事项（10）至（12）和（15）不涉及经营活动，属于筹资活动，且不影响损益，故在编制经营活动产生的现金流量净额时不需考虑，直接跳过即可。

其次，事项（8）（9）（13）（14）也不属于经营活动，但影响了损益，故按与计算净利润时相反的符号予以剔除。

再次，事项（2）本期折旧费用属于没有现金流出的费用，应直接加回，很好理解。

最后，事项（3）至（7），最容易把调节符号搞错。这时运用上述"两个凡是"的规则，很轻松就解决了。

汇总的结果正好是 500 万元，说明现金流量表编对了。

【总结与结论】

本章首先介绍了现金及现金等价物的定义和现金流量表的格式,随后介绍了现金流量表正表中三类活动产生的现金流量各明细项目的统计口径,最后介绍了现金流量表的两种编制方法即直接法和间接法的操作要点并给出了相应的编制示例。本章难点是如何运用间接法编制经营活动产生的现金流量净额。这部分内容需要读者反复练习,因为只有掌握了现金流量表的编制,才能真正理解现金流量表。

【练习题库】

★ 思考题

1. 使用直接法和间接法编制现金流量表有什么本质区别?

2. 为什么说经营活动产生的现金流量净额实际上就是企业经营活动中实现的现金形态的净利润?

3. 表13-5列示的是碧水源2017—2018年货币资金和现金及现金等价物金额。碧水源2017—2018年没有现金等价物,但其2018年的现金及现金等价物净增加额不等于资产负债表上的货币资金期初到期末的变动额,为什么?

表13-5　　　碧水源2017—2018年货币资金和现金及现金等价物金额　　　　单位:元

项目	期末余额	期初余额
库存现金	790 890.58	2 331 003.62
银行存款	6 184 517 036.03	6 087 459 793.06
其他货币资金	145 701 846.88	41 891 522.48
合计	6 331 009 773.49	6 131 682 319.16
其中:存放在境外的款项总额	166 847 612.90	155 409 704.62
货币资金(资产负债表)	6 331 009 773.49	6 131 682 319.16
现金及现金等价物净增加额	139 151 395.29	-1 452 188 861.63
期末现金及现金等价物余额	6 245 536 741.85	6 106 385 346.56
期初现金及现金等价物余额	6 106 385 346.56	7 558 574 208.19

资料来源:根据碧水源2017—2018年资产负债表和货币资金的附注整理而得。

注:2018年年末其他货币资金系保函保证金,其中受限金额85 473 031.64元。除此之外,货币资金中不存在其他因抵押或冻结等对使用有限制的款项。

★ 业务题

1．旭日公司 2021 年度利润表项目数据见表 13-6。

表 13-6　　　　　　　　**旭日公司 2021 年度利润表项目数据**　　　　　　　单位：元

项目	金额
营业收入	186 000
营业成本	123 000
管理费用（薪酬）	15 000
管理费用（折旧）	9 000
管理费用（水电费）	7 000
财务费用（贷款利息）	4 000
所得税费用	4 200
净利润	23 800

2021 年度其他数据如下：

（1）应收账款期初到期末增加了 6 000 元。

（2）付给供应商的款项要比营业成本少 3 000 元。

（3）对职工的支付要比薪酬费用多 1 000 元。

（4）水电费、利息费用和所得税支出与各自的现金付款数相等。

（5）购买设备花费 136 000 元，其中，100 000 元以现金支付，36 000 元算作长期应付款；没有出售设备。

（6）出售一项专利，收入 34 000 元。

（7）发行普通股，收入 45 000 元。

（8）支付长期应付款 20 000 元。

（9）支付现金股利 8 000 元。

要求：分别运用直接法和间接法编制该公司 2021 年度现金流量表（简表）。旭日公司现金流量表正表的空白样表见表 13-7，编制时有金额的项目填写，没有金额的项目自动跳过，个别项目的金额已填上。

表 13-7　　　　　　　**旭日公司 2021 年度现金流量表（简表）**　　　　　　单位：元

项目	金额
一、经营活动产生的现金流量：	
销售商品、提供劳务收到的现金	
收到的税费返还	
收到其他与经营活动有关的现金	
经营活动现金流入小计	

项　目	金　额
购买商品、接受劳务支付的现金	
支付给职工以及为职工支付的现金	
支付的各项税费	
支付其他与经营活动有关的现金	
经营活动现金流出小计	
经营活动产生的现金流量净额	
二、投资活动产生的现金流量：	
收回投资收到的现金	
取得投资收益收到的现金	
处置固定资产、无形资产和其他长期资产收回的现金净额	
处置子公司及其他营业单位收到的现金净额	
收到其他与投资活动有关的现金	
投资活动现金流入小计	
购建固定资产、无形资产和其他长期资产支付的现金	100 000+20 000
投资支付的现金	
取得子公司及其他营业单位支付的现金净额	
支付其他与投资活动有关的现金	
投资活动现金流出小计	
投资活动产生的现金流量净额	
三、筹资活动产生的现金流量：	
吸收投资收到的现金	
取得借款收到的现金	
收到其他与筹资活动有关的现金	
筹资活动现金流入小计	
偿还债务支付的现金	
分配股利、利润或偿付利息支付的现金	
支付其他与筹资活动有关的现金	
筹资活动现金流出小计	
筹资活动产生的现金流量净额	
四、现金及现金等价物净增加额	

2.表 13-8 是培德公司 2021 年度利润表相关资料，表 13-9 是 2020 年和 2021 年资产负债表相关资料。

表 13-8　　　　　　　培德公司2021年利润表相关资料　　　　　　　单位：元

项目	金额
营业收入	500 000
营业成本	280 000
销售费用（折旧）	10 000
管理费用（薪酬）	95 000
管理费用（通信费）	4 000
管理费用（专利摊销）	1 500
财务费用（利息费用）	8 000
投资收益	6 000
资产处置收益	−2 000
利润总额	105 500
所得税费用	45 000
净利润	60 500

表 13-9　　　　　培德公司2020年和2021年资产负债表相关资料　　　　　单位：元

项目	2021年	2020年
资产：		
货币资金	50 000	45 000
应收账款	105 000	70 000
存货	130 000	110 000
流动资产合计	285 000	225 000
固定资产（累计折旧2021年为−45 000元，2020年为−50 000元）	345 000	366 500
无形资产	77 500	16 500
非流动资产合计	422 500	383 000
资产总计	707 500	608 000
负债和股东权益：		
应付账款	130 000	100 000

续表

项目	2021年	2020年
其他应付款	100 000	105 000
流动负债合计	230 000	205 000
应付债券	65 000	90 000
递延所得税负债	70 000	50 000
非流动负债合计	135 000	140 000
负债合计	365 000	345 000
股东权益：		
股本（每股面值为5元，被授权发行50 000股，已发行且流通在外的普通股股本数期初为21 000股、期末为25 000股）	125 000	105 000
资本公积	116 500	85 000
盈余公积和未分配利润	101 000	73 000
股东权益合计	342 500	263 000
负债和股东权益总计	707 500	608 000

其他相关业务如下：

（1）培德公司在2021年2月2日向2021年1月15日登记在册的股东发行了10%的股票红利。2021年2月2日，培德公司普通股的每股市价为15元（假定以市价结转）。

（2）培德公司在2021年3月1日发行了1 900股普通股，发行收入将被用来购买土地使用权。2021年3月1日，培德公司发行的普通股和所要购买的土地使用权的现时市场价值都为20 000元。

（3）培德公司在2021年4月15日回购了面值和账面价值都为25 000元的公司债券。在该公司的利润表上，这项交易产生的6 000元的收益被当作投资收益列示。

（4）培德公司在2021年6月30日按9 500元的现金价格卖掉了成本为26 500元、账面价值为11 500元的设备。

（5）培德公司在2021年9月30日对2020年8月1日登记在册的股东宣告并支付了每股0.04元的现金红利。

（6）培德公司在2021年10月10日按42 500元的现金价格购买了一块土地使用权。

要求：

（1）编制业务（1）的会计分录，股票股利按面值结转成股本。

（2）计算培德公司2021年度究竟发放了多少股票股利和现金股利，并解释股本从期初到期末的变动过程。

（3）用间接法为培德公司编制2021年度现金流量表（表13-10是初步表格并已给出几个关键数据）。

表 13-10 培德公司2021年度现金流量表初步表格 单位：元

项目	金额
一、经营活动产生的现金流量	
将净利润调节为经营活动现金流量：	
净利润	60 500
固定资产折旧	10 000
无形资产摊销	1 500
应收账款增加	
存货增加	
应付账款增加	30 000
递延所得税负债（加：贷项，减：借项）	20 000
其他应付款减少	
债券回购形成的投资收益	
固定资产处置损失	
利息费用	
经营活动产生的现金流量净额	66 000
二、投资活动产生的现金流量	
处置固定资产收回的现金	
购买土地使用权支付的现金	
投资活动产生的现金流量净额	−33 000
三、筹资活动产生的现金流量	
回购长期债券支付的现金	19 000
发放现金股利支付的现金	
偿付利息支付的现金	
筹资活动产生的现金流量净额	−28 000
四、现金及现金等价物净增加额	5 000

【课程思政案例】

全聚德后续年度会有现金断流的风险吗

表13-11是中国全聚德（集团）股份有限公司（以下简称全聚德）2019—2020

年现金流量表片段。从中可以看出，2020年，全聚德由于受新冠肺炎疫情的影响，经营活动产生的现金流量由2019年的结余6 851万元演变成缺口为15 097万元，即经营活动范围内已入不敷出，超支15 097万元。投资活动产生的现金流量缺口由2019年28 796万元扩大至2020年的31 306万元。筹资活动产生的现金流量缺口在2019年和2020年分别为7 439万元和2 468万元。结果导致现金净缺口在2019年和2020年分别为29 384万元和48 871万元。也就是说，2019年耗用了原有货币资金存量29 384万元，使之从99 163万元下降至69 779万元；2020年全聚德耗用了原有货币资金存量48 871万元，使之从69 779万元下降至20 908万元。若后续年度再延续2020年的经营规模和运营模式，则会导致全聚德的货币资金断流。

表13-11 　　　　　　　　全聚德2019年和2020年现金流量表片段 　　　　　　单位：万元

项目	2020年	2019年
经营活动产生的现金流量净额	**−15 097**	**6 851**
收回投资收到的现金	812	—
取得投资收益收到的现金	3 126	4 274
处置固定资产、无形资产和其他长期资产收回的现金净额	32	4
收到其他与投资活动有关的现金	85 925	106 982
投资活动现金流入小计	89 895	111 260
购建固定资产、无形资产和其他长期资产支付的现金	4 201	4 469
投资支付的现金	—	30 587
支付其他与投资活动有关的现金	117 000	105 000
投资活动现金流出小计	121 201	140 056
投资活动产生的现金流量净额	**−31 306**	**−28 796**
吸收投资收到的现金	—	—
取得借款收到的现金	—	—
筹资活动现金流入小计	—	—
偿还债务支付的现金	—	—
分配股利、利润或偿付利息支付的现金	1 884	7 338
支付其他与筹资活动有关的现金	584	101
筹资活动现金流出小计	2 468	7 439
筹资活动产生的现金流量净额	**−2 468**	**−7 439**
现金及现金等价物净增加额	**−48 871**	**−29 384**
加：期初现金及现金等价物余额	**69 779**	**99 163**
期末现金及现金等价物余额	**20 908**	**69 779**

资料来源：根据全聚德2020年度现金流量表整理而得。

思考题：

（1）全聚德后续年度真的会有现金断流的风险吗？

（2）全聚德如果发生现金断流的情况，应通过何种渠道融资或通过处置何种资产获取资金？

小提示：

请查阅全聚德"收到其他与投资活动有关的现金""支付其他与投资活动有关的现金""投资支付的现金"附注来做出判断。

第 14 章

合并报表及其抵销分录

【学习目标】

通过本章的学习，您应该：（1）了解合并财务报表的含义，掌握合并范围的确定及控制标准的具体应用；（2）掌握企业合并的方式以及不同形式下合并日和合并日后抵销分录的编制、合并报表的编制；（3）掌握存货中未实现内部销售损益及包含的存货跌价准备的抵销处理；（4）掌握内部应收应付款项及坏账准备的抵销处理；（5）掌握内部固定资产及无形资产交易的抵销处理；（6）掌握内部现金流量的抵销处理。

● 14.1 合并财务报表概述

合并财务报表是反映母公司及其全部子公司形成的企业集团整体财务状况、经营成果和现金流量的报表，是由母公司以个别财务报表为基础进行编制的带"合并"字样的报表。

14.1.1 合并范围的确定

合并财务报表的范围应当以控制为基础加以确定。

控制，是指一个企业能够决定另一个企业的财务和经营政策，并能够据以从另一个企业的经营活动中获取利益的权力。

控制通常具有如下特征：

（1）控制的主体是唯一的，不是两方或多方。

（2）控制的内容是另一个企业的日常生产经营活动的财务和经营政策（一般通过表决权来决定）。

（3）控制的目的是获取经济利益，享有可变回报。

（4）控制的性质是一种权力。

14.1.2　控制标准的具体应用

1）拥有半数以上的表决权的情况

表决权，是指对被投资单位经营计划、投资方案、年度财务预算方案和决算方案、利润分配方案和弥补亏损方案、内部管理机构的设置、聘任或解聘公司经理及其报酬、公司的基本管理制度等事项持有的表决权。

拥有半数以上的表决权，包括以下三种情况：

（1）母公司 A 直接拥有被投资单位 B 半数以上的表决权，如持股 60%。

（2）母公司 A 控股被投资单位 B，如持股 60%，而被投资单位 B 又控股另一家被投资单位 C，如持股 55%，相当于母公司 A 间接拥有被投资单位 C 半数以上表决权，持股比例为 55%。

（3）母公司 A 通过直接和间接方式合计拥有被投资单位半数以上表决权。如 A 持有 B 60% 的股权并持有 C 30% 的股权，B 持有 C 25% 的股权相当于 A 间接持有 C 25% 的股权，A 通过直接和间接方式合计持有 C 55% 的股权。

2）拥有半数及半数以下的表决权的情况

（1）通过与其他投资者签订协议拥有被投资单位半数以上的表决权；

（2）拥有半数以下的表决权时实质性拥有控制权。

3）确定能否控制被投资单位时潜在表决权的影响

潜在表决权，是指当期可转换的公司债券、当期可执行的认股权证等，不包括将来的。

（1）应考虑影响潜在表决权的所有事项和情况；

（2）不仅要考虑本企业的潜在表决权，还要考虑其他企业或个人的潜在表决权；

（3）不仅要考虑可能会提高表决权，还要考虑可能会降低表决权；

（4）潜在表决权仅作为判断是否存在控制的考虑因素，不影响分配比例。

例如，A 拥有 B 公司 45% 的权益资本，除此之外，还拥有 B 公司的可转换债券，行使转换权力后可拥有 B 公司 10% 的股权，如果当期进行转换，那么，B 就是 A 的子公司，A 就是 B 的母公司。

4）母公司合并财务报表合并范围

不论规模大小、子公司向母公司转移资金能力是否受限，不论业务性质如何，所有子公司都应纳入母公司合并财务报表。需要特别说明的是，受所在国外汇管制及其他管制，资金调度受到限制的境外子公司也应纳入合并范围。

不应纳入合并范围的有：①已宣告被清理整顿的原子公司；②已宣告破产的原子公司；③母公司不能控制的其他被投资单位。

【实例 14-1】

下列被投资企业中，应当纳入甲公司合并财务报表合并范围的有（　　　）。

A.甲公司在报告年度购入其 63% 股份的境外被投资企业

B.甲公司持有其 25% 股份，且受托代管 B 公司持有其 30% 股份的被投资企业

C.甲公司持有其45%股份，甲公司的子公司A公司持有其10%股份的被投资企业

D.甲公司持有其45%股份，甲公司的母公司持有其10%股份的被投资企业

E.甲公司持有其39%股份，且根据章程有权决定其财务和经营政策的被投资企业

答案：ABCE

解析：

选项A，属于直接控制；

选项B，根据实质重于形式原则，拥有控制权；

选项C，直接持股比例和间接持股比例合计超过50%，应纳入合并范围；

选项E，根据实质重于形式原则，拥有控制权。

14.1.3 合并财务报表的编制程序

对个别财务报表各项目的金额进行汇总和抵销处理，计算出合并金额。具体步骤为：

（1）编制合并工作底稿；

（2）过表；

（3）编制调整分录和抵销分录（应通过报表项目而不是会计科目编制调整分录和抵销分录）；

（4）计算合并报表的合并金额；

（5）按格式填列合并报表。

● 14.2 长期股权投资与所有者权益的抵销

14.2.1 同一控制下长期股权投资与所有者权益的合并处理

1）合并日的账务处理

编制合并资产负债表，只需要将长期股权投资与子公司所有者权益中母公司拥有的份额相互抵销即可。

【实例14-2】

甲公司2021年1月1日以33 000万元的价格取得A公司80%的股权。A公司净资产的公允价值为40 000万元。甲公司在购买A公司过程中发生审计、评估和法律服务等相关费用150万元。上述价款均以银行存款支付。甲公司与A公司均为同一控制下的企业。A公司采用的会计政策与甲公司一致。根据A公司资产负债表，A公司股东权益总额为35 000万元，其中，股本为22 000万元，资本公积为8 000万元，盈余公积为2 200万元，未分配利润为2 800万元。

合并后，甲公司在A公司股东权益中所拥有的份额为28 000万元。甲公司对A公司长期股权投资的初始出资额为33 000万元。至于购买该股权过程中发生的审计、评估等相关费用，则直接计入当期损益，即计入当期管理费用。由于A公司与甲公司均为同一控制下的企业，因此按同一控制下企业合并的规定进行处理。

合并报表抵销分录如下：

借：股本	220 000 000
资本公积	80 000 000
盈余公积	22 000 000
未分配利润	28 000 000
贷：长期股权投资	280 000 000
少数股东权益	70 000 000

2）合并日后的账务处理

（1）将母公司对子公司长期股权投资由成本法核算调整为权益法核算。调整时，自取得对子公司长期股权投资的年度起，逐年调整应该分享的净利润及净利润以外所有者权益的其他变动。

（2）将母公司对子公司长期股权投资项目与子公司所有者权益项目等内部交易有关项目抵销，将内部交易对个别财务报表的影响予以抵销。

（3）在编制工作底稿的基础上编制合并财务报表。

【实例 14-3】

接【实例 14-2】，A 公司 2021 年 1 月 1 日股东权益总额为 35 000 万元，其中，股本为 22 000 万元，资本公积为 8 000 万元，盈余公积为 2 200 万元，未分配利润为 2 800 万元；2021 年 12 月 31 日，股东权益总额为 42 000 万元，其中，股本为 22 000 万元，资本公积为 8 000 万元，盈余公积为 5 000 万元，未分配利润为 7 000 万元。

A 公司 2021 年全年实现净利润 12 500 万元，经公司董事会提议并经股东会批准，2021 年提取盈余公积 2 800 万元，向股东宣告分派现金股利 5 500 万元。

调整分录和抵销分录如下：

①将成本法核算的结果调整为权益法核算的结果：

借：长期股权投资——A 公司	100 000 000
贷：投资收益	100 000 000
借：投资收益	44 000 000
贷：长期股权投资——A 公司	44 000 000

②编制合并报表抵销分录：

借：股本	220 000 000
资本公积	80 000 000
盈余公积	50 000 000
未分配利润	70 000 000
贷：长期股权投资	336 000 000
少数股东权益	84 000 000

③将内部交易对个别财务报表的影响予以抵销：

借：投资收益	100 000 000
少数股东损益	25 000 000
年初未分配利润	28 000 000

　　贷：提取盈余公积　　　　　　　　　　　　　　　　　　28 000 000

　　　　向股东分配利润　　　　　　　　　　　　　　　　　55 000 000

　　　　年末未分配利润　　　　　　　　　　　　　　　　　70 000 000

　借：其他应付款——应付股利　　　　　　　　　44 000 000

　　贷：其他应收款——应收股利　　　　　　　　　　　　　44 000 000

14.2.2　非同一控制下长期股权投资与所有者权益合并处理

　　1）取得子公司股权，购买日合并报表的处理

　　（1）按照公允价值对非同一控制下取得子公司的财务报表进行调整。一般情况下，母公司要对子公司资产、负债进行评估，在合并报表中记录。

　　（2）母公司长期股权投资与子公司所有者权益抵销处理。

　　（3）在编制工作底稿的基础上编制合并财务报表。

【实例 14-4】

　　甲公司 2021 年 1 月 1 日以定向增发公司普通股股票的方式购买取得 A 公司 70% 股权，定向增发 1 亿股普通股股票，面值为 1 元，市场价格为 2.99 元。

　　A 公司购买日股东权益总额为 35 000 万元，其中，股本为 22 000 万元，资本公积为 8 000 万元，盈余公积为 2 200 万元，未分配利润为 2 800 万元。A 公司购买日应收账款账面价值为 4 120 万元，公允价值为 3 920 万元；存货账面价值为 20 000 万元，公允价值为 21 200 万元；固定资产账面价值为 19 000 万元，公允价值为 22 000 万元。

　　调整分录和抵销分录如下：

　　①购买日母公司报表项目调整：

　借：长期股权投资　　　　　　　　　　　　　299 000 000

　　贷：股本　　　　　　　　　　　　　　　　　　　　　　100 000 000

　　　　资本公积　　　　　　　　　　　　　　　　　　　　199 000 000

　　②将 A 公司资产、负债按照评估价值进行调整：

　借：存货　　　　　　　　　　　　　　　　　　12 000 000

　　　固定资产　　　　　　　　　　　　　　　　30 000 000

　　贷：应收账款　　　　　　　　　　　　　　　　　　　　2 000 000

　　　　资本公积　　　　　　　　　　　　　　　　　　　　40 000 000

　　③编制合并报表抵销分录：

　借：股本　　　　　　　　　　　　　　　　　　220 000 000

　　　资本公积　　　　　　　　　　　　　　　　120 000 000

　　　盈余公积　　　　　　　　　　　　　　　　22 000 000

　　　未分配利润　　　　　　　　　　　　　　　28 000 000

　　　商誉［299 000 000-（350 000 000+40 000 000）×70%］　26 000 000

　　贷：长期股权投资　　　　　　　　　　　　　　　　　　299 000 000

　　　　少数股东权益　　　［（350 000 000+40 000 000）×30%］117 000 000

2）期末合并报表处理

（1）以购买日确定的各项可辨认资产、负债及或有负债的公允价值为基础对子公司财务报表进行调整；

（2）将母公司对子公司的长期股权投资由成本法调整为权益法；

（3）编制合并抵销分录；

（4）编制合并工作底稿，编制合并财务报表。

【实例 14-5】

接【实例 14-4】，A 公司 2021 年 12 月 31 日股东权益总额为 42 000 万元，其中，股本为 22 000 万元，资本公积为 8 000 万元，盈余公积为 5 000 万元，未分配利润为 7 000 万元。A 公司 2021 年全年实现净利润 12 500 万元，经公司董事会提议并经股东会批准，2021 年提取盈余公积 2 800 万元，向股东宣告分派现金股利 5 500 万元。

截至 2021 年 12 月 31 日，应收账款按购买日评估确认的金额收回，评估确认的坏账已核销；购买日发生评估增值的存货，当年已全部实现对外销售；购买日固定资产评估增值系管理用办公楼增值，该办公楼采用的折旧方法为年限平均法，该办公楼剩余折旧年限为 20 年，假定该办公楼评估增值在未来 20 年内平均摊销。

计算过程及调整分录如下：

A 公司调整后本年利润=12 500+200（调减资产减值损失）−1 200（调增营业成本）−150（调增管理费用，即固定资产评估增值 3 000÷年限 20）=11 350（万元）

A 公司调整后本年年末未分配利润=2 800+11 350−2 800（提取盈余公积）−5 500（分派现金股利）=5 850（万元）

权益法下甲公司对 A 公司的投资收益=11 350×70%=7 945（万元）

权益法下甲公司对 A 公司长期股权投资本年年末余额=29 900+7 945−5 500×70%=33 995（万元）

少数股东损益=11 350×30%=3 405（万元）

少数股东权益年末余额=11 700+3 405−5 500×30%=13 455（万元）

①将 A 公司资产、负债按照评估价值进行调整：

借：存货	12 000 000	
固定资产	30 000 000	
贷：应收账款		2 000 000
资本公积		40 000 000

②根据资产、负债公允价值调整相应的成本、费用：

借：营业成本	12 000 000	
管理费用	1 500 000	
应收账款	2 000 000	
贷：存货		12 000 000
固定资产		1 500 000
资产减值损失		2 000 000

③按照权益法调整长期股权投资：

借：长期股权投资 79 450 000

    投资收益 38 500 000

  贷：投资收益 79 450 000

    长期股权投资 38 500 000

④母公司长期股权投资与子公司所有者权益抵销：

借：股本 220 000 000

    资本公积 120 000 000

    盈余公积 50 000 000

    未分配利润 58 500 000

    商誉 26 000 000

  贷：长期股权投资 339 950 000

    少数股东权益 134 550 000

⑤母公司投资收益与子公司利润分配抵销，母公司应收股利与子公司应付股利抵销：

借：投资收益 79 450 000

    少数股东损益 34 050 000

    年初未分配利润 28 000 000

  贷：提取盈余公积 28 000 000

    向股东分配利润 55 000 000

    年末未分配利润 58 500 000

借：其他应付款——应付股利 38 500 000

  贷：其他应收款——应收股利 38 500 000

【实例14-6】

接【实例14-4】和【实例14-5】，A公司购买日资料同上。截至2022年12月31日，应收账款按购买日公允价值收回；存货在当年全部实现对外销售；购买日固定资产评估增值系管理用办公楼增值，按直线法计提折旧，剩余折旧年限为20年。

A公司2022年股东权益总额为48 900万元，其中股本为22 000万元，资本公积为8 000万元，盈余公积为7 500万元，未分配利润为11 400万元。A公司2022年实现净利润13 500万元。2022年提取盈余公积2 500万元，向股东宣告分派现金股利6 600万元。

计算过程及调整分录如下：

A公司调整后本年利润=13 500-150（调增管理费用，即固定资产评估增值3 000÷年限20）

    =13 350（万元）

A公司调整后本年年末未分配利润=5 850+13 350-2 500（提取盈余公积）-6 600（分派现金股利）

    =10 100（万元）

权益法下甲公司对A公司的投资收益=13 350×70%=9 345（万元）

权益法下甲公司对 A 公司长期股权投资本年年末余额=33 995+9 345-6 600×70%=38 720（万元）

少数股东损益=13 350×30%=4 005（万元）

少数股东权益年末余额=13 455+4 005-6 600×30%=15 480（万元）

①调整 A 公司年初未分配利润及有关项目，消除对 A 公司上一年度净利润的影响：

借：年初未分配利润　　　　　　　　　　　　　　　　　　　　　　12 000 000

　　固定资产　　　　　　　　　　　　　　　　　　　　　　　　　30 000 000

　　贷：年初未分配利润　　　　　　　　　　　　　　　　　　　　　　　2 000 000

　　　　资本公积　　　　　　　　　　　　　　　　　　　　　　　　　40 000 000

借：年初未分配利润　　　　　　　　　　　　　　　　　　　　　　　1 500 000

　　贷：固定资产　　　　　　　　　　　　　　　　　　　　　　　　　　1 500 000

②因购买日 A 公司固定资产公允价值与原账面价值之间的差额对 A 公司本年净利润的影响，调整 A 公司固定资产折旧相关项目及累计折旧项目。至于应收账款公允价值减少和存货公允价值增加，由于在上一年已全部实现，因此不涉及对本年实现净利润的影响。

借：管理费用　　　　　　　　　　　　　　　　　　　　　　　　　1 500 000

　　贷：固定资产　　　　　　　　　　　　　　　　　　　　　　　　　　1 500 000

③调整上一年度对本年年初未分配利润的影响：

借：长期股权投资　　　　　　　　　　　　　　　　　　　　　　　79 450 000

　　年初未分配利润　　　　　　　　　　　　　　　　　　　　　　38 500 000

　　贷：年初未分配利润　　　　　　　　　　　　　　　　　　　　　　79 450 000

　　　　长期股权投资　　　　　　　　　　　　　　　　　　　　　　38 500 000

④按照权益法调整长期股权投资：

借：长期股权投资　　　　　　　　　　　　　　　　　　　　　　　93 450 000

　　投资收益　　　　　　　　　　　　　　　　　　　　　　　　　46 200 000

　　贷：投资收益　　　　　　　　　　　　　　　　　　　　　　　　　93 450 000

　　　　长期股权投资　　　　　　　　　　　　　　　　　　　　　　46 200 000

⑤母公司长期股权投资与子公司所有者权益抵销：

借：股本　　　　　　　　　　　　　　　　　　　　　　　　　　220 000 000

　　资本公积　　　　　　　　　　　　　　　　　　　　　　　　120 000 000

　　盈余公积　　　　　　　　　　　　　　　　　　　　　　　　　75 000 000

　　未分配利润　　　　　　　　　　　　　　　　　　　　　　　101 000 000

　　商誉　　　　　　　　　　　　　　　　　　　　　　　　　　　26 000 000

　　贷：长期股权投资　　　　　　　　　　　　　　　　　　　　　　387 200 000

　　　　少数股东权益　　　　　　　　　　　　　　　　　　　　　154 800 000

⑥母公司投资收益与子公司利润分配抵销，母公司应收股利与子公司应付股利抵销：

借：投资收益   93 450 000

  少数股东损益   40 050 000

  年初未分配利润   58 500 000

 贷：提取盈余公积   25 000 000

  向股东分配利润   66 000 000

  年末未分配利润   101 000 000

借：其他应付款——应付股利   46 200 000

 贷：其他应收款——应收股利   46 200 000

● 14.3 存货中包含的未实现内部销售损益的抵销

14.3.1 全部实现对外销售时

【实例14-7】

  假定甲公司将成本为2 200万元的商品作价3 200万元销售给其子公司A公司。A公司再以3 900万元对外实现销售，如图14-1所示。

图14-1 内部购销全部实现对外销售

甲公司：		A公司：	
借：银行存款	32 000 000	借：银行存款	39 000 000
贷：主营业务收入	32 000 000	贷：主营业务收入	39 000 000
借：主营业务成本	22 000 000	借：主营业务成本	32 000 000
贷：库存商品	22 000 000	贷：库存商品	32 000 000

  则抵销分录如下：

借：营业收入   32 000 000

 贷：营业成本   32 000 000

14.3.2 未实现对外销售时

【实例14-8】

  假定甲公司将成本为1 500万元的商品作价2 200万元销售给其子公司A公司。A公司未实现对外销售，如图14-2所示。

图14-2 内部购销未实现对外销售

甲公司：		A公司：	
借：银行存款	22 000 000	借：库存商品	22 000 000
贷：主营业务收入	22 000 000	贷：银行存款	22 000 000
借：主营业务成本	15 000 000		
贷：库存商品	15 000 000		

则抵销分录如下：

借：营业收入　　　　　　　　　　　　　　　　　22 000 000
　贷：营业成本　　　　　　　　　　　　　　　　　　　15 000 000
　　　存货　　　　　　　　　　　　　　　　　　　　　 7 000 000

14.3.3　部分实现对外销售时

【实例14-9】

假定甲公司将成本为 4 000 万元的商品作价 6 000 万元销售给其子公司 A 公司。A 公司未全部实现对外销售，只将其中成本为 3 000 万元的商品作价 3 750 万元对外销售，如图 14-3 所示。

成本 4 000 万元 ⟶ 甲公司 销价 6 000 万元 ⟶ A公司 成本 3 000 万元，销价 3 750 万元 ⟶

图14-3　内部购销部分实现对外销售

甲公司：		A公司：	
借：银行存款	60 000 000	借：库存商品	60 000 000
贷：主营业务收入	60 000 000	贷：银行存款	60 000 000
借：主营业务成本	40 000 000	借：银行存款	37 500 000
贷：库存商品	40 000 000	贷：主营业务收入	37 500 000
		借：主营业务成本	30 000 000
		贷：库存商品	30 000 000

则抵销分录如下（相当于前二者的叠加）：

借：营业收入　　　　　　　　　　　　　　　　　60 000 000
　贷：营业成本　　　　　　（30 000 000+20 000 000）50 000 000
　　　存货　　　　　　　　　　　　　　　　　　　　10 000 000

当期内部购进商品并形成存货情况下的抵销处理也可采用如下方法：

①营业收入和营业成本抵销：

借：营业收入　　（本期全部的内部销售，不论实现与否）60 000 000
　贷：营业成本　　　　　　　　　　　　　　　　　　60 000 000

②未实现内部销售损益抵销：

借：营业成本　　　　（未实现对外销售部分的利润）10 000 000
　贷：存货　　　　　　　　　　　　　　　　　　　　10 000 000

14.3.4 内部购进的商品作为固定资产使用时

【实例 14-10】

假定甲公司将成本为 550 万元的商品作价 600 万元销售给其子公司 A 公司。A 公司未实现对外销售，但将其作为固定资产使用，如图 14-4 所示。

图14-4 内部购销作为固定资产使用

甲公司：		A公司：	
借：银行存款	6 000 000	借：固定资产	6 000 000
贷：主营业务收入	6 000 000	贷：银行存款	6 000 000
借：主营业务成本	5 500 000		
贷：库存商品	5 500 000		

则抵销分录如下：

借：营业收入　　　　　　　　　　　　　　　　　　　6 000 000

　贷：营业成本　　　　　　　　　　　　　　　　　　　　　　5 500 000

　　固定资产　　　　　　　　　　　　　　　　　　　　　　　 500 000

14.3.5 连续编制合并报表时内部销售抵销分录的编制

首先，须将上期抵销的存货价值中包含的未实现内部销售利润对本期期初未分配利润的影响予以抵销，调整本期期初未分配利润，会计分录为：

借：期初未分配利润（上期未实现内部销售损益）

　贷：营业成本

然后，对本期内部购进的存货进行抵销处理：

（1）营业收入和营业成本抵销：

借：营业收入（本期全部的内部销售，不论实现与否）

　贷：营业成本

（2）未实现内部销售损益抵销：

借：营业成本

　贷：存货（未实现对外销售部分的利润，包括上期结转形成的本期存货）

【实例 14-11】

上期同【实例 14-9】的情形。本期甲公司向 A 公司销售 8 000 万元商品，成本 5 600 万元，毛利率 30%。A 公司本期从甲公司购进的商品部分实现对外销售，实现收入 7 500 万元，销售成本 6 000 万元，毛利率 20%。期末内部购进形成的存货 5 000 万元（期初存货 3 000 万元+本期购进 8 000 万元−本期销售成本 6 000 万元），存货价值中包含的未实现内部销售损益为 1 600 万元（1 000+600），如图 14-5 所示。

成本 5 600 万元 ──→ 甲公司 ── 销价 8 000 万元 ──→ A公司 ── 成本 6 000 万元，销价 7 500 万元 ──→

图14-5　连续编制报表时内部购销部分对外实现销售

则抵销分录如下：

借：期初未分配利润　　（上期未实现内部销售损益）10 000 000

　　贷：营业成本　　　　　　　　　　　　　　　　　10 000 000

借：营业收入　　　　　　　　　　　　　　80 000 000

　　贷：营业成本　　　　　　　　　　　　　　　　　80 000 000

借：营业成本　　　　　　　　　　　　　　16 000 000

　　贷：存货　　（包含上期的 1 000 万元未实现内部销售损益）16 000 000

14.3.6　存货跌价准备的合并处理

1）初次编制合并报表时存货跌价准备的合并处理

【实例 14-12】

假定甲公司将成本为 1 500 万元的商品作价 2 200 万元销售给其子公司 A 公司。A 公司未实现对外销售。

①可变现净值由 2 200 万元跌至 2 000 万元时，会计处理如下：

A 公司计提存货跌价准备：

借：资产减值损失　　　　　　　　　　　　2 000 000

　　贷：存货跌价准备　　　　　　　　　　　　　　　2 000 000

抵销分录：

借：营业收入　　　　　　　　　　　　　　22 000 000

　　贷：营业成本　　　　　　　　　　　　　　　　　15 000 000

　　　　存货　　　　　　　　　　　　　　　　　　　 7 000 000

借：存货　　　　　　　　　　　　　　　　 2 000 000

　　贷：资产减值损失　　　　　　　　　　　　　　　 2 000 000

②可变现净值由 2 200 万元跌至 1 400 万元时，会计处理如下：

A 公司计提存货跌价准备：

借：资产减值损失　　　　　　　　　　　　8 000 000

　　贷：存货跌价准备　　　　　　　　　　　　　　　8 000 000

抵销分录：

借：营业收入　　　　　　　　　　　　　　22 000 000

　　贷：营业成本　　　　　　　　　　　　　　　　　15 000 000

　　　　存货　　　　　　　　　　　　　　　　　　　 7 000 000

借：存货　　　　　　　　　　　　　　　　 7 000 000

　　贷：资产减值损失　　　　　　　　　　　　　　　 7 000 000

2）连续编制合并报表时存货跌价准备的合并处理

【实例 14-13】

上期同【实例 14-12】①的情形。本期存货的可变现净值由 2 000 万元跌至 1 300 万元，会计处理如下：

A 公司计提存货跌价准备：

借：资产减值损失 　　　　　　　　　　　　　　　　　　 7 000 000

　　贷：存货跌价准备 　　　　　　　　　　　　　　　　　　　　 7 000 000

抵销分录：

借：存货 　　　　　　　　　　　　　　　　　　　　　　 2 000 000

　　贷：期初未分配利润 　　　　　　　　　　　　　　　　　　　 2 000 000

借：期初未分配利润 　　　　　　　　　　　　　　　　　　 7 000 000

　　贷：存货 　　　　　　　　　　　　　　　　　　　　　　　　 7 000 000

借：存货 　　　　　　　　　（20 000 000–15 000 000）5 000 000

　　贷：资产减值损失 　　　　　　　　　　　　　　　　　　　　 5 000 000

【实例 14-14】

上期同【实例 14-13】的情形。本期甲公司向 A 公司销售商品 4 000 万元，成本 2 800 万元，毛利率 30%。A 公司本期对外销售 5 250 万元，成本 4 200 万元，毛利率 20%。其中，上期购进的商品全部对外销售，售价 2 750 万元，成本 2 200 万元。本期从甲公司购进的商品 50% 对外销售，售价 2 500 万元，成本 2 000 万元；另 50% 形成期末存货，其取得成本为 2 000 万元，期末可变现净值为 1 700 万元。A 公司本期期末对这部分内部购进的存货计提存货跌价准备 300 万元。则抵销分录为：

借：营业成本 　　　　　　　　　　　　　　　　　　　　 2 000 000

　　贷：期初未分配利润 　　　　　　　　　　　　　　　　　　　 2 000 000

借：期初未分配利润 　　　　　　　　　　　　　　　　　　 7 000 000

　　贷：营业成本 　　　　　　　　　　　　　　　　　　　　　　 7 000 000

借：营业收入 　　　　　　　　　　　　　　　　　　　　 40 000 000

　　贷：营业成本 　　　　　　　　　　　　　　　　　　　　　　 40 000 000

借：营业成本 　　　　　　　　　　（20 000 000×30%）6 000 000

　　贷：存货 　　　　　　　　　　　　　　　　　　　　　　　　 6 000 000

借：存货 　　　　　　　　　　　　　　　　　　　　　　 3 000 000

　　贷：资产减值损失 　　　　　　　　　　　　　　　　　　　　 3 000 000

说明：2 000–600=1 400（万元），低于 1 700 万元。

● 14.4　内部债权与债务的抵销

14.4.1　内部应收应付款项的合并处理

【实例 14-15】

甲公司系 A 公司的母公司。甲公司个别资产负债表应收账款中有 800 万元为应收 A 公司账款；应收票据中有 200 万元为应收 A 公司票据；债权投资中有 A 公司发行的应付债券 1 200 万元。则抵销分录为：

借：应付账款　　　　　　　　　　　　　　　　　　　8 000 000
　　贷：应收账款　　　　　　　　　　　　　　　　　　　　　8 000 000
借：应付票据　　　　　　　　　　　　　　　　　　　2 000 000
　　贷：应收票据　　　　　　　　　　　　　　　　　　　　　2 000 000
借：应付债券　　　　　　　　　　　　　　　　　　　12 000 000
　　贷：债权投资　　　　　　　　　　　　　　　　　　　　　12 000 000

14.4.2　内部应收应付款项及坏账准备的合并处理

【实例 14-16】

甲公司系 A 公司的母公司。甲公司个别资产负债表应收账款中有 800 万元为应收 A 公司账款，已计提 40 万元坏账准备；应收票据中有 200 万元为应收 A 公司票据，已计提 10 万元坏账准备。则抵销分录为：

借：应付账款　　　　　　　　　　　　　　　　　　　8 000 000
　　贷：应收账款　　　　　　　　　　　　　　　　　　　　　8 000 000
借：应付票据　　　　　　　　　　　　　　　　　　　2 000 000
　　贷：应收票据　　　　　　　　　　　　　　　　　　　　　2 000 000
借：应收账款　　　　　　　　　　　　　　　　　　　400 000
　　　应收票据　　　　　　　　　　　　　　　　　　　100 000
　　贷：信用减值损失　　　　　　　　　　　　　　　　　　　500 000

14.4.3　连续编制合并报表时内部应收应付款项及坏账准备的合并处理

1）内部应收款项、坏账准备本期余额与上期相等时的合并处理

【实例 14-17】

上期同【实例 14-16】的情形。本期未计提坏账准备。则抵销分录为：

借：应收账款　　　　　　　　　　　　　　　　　　　400 000
　　　应收票据　　　　　　　　　　　　　　　　　　　100 000
　　贷：期初未分配利润　　　　　　　　　　　　　　　　　　500 000
借：应付账款　　　　　　　　　　　　　　　　　　　8 000 000
　　贷：应收账款　　　　　　　　　　　　　　　　　　　　　8 000 000
借：应付票据　　　　　　　　　　　　　　　　　　　2 000 000
　　贷：应收票据　　　　　　　　　　　　　　　　　　　　　2 000 000

　　2）内部应收款项、坏账准备本期余额大于上期时的合并处理

【实例14-18】

　　上期同【实例14-16】的情形。本期应收账款净额935万元，原值1 000万元，已计提坏账准备65万元，其中上期结转到本期40万元，本期补提25万元；应收票据净额575万元，原值600万元，已计提坏账准备25万元，其中上期结转到本期10万元，本期补提15万元。则抵销分录为：

借：应收账款	400 000	
应收票据	100 000	
贷：期初未分配利润		500 000
借：应付账款	10 000 000	
贷：应收账款		10 000 000
借：应付票据	6 000 000	
贷：应收票据		6 000 000
借：应收账款	250 000	
应收票据	150 000	
贷：信用减值损失		400 000

　　3）内部应收款项、坏账准备本期余额小于上期时的合并处理

【实例14-19】

　　上期同【实例14-16】的情形。本期应收账款净额585万元，原值600万元，已计提坏账准备15万元，其中上期结转到本期40万元，本期冲减坏账准备25万元；应收票据净额95万元，原值100万元，已计提坏账准备5万元，其中上期结转到本期10万元，本期冲减坏账准备5万元。则抵销分录为：

借：应收账款	400 000	
应收票据	100 000	
贷：期初未分配利润		500 000
借：应付账款	6 000 000	
贷：应收账款		6 000 000
借：应付票据	1 000 000	
贷：应收票据		1 000 000
借：信用减值损失	300 000	
贷：应收账款		250 000
应收票据		50 000

　　4）内部债权与债务的抵销总结

　　（1）初次编制时：

　　①债权与债务抵销：

　　借：应付账款（债务）

　　　贷：应收账款（债权）

②坏账准备抵销：

借：应收账款——坏账准备（计提的坏账准备）

　　贷：信用减值损失

（2）连续编制时：

①债权与债务抵销：

借：应付账款（债务）

　　贷：应收账款（债权）

②坏账准备对本期期初未分配利润的抵销：

借：应收账款——坏账准备（上期内部计提的坏账准备）

　　贷：期初未分配利润

③坏账准备抵销：

借：应收账款——坏账准备（本期增加计提的坏账准备）

　　贷：信用减值损失

（3）其他债权与债务的抵销。

与应收账款类似，债权投资与应付债券抵销时，投资收益与财务费用也要抵销。

● 14.5　内部固定资产交易的抵销

14.5.1　内部固定资产交易在当期的抵销处理

其关键是固定资产中包含的未实现内部销售利润的抵销：

①商品—固定资产。

②固定资产—固定资产。

③固定资产—商品（很少）。

④固定资产：固定资产原价、累计折旧、固定资产净值。

1）内部固定资产交易当期的合并处理（商品—固定资产）

【实例 14-20】

假定 A 公司和 B 公司均为甲公司的子公司。A 公司将成本 1 250 万元的商品作价 1 550 万元销售给 B 公司，B 公司未实现对外销售，而是作为固定资产使用，如图 14-6 所示。

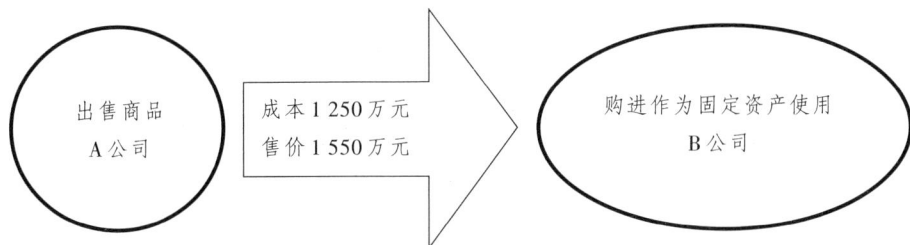

图14-6　内部商品销售作为固定资产使用

A公司：	B公司：
借：银行存款　　　　　15 500 000	借：固定资产　　　　　15 500 000
贷：主营业务收入　　　　　15 500 000	贷：银行存款　　　　　15 500 000
借：主营业务成本　　　　12 500 000	
贷：库存商品　　　　　12 500 000	

未实现内部销售利润=1 550-1 250=300（万元）

则抵销分录如下：

借：营业收入　　　　　　　　　　　　　　　　　　15 500 000

　贷：营业成本　　　　　　　　　　　　　　　　　　　12 500 000

　　固定资产——原价　　　　　　　　　　　　　　　　3 000 000

2）内部固定资产交易当期的合并处理（固定资产—固定资产）

【实例14-21】

假定A公司和B公司均为甲公司的子公司。A公司将折余价值1 250万元的厂房作价1 550万元销售给B公司，B公司未实现对外销售，而是作为固定资产使用，如图14-7所示。

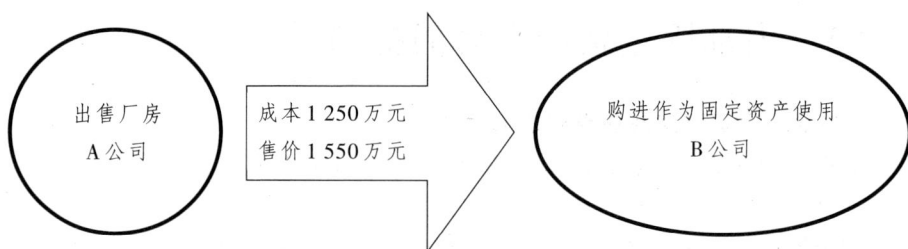

图14-7　内部固定资产清理作为固定资产使用

A公司：	B公司：
借：银行存款　　　　　15 500 000	借：固定资产　　　　　15 500 000
贷：固定资产清理　　　　　15 500 000	贷：银行存款　　　　　15 500 000
借：固定资产清理　　　　12 500 000	
贷：固定资产　　　　　12 500 000	
借：固定资产清理　　　　3 000 000	
贷：资产处置收益　　　　　3 000 000	

未实现内部销售利润=1 550-1 250=300（万元）

则抵销分录如下：

借：资产处置收益　　　　　　　　　　　　　　　　3 000 000

　贷：固定资产——原价　　　　　　　　　　　　　　　3 000 000

3）固定资产折旧的抵销

【实例 14-22】

接【实例 14-21】，固定资产采用的折旧方法为年限平均法，剩余折旧年限为 5 年。

B 公司： 1 550÷5=310（万元）	实际应提折旧： 1 250÷5=250（万元）
借：管理费用　　　　　3 100 000 　贷：累计折旧　　　　　　3 100 000	借：管理费用　　　　　2 500 000 　贷：累计折旧　　　　　　2 500 000

则抵销分录如下：

借：固定资产——累计折旧　　　　　　　　　　　　　　　600 000
　贷：管理费用　　　　　　　　　　　　　　　　　　　　　　600 000

4）总结：方法与存货相似

（1）内部销售收入抵销：

借：营业收入（全部的固定资产内部销售收入）
　贷：营业成本
　　　固定资产——原价（未实现对外销售部分的利润）

（2）当期多提的折旧抵销：

借：固定资产——累计折旧（当期多提的折旧）
　贷：管理费用

14.5.2　内部交易形成的固定资产在以后会计期间的抵销处理

（1）首先须将固定资产销售中包含的未实现内部销售利润对本期期初未分配利润的影响予以抵销，调整本期期初未分配利润。

借：期初未分配利润
　贷：固定资产——原价

（2）以前会计期间多提的折旧对本期期初未分配利润影响的抵销。

借：固定资产——累计折旧（以前会计期间多提的折旧）
　贷：期初未分配利润

（3）当期多提的折旧的冲销。

借：固定资产——累计折旧（当期多提的折旧）
　贷：管理费用

【实例 14-23】

接【实例 14-22】，在第 2 年年末及第 3 年年末的合并报表抵销处理如下：

①第 2 年年末固定资产净值为 930 万元，累计折旧为 620 万元。

借：期初未分配利润　　　　　　　　　　　　　　　　3 000 000
　贷：固定资产——原价　　　　　　　　　　　　　　　　3 000 000

借：固定资产——累计折旧 600 000

　贷：期初未分配利润 600 000

借：固定资产——累计折旧 600 000

　贷：管理费用 600 000

②第3年年末固定资产净值为620万元，累计折旧为930万元。

借：期初未分配利润 3 000 000

　贷：固定资产——原价 3 000 000

借：固定资产——累计折旧 1 200 000

　贷：期初未分配利润 1 200 000

借：固定资产——累计折旧 600 000

　贷：管理费用 600 000

14.5.3　内部交易形成的固定资产在清理期间的抵销处理

1）期满清理的抵销处理

【实例14-24】

接【实例14-23】，B公司在第5年对该固定资产进行清理。则抵销分录如下：

借：期初未分配利润 3 000 000

　贷：资产处置收益 3 000 000

借：资产处置收益 2 400 000

　贷：期初未分配利润 2 400 000

借：资产处置收益 600 000

　贷：管理费用 600 000

以上三个会计分录相当于：

借：期初未分配利润 600 000

　贷：管理费用 600 000

2）超期使用期间的抵销处理

【实例14-25】

接【实例14-23】，B公司在第5年未对该固定资产进行清理。则抵销分录如下：

①第5年期满未清理：

借：期初未分配利润 3 000 000

　贷：固定资产——原价 3 000 000

借：固定资产——累计折旧 2 400 000

　贷：期初未分配利润 2 400 000

借：固定资产——累计折旧 600 000

　贷：管理费用 600 000

②第6年超期使用：

借：期初未分配利润	3 000 000	
贷：固定资产——原价		3 000 000
借：固定资产——累计折旧	3 000 000	
贷：期初未分配利润		3 000 000

3）提前清理的抵销处理

【实例 14-26】

接【实例 14-23】，B 公司在第 4 年对该固定资产进行清理，累计折旧共计 1 240 万元。则抵销分录如下：

借：期初未分配利润	3 000 000	
贷：资产处置收益		3 000 000
借：资产处置收益	1 800 000	
贷：期初未分配利润		1 800 000
借：资产处置收益	600 000	
贷：管理费用		600 000

● 14.6　内部无形资产交易的抵销

14.6.1　内部无形资产交易当期的合并处理

【实例 14-27】

甲公司系 A 公司的母公司。甲公司第 1 年 1 月 8 日向 A 公司转让无形资产一项，转让价格为 850 万元，该无形资产的账面价值为 720 万元。A 公司购入该无形资产后即投入使用，确定使用年限为 5 年。A 公司第 1 年年末无形资产的金额为 680 万元，当期摊销 170 万元。当期抵销分录为：

借：资产处置收益	1 300 000	
贷：无形资产		1 300 000
借：无形资产——累计摊销	（1 300 000÷5）260 000	
贷：管理费用		260 000

14.6.2　内部交易无形资产持有期间的合并处理

【实例 14-28】

接【实例 14-27】，编制该无形资产第 2、3、4 年年末的抵销分录。

①第 2 年年末的抵销分录为：

借：期初未分配利润	1 300 000	
贷：无形资产		1 300 000
借：无形资产——累计摊销	260 000	
贷：期初未分配利润		260 000
借：无形资产——累计摊销	260 000	
贷：管理费用		260 000

②第3年年末的抵销分录为：

借：期初未分配利润　　　　　　　　　　　　　　1 300 000

　　贷：无形资产　　　　　　　　　　　　　　　　　　1 300 000

借：无形资产——累计摊销　　　　　　　　　　　520 000

　　贷：期初未分配利润　　　　　　　　　　　　　　　520 000

借：无形资产——累计摊销　　　　　　　　　　　260 000

　　贷：管理费用　　　　　　　　　　　　　　　　　　260 000

③第4年年末的抵销分录为：

借：期初未分配利润　　　　　　　　　　　　　　1 300 000

　　贷：无形资产　　　　　　　　　　　　　　　　　　1 300 000

借：无形资产——累计摊销　　　　　　　　　　　780 000

　　贷：期初未分配利润　　　　　　　　　　　　　　　780 000

借：无形资产——累计摊销　　　　　　　　　　　260 000

　　贷：管理费用　　　　　　　　　　　　　　　　　　260 000

14.6.3　内部交易无形资产摊销完毕的合并处理

【实例14-29】

接【实例14-28】，该无形资产第5年年末的抵销分录为：

借：期初未分配利润　　　　　　　　　　　　　　1 300 000

　　贷：无形资产　　　　　　　　　　　　　　　　　　1 300 000

借：无形资产——累计摊销　　　　　　　　　　　1 040 000

　　贷：期初未分配利润　　　　　　　　　　　　　　　1 040 000

借：无形资产——累计摊销　　　　　　　　　　　260 000

　　贷：管理费用　　　　　　　　　　　　　　　　　　260 000

● 14.7　合并报表的格式及编制方法

14.7.1　合并资产负债表的格式

经过抵销之后，合并资产负债表上应增加四项：

（1）非流动资产：增加了"商誉"项目，反映非同一控制下企业合并中取得的商誉。

（2）所有者权益：增加了"归属于母公司所有者权益合计"项目。

（3）所有者权益：增加了"少数股东权益"项目。

（4）增加了"外币报表折算差额"项目。

14.7.2　合并利润表的格式

经过抵销之后，合并利润表上应增加"少数股东损益"项目。

14.7.3　合并现金流量表的编制方法

自2014年7月1日起，采用以母公司和纳入合并范围的子公司的个别现金流量表为基础编制抵销分录的方法编制合并现金流量表。编制抵销分录时，"借：现金流出，贷：现金流入"。如以下三种情形：

（1）以现金结算债权与债务所产生的现金流量的抵销。

（2）内部当期购销商品所产生的现金流量的抵销。

借：购买商品、接受劳务支付的现金

　　贷：销售商品、提供劳务收到的现金

借：购建固定资产、无形资产和其他长期资产支付的现金

　　贷：销售商品、提供劳务收到的现金（内部销售商品作为固定资产使用）

（3）处置固定资产等收回的现金净额与购建固定资产等支付的现金的抵销。

借：购建固定资产、无形资产和其他长期资产支付的现金

　　贷：处置固定资产、无形资产和其他长期资产收回的现金净额

【实例 14-30】

假设母公司 P 向子公司 S 销售 3 200 万元商品的价款中，实际收到 S 支付的银行存款 2 400 万元，同时 S 还向 P 开具了 500 万元的商业承兑汇票。S 向 P 销售 1 200 万元商品的价款全部收到。则抵销分录为：

借：购买商品、接受劳务支付的现金　（24 000 000S+12 000 000P）36 000 000

　　贷：销售商品、提供劳务收到的现金　（24 000 000P+12 000 000S）36 000 000

【实例 14-31】

假设母公司 P 向子公司 S 出售固定资产，200 万元价款全部收到。则抵销分录为：

借：购建固定资产、无形资产和其他长期资产支付的现金（S）2 000 000

　　贷：处置固定资产、无形资产和其他长期资产收回的现金　　（P）2 000 000

【实例 14-32】

假设 P 公司拥有 S 公司 80% 的股份。假设 S 公司某年实现净利润 6 000 万元，经股东大会同意，于第 2 年 4 月 30 日按净利润的 10% 向投资者分派现金股利。P 公司收到现金股利 480 万元。则抵销分录为：

借：分配股利、利润或偿付利息支付的现金　　　　（S）4 800 000

　　贷：取得投资收益收到的现金　　　　　　　　（P）4 800 000

14.7.4　特殊交易在合并财务报表中的会计处理

特殊交易在合并财务报表中的会计处理包括：

（1）追加投资的会计处理。

（2）处置对子公司投资的会计处理。

（3）因子公司少数股东增资导致母公司股权稀释的会计处理。

（4）交叉持股的合并处理。

（5）逆流交易的合并处理。

（6）其他特殊交易的会计处理。

下面以逆流交易为例来说明如何进行合并会计处理。

【实例14-33】

假设甲公司持有A公司80%的股份。某会计期内，A公司将成本为800万元的商品作价1 200万元销售给甲公司。甲公司购进后，80%对外实现销售，另外20%未对外销售，如图14-8所示。

销售960万元，20%未对外销售 ← 甲公司持股 A公司80% ← 成本800万元，销价1 200万元 A公司

图14-8 母子公司之间逆流交易示意图

则逆流交易的合并抵销处理如下：

借：营业收入   12 000 000

 贷：营业成本   11 200 000

  存货   [（12 000 000-8 000 000）×20%] 800 000

借：少数股东权益   （800 000×少数股权20%）160 000

 贷：少数股东损益   160 000

14.7.5 合并报表和个别报表的编制差异

至此，合并报表的抵销分录及合并报表编制就讲解完毕。合并报表和母公司及子公司个别报表在编制时的差异具体见表14-1。

表14-1 合并报表与个别报表的编制差异

项目	合并报表	个别报表
会计主体	经济意义	法律意义
编制者	有控制权的母公司	法人企业
编制基础	个别报表	账簿结账
编制方法	抵销分录、数据加总	会计循环

【总结与结论】

本章首先对合并报表的定义、合并范围的确定及控制标准的具体应用进行了介绍，在此基础上讲解了长期股权投资与子公司所有者权益在不同形式下合并日和合并日后抵销分录的编制。随后，本章重点讲解了存货中未实现内部交易损益及存货跌价准备的抵销、内部应收应付款项及坏账准备的抵销处理、内部固定资产及无形资产交易的抵销处理、内部现金流量的抵销处理。最后，对逆流交易的合并处理、合并报表应增加的项目、合并报表与个别报表的编制差异进行了介绍。本章的难点是抵销分录的编制和理解。

【练习题库】

★ 思考题

1.为什么要编制合并报表?

2.如何确定合并范围?

3.如何确定控制标准?

4.合并报表与个别报表的编制有何差异?

第 15 章

财务会计专题

【学习目标】

通过本章的学习，您应该：（1）了解企业股权激励计划的形式；（2）掌握以权益结算的股份支付和以现金结算的股份支付的账务处理；（3）能够模拟实际企业实施股权激励的账务处理并分析对会计报表列报的影响；（4）了解资产的账面价值与计税基础的差异、负债的账面价值与计税基础的差异；（5）了解在什么情况下会出现递延所得税资产和递延所得税负债；（6）掌握在新准则下所得税费用的核算。

● 15.1 股份支付

15.1.1 以权益结算的股份支付

1）定义

以权益结算的股份支付，是指企业为获取服务而以股份或其他权益工具作为对价进行结算的交易。

2）账务处理

（1）授予日

以权益结算的股份支付和以现金结算的股份支付一样，企业在授予日均不做会计处理。

（2）等待期

授予日至可行权日属于等待期。企业应当在等待期内的每个资产负债表日，将取得职工、管理层、技术骨干等提供的服务计入成本费用，同时确认所有者权益。企业应当按照授予日权益工具的公允价值计入成本费用和"资本公积——其他资本公积"，不确认其后续公允价值的变动。因为是以权益工具结算，所以行权人最终会成为企业的所有者，故计入所有者权益的其他资本公积。

借：管理费用、生产成本等

　　　贷：资本公积——其他资本公积

（3）行权日

借：银行存款

　　　资本公积——其他资本公积

　　贷：股本

　　　资本公积——股本溢价

【实例 15-1】

　　A 公司为其 300 名技术骨干每人授予 100 份股份期权。每一授予均附有要求雇员未来 3 年留在公司工作的条件。公司估计每份股份的公允价值为 20 元。基于加权平均概率，公司估计有 10% 的雇员将在未来 3 年内离职，因此他们对股份期权的权利将作废。则薪酬费用计算见表 15-1。

表 15-1　　　　　　　　　　　　　薪酬费用计算表　　　　　　　　　　　　单位：元

年序	计算	当期薪酬费用	累计薪酬费用
1	30 000×90%×20×1÷3	180 000	180 000
2	30 000×90%×20×2÷3-180 000	180 000	360 000
3	30 000×90%×20×3÷3-360 000	180 000	540 000

等待期第 1、2、3 年年末会计处理相同：

借：管理费用　　　　　　　　　　　　　　　　　　　　　　　180 000

　　贷：资本公积——其他资本公积　　　　　　　　　　　　　　　　　180 000

第 3 年行权日：

借：资本公积——其他资本公积　　　　　　　　　　　　　　　540 000

　　贷：股本　　　　　　　　　　　　　　　　　（300×90%×100）27 000

　　　资本公积——股本溢价　　　　　　　　　　　　　　　　　513 000

【实例 15-2】

　　B 公司为其 300 名技术骨干各授予 100 份股份期权。每一授予均附有要求雇员未来 3 年留在公司工作的条件。公司估计每份股份的公允价值为 20 元。公司估计 3 年内雇员离职率为 20%。实际上，第 1 年有 15 名雇员离职，公司将 3 年内雇员离职率估计值由 20% 修正为 15%。第 2 年又有 10 名雇员离职。公司将 3 年内雇员离职率估计值由 15% 修正为 10%。第 3 年另有 5 名雇员离职。因此，3 年内共有 30 名雇员对股份期权的权利作废。同时，在第 3 年年末，公司一共给与 27 000 份（270×100）股份期权。则薪酬费用计算见表 15-2。

表 15-2　　　　　　　　　　　　　薪酬费用计算表　　　　　　　　　　　　单位：元

年序	计算	当期薪酬费用	累计薪酬费用
1	30 000×85%×20×1÷3	170 000	170 000
2	30 000×90%×20×2÷3-170 000	190 000	360 000
3	27 000×20-360 000	180 000	540 000

第 1 年年末：

借：管理费用   170 000

 贷：资本公积——其他资本公积   170 000

第 2 年年末：

借：管理费用   190 000

 贷：资本公积——其他资本公积   190 000

第 3 年年末：

借：管理费用   180 000

 贷：资本公积——其他资本公积   180 000

借：资本公积——其他资本公积   540 000

 贷：股本   27 000

  资本公积——股本溢价   513 000

15.1.2　以现金结算的股份支付

1）定义

以现金结算的股份支付，是指企业为获取服务而承担的以股份或其他权益工具为基础计算的交付现金或其他资产的义务的交易。

2）账务处理

（1）等待期

借：管理费用、生产成本等

 贷：应付职工薪酬——股份支付

（2）行权日

借：应付职工薪酬——股份支付

 贷：银行存款

（3）行权日后

对于以现金结算的股份支付，企业在行权日后不再确认成本费用，负债即"应付职工薪酬——股份支付"属于金融负债，其公允价值的变动应当计入当期损益即"公允价值变动损益"。

借：公允价值变动损益

 贷：应付职工薪酬——股份支付

【实例 15-3】

2016 年 11 月，C 公司董事会批准了一份股份支付协议。协议规定，2017 年 1 月 1 日，公司向其 400 名中层以上管理人员每人授予 50 份现金股票增值权，这些管理人员则必须在该公司连续服务 3 年，即可自 2019 年 12 月 31 日起根据股价的增长幅度行权获得现金。该股票增值权应在 2021 年 12 月 31 日之前行使完毕。公司估计，每份股票增值权在负债结算前每一个资产负债表日以及结算日的公允价值和可行权日后的现金支出额见表 15-3。

表 15-3　　　　　　　　　　　**每份股票增值权的公允价值和现金支出额**　　　　　　　单位：元

年份	公允价值	现金支出额
2016	15	
2017	18	
2018	20	17
2019	21	22
2020		23

第 1 年有 18 名管理人员离开公司，公司估计在这 3 年内还将有 22 名管理人员离开；第 2 年又有 15 名管理人员离开公司，公司估计在这 3 年内还将有 10 名管理人员离开；第 3 年又有 7 名管理人员离开公司。第 3 年年末，有 160 人行使股份增值权获得了现金；第 4 年年末，有 100 人行使了股份增值权；第 5 年年末，剩余 100 人全部行使了股份增值权。则应付职工薪酬和费用计算见表 15-4。

表 15-4　　　　　　　　　　　　**应付职工薪酬和费用计算表**　　　　　　　　　　单位：元

年份	计算	应付职工薪酬	支付现金	当期费用
2017	（400-40）×50×15×1÷3	90 000		90 000
2018	（400-43）×50×18×2÷3	214 200		124 200
2019	（400-40-160）×50×20	200 000	160×50×17=136 000	121 800*
2020	（400-40-160-100）×50×21	105 000	100×50×22=110 000	15 000
2021	105 000-105 000	0	100×50×23=115 000	10 000
总额			361 000	361 000

注：* 121 800=200 000-214 200+136 000。

授予日不做账务处理。

第 1 年年末：

借：管理费用　　　　　　　　　　　　　　　　　　　　　　　　　90 000

　　贷：应付职工薪酬——股份支付　　　　　　　　　　　　　　　　　　90 000

第 2 年年末：

借：管理费用　　　　　　　　　　　　　　　　　　　　　　　　　124 200

　　贷：应付职工薪酬——股份支付　　　　　　　　　　　　　　　　　　124 200

第 3 年年末：

借：管理费用　　　　　　　　　　　　　　　　　　　　　　　　　121 800

　　贷：应付职工薪酬——股份支付　　　　　　　　　　　　　　　　　　121 800

借：应付职工薪酬——股份支付　　　　　　　　　　　　　　　　　136 000

  贷：银行存款   136 000

 第 4 年年末：

  借：公允价值变动损益   15 000

   贷：应付职工薪酬——股份支付   15 000

  借：应付职工薪酬——股份支付   110 000

   贷：银行存款   110 000

 第 5 年年末：

  借：公允价值变动损益   10 000

   贷：应付职工薪酬——股份支付   10 000

  借：应付职工薪酬——股份支付   115 000

   贷：银行存款   115 000

● 15.2　所得税的核算

15.2.1　所得税会计概述

 1）定义

  所得税会计是研究如何处理按照会计准则计算的税前会计利润与按照税法计算的应税所得之间差异的会计理论和方法。

 2）方法

 旧准则下：应付税款法、纳税影响会计法。

 新准则下：资产负债表债务法。

 3）所得税会计的一般程序

 （1）按照相关会计准则确定资产负债表中除递延项目以外的资产和负债项目的账面价值。

 （2）以税收法规为基础，确定资产负债表中有关资产、负债项目的计税基础。

 （3）比较资产、负债的账面价值与计税基础，区分应纳税暂时性差异与可抵扣暂时性差异，确定当期的递延所得税资产和递延所得税负债。

 （4）按照适用的税法规定计算当期应纳税所得额，计算当期应交所得税。

 （5）确定利润表中的所得税费用（当期所得税+递延所得税）。

15.2.2　暂时性差异

 1）含义

  暂时性差异，是指资产、负债的账面价值与其计税基础不同产生的差额。

  资产的账面价值是指企业在持续持有及最终处置该项资产时将取得的经济利益的总额，计税基础是指某项资产在未来期间计税时按照税法规定可以税前扣除的总额。

  负债的账面价值是指企业预计在未来期间清偿该项负债时的经济利益流出，计税基础是指负债的账面价值减去未来期间计算应纳税所得额时按照税法规定可予以抵扣的金额。

2）分类

（1）应纳税暂时性差异；

（2）可抵扣暂时性差异。

3）产生原因

（1）应纳税暂时性差异产生于以下两种情况：

①资产的账面价值大于其计税基础；

②负债的账面价值小于其计税基础。

（2）可抵扣暂时性差异产生于以下两种情况：

①资产的账面价值小于其计税基础；

②负债的账面价值大于其计税基础。

15.2.3　资产和负债的计税基础

1）资产的计税基础

资产的计税基础是指企业收回资产账面价值过程中，计算应纳税所得额时按照税法规定可以自应税经济利益中抵扣的金额，即某项资产在未来期间计税时按照税法规定可以税前扣除的金额。

资产在初始确认时，其计税基础一般为取得成本，即企业为取得某项资产支付的成本在未来期间准予税前扣除。在资产持续持有的过程中，其计税基础是指资产的取得成本减去以前期间按照税法规定已经税前扣除的金额后的余额。

（1）固定资产

固定资产的账面价值与计税基础的差异主要产生于以下两点：

①折旧方法、折旧年限的差异；

②因计提固定资产减值准备产生的差异。

【实例 15-4】

A 企业于 2019 年 12 月 10 日取得的某项环保用固定资产，原价为 180 万元，使用年限为 10 年，会计上采用年限平均法计提折旧，净残值为 0。税法规定该类环保用固定资产采用加速折旧法计提的折旧可予以税前扣除，该企业在计税时采用双倍余额递减法计提折旧，净残值为 0。2021 年 12 月 9 日，企业估计该项固定资产的可收回金额为 140 万元。则：

账面余额=180-18×2=144（万元），大于 140 万元，两者之间的差额应计提 4 万元的固定资产减值准备。

账面价值=180-18×2-4=140（万元）

计税基础=180-180×20%-144×20%=115.2（万元）

差异=140-115.2=24.8（万元），属于应纳税暂时性差异。

（2）无形资产

无形资产的账面价值与计税基础的差异主要产生于内部研究开发形成的无形资

产以及使用寿命不确定的无形资产。

①内部研究开发形成的无形资产，其成本为开发阶段符合资本化条件以后至达到预定用途前发生的支出总额，除此之外，研究开发过程中发生的其他支出应予费用化计入损益；税法规定，企业发生的研究支出可税前扣除。

②无形资产在后续计量时，会计与税收差异主要产生于是否需要摊销、摊销方法和年限的差异及无形资产减值准备的计提。

【实例15-5】

甲企业当期发生研究开发支出共计800万元，其中研究阶段支出250万元，开发阶段符合资本化条件前发生的支出为300万元，符合资本化条件后至达到预定用途前发生的支出为250万元。税法规定，企业的研究开发支出可按全额的150%加计扣除。假定开发形成的无形资产在当期期末已达到预定用途（尚未开始摊销）。则：

按会计准则规定，应予费用化的金额为550万元，期末形成的无形资产的成本为250万元（账面价值）。

按税法规定，可扣除的费用化部分为825万元（550×150%），可摊销的资本化部分为375万元（250×150%），无形资产的计税基础为375万元。

差异=250-250×150%=-125（万元），属于可抵扣暂时性差异。

（3）金融资产

会计准则规定，以公允价值计量且其变动计入当期损益的金融资产于某一会计期末的账面价值为公允价值；税法规定，资产持有期间公允价值的变动不计入应纳税所得额，待处置时一并计入应纳税所得额。

【实例15-6】

2021年10月20日，甲公司自公开市场取得一项权益性投资，支付价款1 000万元，作为以公允价值计量且其变动计入当期损益的金融资产核算。2021年12月31日，该投资的市价为1 300万元。则：

账面价值=1 300万元

计税基础=1 000万元

差异=1 300-1 000=300（万元），属于应纳税暂时性差异。

2）负债的计税基础

负债的计税基础是指负债的账面价值减去未来期间计算应纳税所得额时按照税法规定可予以抵扣的金额。

负债的计税基础=账面金额-未来期间按照税法规定可予税前扣除的金额

负债的确认与偿还一般不会影响企业的损益，也不会影响其应纳税所得额，未来期间计算应纳税所得额时按照税法规定可予以扣除的金额为0，计税基础即为账面价值。

负债的账面价值与计税基础产生差异的途径有：①企业因销售商品提供售后服务等原因确认的预计负债；②预收账款；③应付职工薪酬；④其他负债。

（1）预计负债

【实例 15-7】

甲公司 2021 年预计负债账面金额为 82 万元（预提产品保修费用），假设产品保修费在实际支付时抵扣，该预计负债计税基础为 0（负债账面价值 82 万元-其在未来期间计算应税利润时可予抵扣的金额 82 万元）。因此，预计负债账面价值与计税基础之间的差额，形成暂时性差异 82 万元。

差异=82-0=82（万元），属于可抵扣暂时性差异（将来可抵扣）。

（2）预收账款

【实例 15-8】

甲公司 2021 年预收账款账面金额为 155 万元（预收房款），假设预收房款在实际收款时缴纳所得税，该预收账款计税基础为 0（负债账面价值 155 万元-其在未来期间不征税的金额 155 万元）。

差异=155-0=155（万元），属于可抵扣暂时性差异。

（3）应付职工薪酬

【实例 15-9】

甲公司 2021 年应付职工薪酬账面金额为 130 万元，假设该工资费用已在 2021 年抵扣，将来支付工资时不能再抵扣，该应付职工薪酬计税基础为 130 万元（负债账面价值 130 万元-其在未来期间计算应税利润时可予抵扣的金额 0），则：

应付职工薪酬账面价值与计税基础均为 130 万元，没有差异。

（4）其他负债

企业应交的罚款和滞纳金等，在尚未支付之前按照会计规定确认为费用，同时作为负债反映。税法规定，罚款和滞纳金不能税前扣除，即计税基础等于账面价值，所以没有差异。

15.2.4　递延所得税的确认

可抵扣暂时性差异对所得税的影响，应确认为递延所得税资产；

应纳税暂时性差异对所得税的影响，应确认为递延所得税负债。

1）会计科目

企业设置"所得税费用""应交税费——应交所得税""递延所得税资产""递延所得税负债"等科目进行所得税的核算。

所得税费用，反映本期计入利润表的所得税费用。

$$本期所得税费用 = 应交所得税 + \left(\frac{递延所得税}{资产年初额} - \frac{递延所得税}{资产年末余额} \right) + \left(\frac{递延所得税}{负债年末余额} - \frac{递延所得税}{负债年初余额} \right)$$

"应交税费——应交所得税"，反映按照税法规定计算的应交所得税。

应交所得税=应纳税所得额×所得税税率

2）递延所得税资产科目

借方登记"递延所得税资产"增加额，贷方登记"递延所得税资产"减少额。"递延所得税资产"借方余额为资产，表示将来可以少交的所得税金额。有关计算公式为：

递延所得税资产期末余额=可抵扣暂时性差异期末余额×所得税税率

本期递延所得税资产发生额=递延所得税资产期初余额-递延所得税资产期末余额

3）递延所得税负债科目

贷方登记"递延所得税负债"增加额，借方登记"递延所得税负债"减少额。"递延所得税负债"贷方余额为负债，表示将来应交所得税金额。有关计算公式为：

递延所得税负债期末余额=应纳税暂时性差异期末余额×所得税税率

本期递延所得税负债发生额=递延所得税负债期末余额-递延所得税负债期初余额

4）递延所得税负债的确认

【实例 15-10】

甲公司于 2015 年 12 月底购入一台机器设备，成本为 600 000 元，预计使用年限为 5 年，预计净残值为 0。会计上按直线法计提折旧，因该设备符合税法规定的税收优惠条件，计税时可采用年数总和法计提折旧，假定税法规定的使用年限及净残值均与会计上相同。则：

①2016 年资产负债表日：

账面价值=实际成本-会计折旧=600 000-600 000÷5=480 000（元）

计税基础=实际成本-税前扣除的折旧额=600 000-600 000×5/15=400 000（元）

账面价值大于计税基础的差额 80 000 元，属于应纳税暂时性差异，应确认与其相关的递延所得税 20 000 元（80 000×25%）。

借：所得税费用　　　　　　　　　　　　　　　　　　　　　　　20 000

　　贷：递延所得税负债　　　　　　　　　　　　　　　　　　　　　　20 000

②2017 年资产负债表日：

账面价值=480 000-600 000÷5=360 000（元）

计税基础=400 000-600 000×4/15=240 000（元）

确认递延所得税=120 000×25%=30 000（元）

30 000-20 000=10 000（元）

借：所得税费用　　　　　　　　　　　　　　　　　　　　　　　10 000

　　贷：递延所得税负债　　　　　　　　　　　　　　　　　　　　　　10 000

③2018 年资产负债表日：

账面价值=360 000-600 000÷5=240 000（元）

计税基础=240 000-600 000×3/15=120 000（元）

确认递延所得税负债=120 000×25%=30 000（元）

④2019 年资产负债表日：

账面价值=240 000-120 000=120 000（元）

计税基础=120 000-600 000×2/15=40 000（元）

确认递延所得税负债=80 000×25%=20 000（元）

转回递延所得税 10 000 元。

借：递延所得税负债　　　　　　　　　　　　　　　　　　　　　10 000

贷：所得税费用　　　　　　　　　　　　　　　　　　　10 000

⑤2020 年资产负债表日：

账面价值=120 000−120 000=0

计税基础=40 000−600 000×1/15=0

差异=0

转回递延所得税 20 000 元。

借：递延所得税负债　　　　　　　　　　　　20 000

　　贷：所得税费用　　　　　　　　　　　　　　　　　20 000

15.2.5　所得税费用的确认和计量

1）当期所得税

当期所得税是指企业按照税法规定计算确定的针对当期发生的交易和事项，应缴纳给税务部门的所得税金额。

$$应纳所得税=会计利润+计税时不允许税前扣除的费用的差异额+费用抵扣的差异额−收入计入税法规定的不征税收入+其他需要调整的因素$$

2）递延所得税

$$递延所得税=\left(递延所得税负债的期末余额−递延所得税负债的期初余额\right)−\left(递延所得税资产的期末余额−递延所得税资产的期初余额\right)$$

3）所得税费用

所得税费用=当期所得税+递延所得税

【实例 15−11】

A 公司 2021 年度利润总额为 1 200 万元，该公司适用的所得税税率为 25%。2021 年发生的有关交易和事项中，会计处理与税收处理存在差别的有：

（1）2021 年 1 月开始计提折旧的一项固定资产，成本为 800 万元，使用年限为 10 年，净残值为 0，会计处理按直线法计提折旧，税收处理按双倍余额递减法计提折旧。

（2）2021 年向关联企业捐赠现金 300 万元。按照税法规定，企业向关联方的捐赠不允许税前扣除。

（3）当期取得的作为以公允价值计量且其变动计入当期损益的金融资产核算的股票投资成本为 500 万元，2021 年 12 月 31 日的公允价值为 600 万元。税法规定，以公允价值计量的金融资产持有期间市价变动不计入应纳税所得额。

（4）因对方企业违约收取罚款 80 万元。

（5）期末对持有的存货计提了 30 万元的存货跌价准备。

所得税费用的计算及账务处理如下：

应纳税所得额=1 200−80+300−100−80+30=1 270（万元）

应交所得税=1 270×25%=317.5（万元）

递延所得税资产=30×25%=7.5（万元）　　　　［资产的账面价值小于其计税基础］

递延所得税负债=（80+100）×25%=45（万元）　　　［资产的账面价值大于其计税基础］

递延所得税=45−7.5=37.5（万元）

所得税费用=317.5+37.5=355（万元）

借：所得税费用 3 550 000

　　递延所得税资产 75 000

　　贷：应交税费——应交所得税 3 175 000

　　　　递延所得税负债 450 000

15.2.6　新旧准则的变化

所得税会计准则修订后，新旧准则的变化大致有以下几点：

（1）计税差异不同；

（2）所得税会计处理方法不同；

（3）所得税费用与应交所得税的含义不同；

（4）所得税项目在财务报表中的列报和披露内容不同。

【总结与结论】

本章主要介绍了财务会计的两个专题，即股份支付的形式和相应的账务处理以及所得税按新准则的会计处理。本章的重点是：以权益结算的股份支付和以现金结算的股份支付在账务处理上有何区别；资产的计税基础和账面价值有何区别；负债的计税基础和账面价值有何区别；什么情况下会产生递延所得税资产，什么情况下会产生递延所得税负债；如何计算递延所得税、所得税费用和应纳税所得额。本章的内容属于高级财务会计课程中的专题，在MBA会计学和中级财务会计课程中教师可视情况选讲。

【练习题库】

★ 思考题

1.以权益结算的股份支付和以现金结算的股份支付在会计处理上有何差异？

2.股权激励对企业价值有显著影响吗？可能的影响途径是什么？

3.所得税会计核算在新旧准则下有何不同？新准则实施的难点是什么？

【课程思政案例】

云南白药的股份支付

阅读下面的【相关链接15-1】和【相关链接15-2】，了解云南白药2021年的股份支付情况及对盈利业绩的影响，然后思考相关问题。

【相关链接15-1】

云南白药2021年股份支付情况

2021年6月8日，公司第九届董事会2021年第五次会议和第九届监事会2021

年第四次会议审议通过《关于公司 2020 年股票期权激励计划首次授予部分第一个行权期行权条件成就的议案》《关于注销部分股票期权的议案》《关于调整公司 2020 年股票期权激励计划首次授予部分行权价格的议案》，本次激励计划首次授予股票期权的第一个行权条件已满足，涉及的 670 名激励对象在第一个行权期可行权的股票期权数量为 674.64 万份；鉴于公司 15 名激励对象辞职、1 名激励对象因非执行职务的其他原因身故，不再具备行权资格；另有 1 名首次授予的激励对象考核结果为 "不合格"，同意对首次授予中已获授予但尚未获准行权的股票期权予以注销，合计注销股票期权 8.64 万份。股票期权首次授予数量将由 1 695.6 万份调整为 1 686.96 万份，第一个行权期可行权人数由 687 人调整为 670 人。因公司 2019 年度利润分配方案已经实施完毕，根据公司《2020 年股票期权激励计划（草案）》等相关规定，将首次授予部分行权价格由 77.95 元/股调整为 74.05 元/股。云南白药 2021 年股份支付情况见表 15-5。

表 15-5　　　　　　　　　云南白药 2021 年股份支付情况　　　　　　　单位：元

项　　目	金　　额
以权益结算的股份支付计入资本公积的累计金额	970 350 047.79
本期以权益结算的股份支付确认的费用总额	865 727 325.83
销售费用（股份支付费用）	346 186 554.56
管理费用（股份支付费用）	519 540 771.27

备注：2020 年股票期权激励计划（首批授予部分）的行权价格为 74.05 元/股，合同剩余期限为 2.8 年，2020 年股票期权激励计划激励对象授予股票期权（预留部分）的行权价格为 123.32 元/股，合同剩余期限为 2.8 年。

资料来源：根据云南白药 2021 年半年报的第 119～120 页和销售费用与管理费用附注整理而得。

【相关链接 15-2】

不务正业？云南白药被曝 "炒股巨亏 15 亿"，官方独家回应（节选）

公司定期报告中，"归属于上市公司股东的扣除非经常性损益的净利润" 即为扣除交易性金融资产公允价值变动等非经常性损益的数据，但该金额会受到管理费用、销售费用、研发费用等科目的影响。2021 年前三季度，公司确认股份支付费用 8.66 亿元，上期无。剔除该部分费用影响，公司实现归属于上市公司股东的扣除非经常性损益的净利润 36.67 亿元，同比增长 15.14%，主营业务保持稳健。

资料来源：吴珊. 不务正业？云南白药被曝 "炒股巨亏 15 亿"，官方独家回应 [EB/OL]. [2021-10-28]. https://cj.sina.com.cn/articles/view/5696766151/1538dc0c7027012r3g.

思考题：

（1）云南白药的股份支付对盈利业绩的影响应该被剔除吗？

（2）云南白药的股权激励计划起到应有的激励作用了吗？

（3）云南白药的股权激励计划促进其价值提升了吗？

小提示：

根据上述资料，先模拟云南白药股份支付的账务处理，再查阅股权激励计划发布后云南白药净资产收益率和市值的变化来寻找上述问题的答案。

【延伸阅读文献】

［1］魏春燕．创业板公司股权激励的影响因素研究［J］．会计研究，2019（7）：51-58.

［2］叶小杰，季宸伊．科创板上市公司股份支付会计问题研究——以晶晨股份为例［J］．财会通讯，2021（19）：79-83.

［3］朱会芳．异质性员工持股计划的会计处理分析［J］．财会通讯，2021（19）：84-87.

第 16 章
会计报表分析

【学习目标】

通过本章的学习，您应该：（1）熟悉报表分析的基本方法；（2）掌握会计报表基本层面的分析，即盈利能力、成长能力、偿债能力、资产管理效率四个方面的基本比率分析，以及盈利质量与经营现金断流预警指标；（3）熟悉杜邦模型及其用途，了解进行杜邦分析的意义；（4）熟悉合并倍数分析法及其用途。

● 16.1 导论

有关会计报表分析的相关内容，在高校的会计学专业内有专门的课程和教材，所以会计学专业的财务会计学或中级财务会计教材一般不涉及这方面的内容（戴德明、林钢、赵西卜，2018；周华，2019；林钢，2020）。但在针对经管专业开发的财务会计学教材中，一般习惯性地设置一到两章的内容专门对会计报表展开基本层面的分析，即基本的比率分析（王虹、孙璐，2019；荆新、宋建波、殷建红，2020）。这是因为，学习了财务会计学之后，学生们未必都紧接着学习会计报表分析类课程。而读懂报表、掌握基本的分析方法和财务比率，又是经管专业学生必备的技能。会计报表分析的基本方法包括趋势分析法、结构分析法、比率分析法和倍数分析法，前三种方法经常结合使用。基本的分析模型就是杜邦模型。故本章以这些方法为基础，对中科曙光2017—2020年年报进行基本层面的分析。

● 16.2 盈利能力

16.2.1 公司盈利能力指标

表征公司层面的盈利能力，一般用到三个方面的比率：衡量销售业务盈利能力

的指标、衡量总的资金获利能力的指标和衡量费用控制能力的指标。衡量销售业务
盈利能力的指标包括毛利率、营业利润率和净利润率，是利润表上不同阶段的盈利
比率。从表16-1来看，中科曙光2017—2020年这三个指标均呈上升趋势。毛利率
从17.41%上升至22.13%，但总体不高。营业利润率从5.74%上升至10.24%，净利
润率从5.19%上升至8.73%，表明中科曙光的盈利能力在增强。衡量总的资金获利
能力的指标主要是总资产收益率，从4.03%上升至4.70%，上升幅度不明显，但处
于可接受的水平。衡量费用控制能力的三个指标中销售费用占比和管理费用占比没
有大的波动，基本正常。唯有研发费用占比从3.69%上升至7.23%，呈现出可喜的
变化。尤其是2018—2020年，该指标均大于5%，表明中科曙光是一家十分看重研
发投入、着力培育技术优势的高科技企业。

表16-1 　　　　　　　　中科曙光2017—2020年公司盈利能力指标

指标名称	计算公式	主要功用	2020年	2019年	2018年	2017年
毛利率（%）	（营业收入-营业成本）÷营业收入	衡量企业销售业务的盈利能力	22.13	22.07	18.30	17.41
营业利润率（%）	营业利润÷营业收入	衡量企业营业活动的盈利能力	10.24	7.66	5.87	5.74
净利润率（%）	净利润÷营业收入	衡量企业最终税后盈利能力	8.73	6.70	5.16	5.19
总资产收益率（%）	净利润÷平均资产总额	衡量企业运用总资产获利的能力	4.70	4.26	4.02	4.03
销售费用占比（%）	销售费用÷营业收入	衡量销售费用的控制水平，分析费用发生的合理性	4.02	4.83	4.25	5.08
管理费用占比（%）	管理费用÷营业收入	衡量管理费用的控制水平，分析费用发生的合理性	2.19	2.39	2.20	2.48
研发费用占比（%）	研发费用÷营业收入	衡量研发费用的控制水平，分析费用发生的合理性	7.23	7.74	5.60	3.69

资料来源：根据中科曙光2017—2020年的会计报表计算而得。

16.2.2 股票投资者获利能力指标

衡量股票投资者即股东的获利能力，可分三个方面进行。一是账面盈利能力，
包括每股收益和净资产收益率。从表16-2来看，中科曙光2017—2020年每股收益
指标非常优秀，2018—2020年甚至超过0.60元。净资产收益率每年均超过10%，
应该说是非常优秀的。二是持有股票的获利能力，一般以每股红利表示。从表16-2
来看，中科曙光的投资者获利微弱，每股红利税前0.10~0.14元，算是毛毛雨。所
以，中科曙光的股东想通过这种方式获利是不太可能的。三是通过买进和卖出赚取

差价来获利，可以用市盈率来表示。市盈率有很多算法，此处采用会计意义上的年度市盈率算法，即用截至次年4月30日的最后一个交易日的收盘价除以每股前一年收益，因为要求截至次年的4月30日前一年年报必须全部报出，对股价的影响也充分体现出来了。中科曙光的市盈率在2018年和2020年比较正常，2017年和2019年偏高，这是因为2017年和2019年各有一个大牛市造成的。总体来讲，中科曙光的投资者应主要通过买卖差价获利。

表16-2　　　　　中科曙光2017—2020年股票投资者获利能力指标

指标名称	计算公式	主要功能	2020年	2019年	2018年	2017年
每股收益（元）	净利润（归母）÷加权平均普通股股份总数	从投资者的角度揭示公司账面盈利能力	0.62	0.66	0.67	0.48
净资产收益率（%）	净利润÷平均股东权益	体现公司对股东回报的高低	10.71	14.72	12.49	10.03
每股红利（元）	普通股股息总额÷流通在外的普通股股数	从现金股利的角度衡量股东的获利能力	0.14	0.14	0.14	0.10
市盈率（倍）	市价÷每股前一年收益	揭示公司股票价值已被市场认识的程度，在一定程度上反映了所持股票的风险水平	2021.4.30收盘价25.88元/股	2020.4.30收盘价48.32元/股	2019.4.30收盘价40.48元/股	2018.4.27收盘价50.00元/股
			42	73	60	104

资料来源：根据中科曙光2017—2020年的会计报表和新浪财经披露的股票收盘价计算而得。

● 16.3　成长能力

衡量企业成长能力的指标一般通过利润表的数据来计算，包括营业收入同比增长率、净利润同比增长率和每股收益同比增长率。中科曙光2017—2018年营业收入同比增长43.89%，属于高增长企业；此后，就只有一位数的增长。但中科曙光的净利润在2018—2020年一直维持两位数的高增长，这是由于其综合毛利率一直处于上升趋势。这说明，该公司营业收入的构成发生了明显的变化，毛利率较高的业务占比在提升。每股收益的增长才是真正的增长。中科曙光每股收益只在2017—2018年是两位数的高增长，同比增长率为39.58%；此后，就面临一位数的负增长，这是因为该公司股本一直在扩张。通过查找中科曙光2019—2020年年报的股本附注披露发现，2019年和2020年均有以资本公积金每10股转增4股的分配预案。除此之外，中科曙光2020年还实施了可转债转股和非公开增发新股，详见【相关链接16-1】。表16-3显示，中科曙光2018—2020年总资产均维持两位数的高增长。总资产同比增长率是唯一一个通过资产负债表的数据计算的成长比率。

表16-3 　　　　　　　　中科曙光2017—2020年成长能力指标

指标名称	计算公式	主要功用	2020年	2019年	2018年
营业收入同比增长率（%）	（本期营业收入÷前期营业收入）-1	用营收衡量公司规模扩张的快慢	6.66	5.18	43.89
净利润同比增长率（%）	（本期净利润÷前期净利润）-1	衡量公司盈利增长的快慢	39.02	36.54	43.13
每股收益同比增长率（%）	（本期每股收益÷前期每股收益）-1	衡量公司在考虑股本扩张的情况下盈利增长的快慢	-6.06	-1.49	39.58
总资产同比增长率（%）	（本期总资产÷前期总资产）-1	用资产衡量公司规模扩张的快慢	25.01	27.36	30.53

资料来源：根据中科曙光2017—2020年的会计报表计算而得。

【相关链接16-1】

中科曙光2020年股本变化说明

（1）2020年4月20日，本公司股东大会审议通过利润分配及转增股本方案，以实施前的公司总股本930 036 359股为基数，每股派发现金红利0.14元（含税），以资本公积金向全体股东每股转增0.4股，共计派发现金红利130 205 090.26元，转增372 014 544股。

（2）本公司本年度可转换公司债券合计转股29 727 387.00股。

（3）经本公司2020年4月21日召开的第四届董事会第一次会议、2020年6月5日召开的2020年第一次临时股东大会决议通过，并经中国证券监督管理委员会下发的证监许可〔2020〕1863号《关于曙光信息产业股份有限公司非公开发行股票的批复》核准，本公司本次可非公开发行不超过260 410 180股A股人民币普通股股票。本公司本次实际非公开发行A股股票发行数量为148 678 071股，每股股票面值为人民币1.00元，每股发行价格为人民币32.15元，本次非公开发行A股股票后本公司总股本为1 450 728 974.00股。

资料来源：根据中科曙光2020年年报第146～147页股本附注整理而得。

● 16.4 偿债能力

衡量企业短期偿债能力的指标一般有两个：流动比率和速动比率。如果不考虑行业差异，流动比率的安全线为2倍，速动比率的安全线为1倍。这两个指标有时也用百分比表示。从表16-4可以看到，中科曙光的流动比率只在2020年大于2倍，但可喜的是，2017—2020年呈上升趋势，从132.20%上升至387.68%；速动比率一直大于1倍且呈上升趋势，2017—2020年从108.15%上升至312.22%。短期偿债风险呈下降趋势。衡量企业长期偿债能力的指标一般也有两个：资产负债率和已获利息倍数。如果不考虑行业差异，资产负债率的安全线为50%，已获利息倍数的安全线为3倍。表16-4显示，中科曙光2017—2019年资产负债率偏高且呈上升趋势，从65.95%上升至72.44%，长期偿债风险很大，但在2020年急剧下降至42.97%。中科曙光2017—2020年的已获利息倍数均大于3倍，2020年更是高达20.21倍，说明其能保证到期利息的偿付。

表16-4　　　　　　中科曙光2017—2020年偿债能力指标

指标名称	计算公式	主要功能	2020年	2019年	2018年	2017年
流动比率（%）	流动资产÷流动负债	衡量短期偿债能力	387.68	168.63	155.67	132.20
速动比率（%）	（流动资产－存货）÷流动负债	衡量短期偿债能力	312.22	110.99	111.09	108.15
资产负债率（%）	负债÷总资产	衡量长期偿债能力	42.97	72.44	69.24	65.95
已获利息倍数（倍）	（利润总额＋利息费用）÷利息费用	衡量长期偿债能力	20.21	5.14	4.18	4.64

资料来源：根据中科曙光2017—2020年的会计报表计算而得。

● 16.5　资产管理效率

衡量企业资产管理效率的指标一般有：应收账款周转率（期）、存货周转率（期）和总资产周转率（期）。有时也加算固定资产周转率（期）、应付账款周转率（期）和现金周期。但只有两个指标有标准值，即应收账款周转率和存货周转率。如果不考虑行业差异，应收账款周转率应大于7次/年，存货周转率应大于3次/年。从表16-5可以看出，中科曙光的应收账款周转较慢，但呈加快趋势，周转率从3.95次上升至5.19次，相应地，周转期从91.06天缩短至69.40天。存货周转则变慢，周转率从4.09次下降至2.57次，相应地，周转期从87.94天延长至140.06天。现金周期也从79.50天延长至101.91天。除此之外，应付账款的周转率和周转期呈起伏趋势，固定资产周转率也呈起伏趋势，但总资产周转率呈下降趋势。总体而言，中科曙光2018—2020年资产管理效率下降了，资金周转变慢了。

表16-5 　　　　　　　中科曙光2018—2020年资产管理效率指标

指标名称	计算公式	主要功用	2020年	2019年	2018年
应收账款周转率（次）	赊销收入净额÷应收账款平均余额	衡量应收账款周转的快慢	5.19	4.38	3.95
存货周转率（次）	营业成本÷存货平均余额	衡量存货周转的快慢	2.57	2.60	4.09
应付账款周转率（次）	营业成本÷应付账款平均余额	表征上游商业信用账期的变化	3.35	2.90	3.62
固定资产周转率（次）	营业收入÷固定资产平均余额	衡量固定资产周转的快慢	7.02	6.91	7.72
总资产周转率（次）	营业收入÷总资产平均余额	衡量总资产周转的快慢	0.54	0.64	0.78
应收账款周转期（天）	360÷应收账款周转率	衡量应收账款周转的快慢	69.40	82.22	91.06
存货周转期（天）	360÷存货周转率	衡量存货周转的快慢	140.06	138.34	87.94
应付账款周转期（天）	360÷应付账款周转率	表征上游商业信用账期的变化	107.55	124.14	99.49
现金周期（天）	应收账款周转期+存货周转期–应付账款周转期	衡量现金周转的快慢	101.91	96.42	79.50

资料来源：根据中科曙光2018—2020年的会计报表计算而得。

● 16.6　现金流量表上的指标

16.6.1　盈利能力和偿债能力

从现金流量表上计算企业的盈利能力一般倾向于计算两个指标：净利润率和总资产收益率。从表16-6可以看出，中科曙光2017—2019年净利润率和总资产收益率均显著上升，至2020年有所下降。2020年新冠肺炎疫情的发生对中科曙光还是有影响的。表16-6显示，衡量中科曙光短期偿债能力的指标——现金流动负债比率——在2017—2020年呈快速上升趋势，尤其是2019年和2020年，分别高达54.17%和62.83%，高于国际标准比40%，可见这两年其短期偿债能力很强。

表16-6　　中科曙光2017—2020年现金流量表上的盈利能力和偿债能力指标

指标名称	计算公式	主要功用	2020年	2019年	2018年	2017年
净利润率（现金流量表数据）（%）	经营活动产生的现金流量净额÷营业收入	衡量盈利能力	22.79	33.32	6.97	0.67
总资产收益率（现金流量表数据）（%）	经营活动产生的现金流量净额÷总资产平均余额	衡量盈利能力	12.27	21.20	5.43	0.52
现金流动负债比率（%）	经营活动产生的现金流量净额÷流动负债	衡量短期偿债能力	62.83	54.17	12.08	0.78

资料来源：根据中科曙光2017—2020年的会计报表计算而得。

16.6.2　盈利质量和经营现金断流预警指标

从现金流量表上还可以计算出衡量企业盈利质量的指标和经营现金断流预警指标：销售收现比、付现成本比和净利润现金保障倍数。这三个指标的经验值都是在0.5~1.5之间为正常。表16-7显示，中科曙光2017—2020年前两个指标均处于正常范围内，只有第三个指标分别在2017年、2019年和2020年没有处于正常范围内。原因分析如下：2017年，销售收现比小于付现成本比，净利润现金保障倍数极低，为0.13倍，盈利质量低，经营现金断流风险大；2019年销售收现比大于付现成本比，净利润现金保障倍数极高，为4.97倍，盈利质量高，经营现金断流风险小；2020年销售收现比大于付现成本比，净利润现金保障倍数较高，为2.61倍，盈利质量较高，经营现金断流风险较小。

表16-7　　中科曙光2017—2020年盈利质量或经营现金断流预警指标

指标名称	计算公式	主要功用	2020年	2019年	2018年	2017年
销售收现比（倍）	销售商品、提供劳务收到的现金÷营业收入	衡量盈利质量和经营现金断流预警	1.15	1.36	1.05	1.09
付现成本比（倍）	购买商品、接受劳务支付的现金÷营业成本	衡量盈利质量和经营现金断流预警	1.09	1.33	1.21	1.19
净利润现金保障倍数（倍）	经营活动产生的现金流量净额÷净利润	衡量盈利质量和经营现金断流预警	2.61	4.97	1.35	0.13

资料来源：根据中科曙光2017—2020年的会计报表计算而得。

● 16.7　杜邦模型

表16-8显示的是中科曙光2017—2020年杜邦模型验算的结果。2017—2019年，中科曙光净资产收益率呈上升趋势，从9.51%上升至13.81%，主要原因是净利润率和权益乘数的上升造成的，总资产周转率则有所起伏。权益乘数的上升意味

着资产负债率的上升，杠杆加大。但两个因素中，净利润率的上升对净资产收益率的影响更大一些。2020年，中科曙光净资产收益率的下降主要由总资产周转率的下降和权益乘数的下降造成的，后者的影响更大一些。净利润率则呈上升趋势。但总资产周转率和权益乘数下降的趋势大于净利润率上升的趋势，所以净资产收益率在2019—2020年呈下降趋势。

表16-8 　　　　　　　　　　　中科曙光2017—2020年杜邦模型

指标	2020年	2019年	2018年	2017年
净利润率（%）	8.73	6.70	5.16	5.19
总资产周转率（次）	0.48	0.57	0.69	0.62
权益乘数（倍）	1.75	3.63	3.25	2.94
净资产收益率（%）	7.42	13.81	11.54	9.51

资料来源：根据中科曙光2017—2020年的会计报表计算而得。为简化起见，均采用年末数计算。存在尾差。

从以上的分析可以看出，杜邦模型的意义有以下三点：一是发现了企业盈利的驱动因素主要由三个关键指标决定，即净利润率、总资产周转率和资产负债率；二是从杜邦模型前两个驱动因素的排列组合规律可以识别企业业务层所采用的战略类型，表16-8显示中科曙光追求的是毛利率的提升进而达到净利润率的提升，其业务层实施的是差异化战略；三是杜邦模型将利润表和资产负债表紧密地联系在一起，若将前三个关键指标的计算过程展开的话，分别就是取自利润表和资产负债表的数据。

● 16.8　合并倍数分析法

对于企业会计报表，无论是母公司报表还是合并报表，都可以进行上述盈利能力、成长能力、偿债能力、资产管理效率、盈利质量和经营现金断流预警分析及杜邦分析。而对于合并报表，还应外加一项倍数分析。其计算公式如下：

合并倍数=合并报表的数据÷母公司报表的相应数据

可见，绝大多数报表项目计算出来的合并倍数会接近1或大于1甚至远大于1，只有少数报表项目的合并倍数会远小于1。合并倍数小于1的项目，就是母子公司之间关联交易发生的地方。越是远小于1，就预示着关联交易的程度越深。根据经验，母子公司之间的关联交易无外乎三类：一是内部购销形成的关联交易，这时营业收入或营业成本的合并倍数会小于1；二是内部投资持股的关联交易，这时长期股权投资的合并倍数会小于1；三是内部资金拆借的关联交易，这时其他应收款或其他应付款的合并倍数会小于1。

表16-9列示的是中科曙光2017—2020年主要项目的合并倍数，可以看出以下

三种情况：一是合并倍数大于1的项目，有货币资金、应收账款、其他应收款、存货、固定资产、在建工程、无形资产、开发支出、总资产、短期借款和其他应付款，说明这些项目在子公司的配置规模不可忽略；二是合并倍数小于1的项目，只有长期股权投资，2017—2020年合并倍数分别是0.23倍、0.44倍、0.43倍和0.52倍，这说明约有一半以上的长期股权投资是对子公司的投资，属于内部关联交易；三是合并倍数正好等于1的项目，只有长期借款和应付债券，说明这两个项目发生在母公司，母公司即上市公司本身是长期借款的承担主体和公司债券的发行方。总之，从中科曙光的合并倍数来看，应立足于分析其合并报表。

表16-9　　　　　　　　中科曙光2017—2020年主要项目的合并倍数　　　　　　金额单位：万元

项目		2020年	2019年	2018年	2017年
货币资金	合并	822 412.06	289 149.51	201 840.86	251 671.40
	母公司	304 340.63	78 515.44	91 672.15	78 394.19
	合并倍数	2.70	3.68	2.20	3.21
应收账款	合并	209 665.60	182 128.40	253 032.91	205 140.64
	母公司	139 847.94	124 207.81	186 674.48	138 477.38
	合并倍数	1.50	1.47	1.36	1.48
其他应收款	合并	19 963.93	70 092.20	39 164.13	33 561.81
	母公司	10 605.28	18 241.98	14 024.26	9 404.89
	合并倍数	1.88	3.84	2.79	3.57
存货	合并	278 052.21	337 645.47	232 901.14	128 572.48
	母公司	209 814.44	280 201.36	100 195.46	84 870.54
	合并倍数	1.33	1.21	2.32	1.51
长期股权投资	合并	304 419.62	213 635.47	228 567.75	82 513.68
	母公司	587 485.17	498 353.31	515 494.63	362 040.31
	合并倍数	0.52	0.43	0.44	0.23
固定资产	合并	140 069.89	149 230.26	126 628.72	108 090.95
	母公司	40 789.04	44 910.89	32 890.90	23 062.26
	合并倍数	3.43	3.32	3.85	4.69
在建工程	合并	16 541.89	14 064.90	10 955.96	6 925.45
	母公司	15 879.11	7 169.83	1 268.30	930.89
	合并倍数	1.04	1.96	8.64	7.44

项目		2020年	2019年	2018年	2017年
无形资产	合并	102 538.06	91 651.56	31 662.37	36 242.67
	母公司	71 317.45	59 196.44	14 054.14	15 321.95
	合并倍数	1.44	1.55	2.25	2.37
开发支出	合并	23 206.14	13 299.59	51 725.76	30 031.10
	母公司	5 881.64	6 372.51	39 528.59	26 773.66
	合并倍数	3.95	2.09	1.31	1.12
资产总计	合并	2 096 397.91	1 676 928.10	1 316 730.48	1 008 745.42
	母公司	1 451 728.10	1 158 800.62	1 015 111.21	783 321.09
	合并倍数	1.44	1.45	1.30	1.29
短期借款	合并	—	78 105.94	235 452.80	280 735.30
	母公司	—	40 043.50	140 000.00	193 200.00
	合并倍数	—	1.95	1.68	1.45
其他应付款	合并	2 857.60	2 509.23	4 944.61	3 917.38
	母公司	898.02	477.65	1 085.23	1 115.05
	合并倍数	3.18	5.25	4.56	3.51
长期借款	合并	50 000.00	7 000.00	73 000.00	30 000.00
	母公司	50 000.00	7 000.00	73 000.00	30 000.00
	合并倍数	1.00	1.00	1.00	1.00
应付债券	合并	—	98 274.82	93 662.73	—
	母公司	—	98 274.82	93 662.73	—
	合并倍数	—	1.00	1.00	—

资料来源：根据中科曙光2017—2020年的会计报表计算而得。

【总结与结论】

本章以中科曙光2017—2020年的会计报表为例分别介绍了如何进行盈利能力、成长能力、偿债能力、资产管理效率、盈利质量和经营现金断流预警分析并验算了杜邦模型。本章最后还介绍了合并报表的倍数分析法。对于财务会计学这样的课程来说，学习和掌握这些基本的分析方法和财务比率并应用于解决一些实际问题就足够了，本章的重点是杜邦模型。

【练习题库】

★ 思考题

1. 中科曙光 2017—2020 年综合毛利率呈上升趋势的原因是什么？

2. 为什么说杜邦模型是进行企业财务诊断与分析的有效模型？

★ 业务题

表 16-10 和表 16-11 是云南白药 2018—2020 年共同比利润表（损益表）和获利能力比率。要求运用杜邦模型完成以下分析：

（1）识别其净资产收益率发生变化的可能原因，可通过利润表中的百分比和总资产周转率进行解释。

（2）公司的营业成本占营业收入的比重在上升，但存货周转率也上升了，最有可能的原因是什么？用云南白药的实际数据来验证你的判断。

表 16-10 共同比利润表

比率	第 1 年	第 2 年	第 3 年
营业收入（%）	100.00	100.00	100.00
营业成本（%）	72.25	71.44	69.45
销售费用（%）	11.59	14.01	14.68
管理费用（%）	2.63	3.23	1.17
研发费用（%）	0.55	0.59	0.41
所得税费用（%）	3.94	1.86	2.01
净利润率（%）	16.83	14.07	12.32

表 16-11 获利能力比率

比率	第 1 年	第 2 年	第 3 年
应收账款周转率（次）	11.71	15.25	17.30
存货周转率（次）	2.08	1.95	1.99
固定资产周转率（次）	12.83	15.93	15.44
总资产周转率（次）	0.62	0.74	0.92
净利润率（%）	16.83	14.07	12.32
净资产收益率（%）	10.43	10.41	11.33

第 17 章
会计报表分析应用示例

【学习目标】

通过本章的学习，您应该：（1）熟悉财务诊断的基本方法；（2）掌握评价企业偿债能力的常用指标；（3）了解国资委是如何考核央企的降杠杆能力的；（4）掌握诊断和评价企业债务风险的思路。

● 17.1 相关背景

中国铁建股份有限公司（以下简称中国铁建）是接受国资委监管的96家央企之一。关于国有企业的绩效评价，目前执行的是《中央企业综合绩效评价管理暂行办法》（国资委令14号）和《中央企业综合绩效评价实施细则》（国资发评价〔2006〕157号）的规定。《中央企业综合绩效评价实施细则》规定的财务绩效评价指标包括四个方面：盈利能力、资产质量、债务风险和经营增长。这一评价体系本身就具有诊断的功能。关于中央企业负责人经营业绩的考核办法经历过多次修订。2019年3月1日国资委发布了新修订的《中央企业负责人经营业绩考核办法》（国资委令第40号），该办法自2019年4月1日起施行。国资委令第40号强调，对资产负债水平较高的企业，应加强资产负债率、经营性现金流和资本成本率等指标的考核，意在降低国企的债务风险，保证我国经济在可控的风险水平上运行。国资委令第40号的出台基于以下背景：2016年9月22日国务院发布《国务院关于积极稳妥降低企业杠杆率的意见》（国发〔2016〕54号）。2018年8月3日国家发展改革委、人民银行、财政部、银保监会和国资委五部门联合发布《2018年降低企业杠杆率工作要点》。2018年9月13日中共中央办公厅和国务院办公厅印发《关于加强国有企业资产负债约束的指导意见》，明确要求国有企业平均资产负债率2020年年末比2017年年末降低2个百分点左右，之后国有企业资产负债率应基本保持在同行业同规模企业的平均水平。该指导意见提出，应分类确定国有企业资产负债约束指标标准。国有企业资产负债约束以资产负债率为基础约束指标，对不同行业、不同类型国有企业实行分类管理并动态调整。原则上以本行业上年度规模以上全部企业平均资产负债率为基准线，基准线加 5 个百分点为本年度资产负债率预警线，基准线加 10 个百分点为本年度资产负债率重点监管线。国有企业集团合并报表资产负债率预警线和重点监管线，可由相关国有资产管理部门根据主业构成、发展水平以及分类监管要求确定。由国务院国资委履行出资人职责的中央企业，资产负债率管控工作继续执行现行要求，参照国企降杠杆要求在实践中再予以调整和完善。在 2018 年 7 月 6 日召开的中央企业降杠杆减负债工作推进会中，国资委还与兵器装备、中国石化、中国华能、中国华电、中国建筑、中国铁建六家央企签订了降杠杆减负债责任状。所以，本章聚焦中国铁建的债务风险进行专项诊断，在进行债务风险诊断时重点考察资产负债率的变化。

● 17.2　文献综述

王中杰（1994）认为，企业财务诊断是来自企业外部的、以改进企业财务管理为目的的服务活动。瞿晓龙（2007）认为，财务诊断是一项为企业"看病""治疗"的智力活动。孙英（2013）认为，财务诊断是企业财务管理的重要环节，是一种改进企业财务管理的先进的、科学的方法，它克服了企业财务分析的一般化、公式化等弱点，是财务分析的深化和发展，而且比财务分析更具有科学性、广泛性和实用性。张星文、梁戈夫（2005）认为，财务诊断一般离不开财务分析，没有财务分析就无所谓诊断，财务分析是进行财务诊断的一种工具。傅磊（2004）和高立法、曲云翠（2004）将财务诊断划分为综合诊断和专项诊断，认为不同行业的企业财务状况差异很大，开展财务诊断有利于提高企业财务管理水平和经济效益。王方明（2009）系统地介绍了财务分析与诊断方法、资本结构分析与诊断、资产结构分析与诊断、营运资本变动分析与诊断等。王冬梅等（2017）曾对乐凯胶片的战略转型进行过全面的财务诊断与分析，实际上属于专项诊断的范畴。滑笑盈（2018）提及，对中国一汽的财务诊断工作始于 2012 年，最初主要针对亏损单位进行综合财务诊断，后来随着诊断方式的成熟和战略导向的清晰，逐步发展成适用于所有单位的专项财务诊断。

闫雨（2017）考察了资本结构对 EVA 这一国资委考核央企的特定指标的影响，给出了增加 EVA、优化建筑企业资本结构的具体建议：减少流动负债和有息负债，控制资产负债率，并适当增加高管持股。王欣（2017）曾对我国建筑业上市公司财务杠杆水平及合理值域进行过实证分析，认为建筑业企业作为资金密集型企业，合理运用财务杠杆对其健康发展至关重要，建议建筑业企业优化自身资本结构，提升融资能力，制定弹性的融资政策并建立有效的风险防范机制。孙晨（2014）运用哈佛分析框架分析了中国铁建公开披露的财务报表，从战略、会计、财务和前景对中国铁建的财务报表进行了详细分析，认为中国铁建的资产营运能力、企业管理水平和短期偿债能力较好，但是长期偿债能力、现金流、销售收入质量较差，需要进一步改善，建议中国铁建加强应收账款和存货管理，以建筑为本，充分利用集团优势进行相关多元化的拓展与升级，提升市场竞争力。李卫星（2013）从盈利能力、偿债能力、营运能力和发展能力等方面并结合杜邦分析法、财务矩阵分析法等对中国铁建和中国中铁2008—2011年的财务数据进行比较，认为中国铁建在盈利能力、营运能力、发展能力方面优于中国中铁，在偿债能力、资产质量和现金流方面弱于中国中铁，建议两家企业优化经营管理，控制有息负债规模，降低资产负债率，以降低其财务风险。

● 17.3　中国铁建简介

中国铁建属于土木工程建筑业，基本情况见【相关链接17-1】。据披露，截至2019年9月底，其营业收入、净利润、每股收益在该行业34家上市公司中均排名第2位。毛利率排在第23位，净资产收益率排在第9位。股东权益比率排在第26位，可见其资产负债率偏高，长期偿债能力偏弱。每股经营现金流排在第32位，可见其经营现金流的状况亟待改善。中国铁建每股收益远高于行业均值，毛利率偏低，净利润率低于行业均值。流动比率和速动比率均低于行业均值，资产负债率高于行业均值，净资产收益率高于行业均值。与同行业竞争对手中国中铁股份有限公司（以下简称中国中铁）相比，中国铁建的每股收益、流动比率、速动比率均优于中国中铁，资产负债率与中国中铁相比时高时低。净利润率和净资产收益率高于中国中铁。近3年市盈率低于中国中铁。

【相关链接17-1】

中国铁建基本情况

中国铁建分别于2008年3月10日和3月13日在上海证券交易所和香港联合交易所上市。中国铁建的营业范围包括工程承包、勘察设计咨询、工业制造、房地产开发、物流与物资贸易等六大板块。经过上市以来近10年的发展，中国铁建已经成为国际化企业集团，可以对标世界一流跨国公司，已经向产融结合、投融资一体化、海外经营进行多元化延伸，先后注册成立了财务公司、保险经纪公司、金融租赁公司、资产管理公司等金融服务平台。2016年起，中国铁建还紧跟国家大力发展政府和社会资本合营（PPP）投资业务的契机，注册成立了多家投资类公司，进入基础设施、土地开发等投资领域。中国铁建已从原来简单的工程承包商发展为提供基础设施投资建设的全产业链建筑企业。中国铁建还积极响应国家"一带一路"倡议，全面布局"一带一路"沿线市场，在"一带一路"沿线42个国家设立了分支机构，成功将我国的设备、物资、技术乃至标准输出国门，为企业健康发展提供新的市场和机遇，助力国家"一带一路"倡议的实施和落地。

资料来源：根据中国铁建2018年年报中的公司简介和公司业务概要部分整理而成。

● 17.4　中国铁建的债务风险诊断与分析

17.4.1　中国铁建的商业信用规模及对营业利润的贡献

企业的应付账款、应付票据、预收账款和合同负债通常被称为商业债务，是企业经营性负债的重要组成部分。要考察商业债务的影响，一般需要对比商业债权，后者包括应收账款、应收票据、预付账款和合同资产。表17-1列示了中国铁建2015—2018年商业债权与商业债务的对比及利息收入对营业利润的贡献。从中可以看出，中国铁建也存在像格力电器一样的类金融盈利模式，即商业债务大于商业债权（王冬梅、吕本富，2010；王冬梅，2020）。不过，中国铁建的类金融盈利模式主要是由行业特点决定的，如采购时对其建材供应商赊账。中国铁建2015—2018年净商业债务分别约为1 745亿元、2 206亿元、2 369亿元和1 724亿元，所以中国铁建各年净赚利息收入分别约为29.19亿元、27.33亿元、32.91亿元和30.78亿元，对营业利润的贡献分别为17.57%、15.07%、15.74%和12.15%，处于12%～18%，其影响已不可忽略。由此可见，中国铁建对供应商有足够的议价权，也因占有资金供应链上的优势从而获得了一部分利息收入。虽然这部分利息收入是由低风险的经营性负债产生的，却对中国铁建营业利润率的提升有显著的影响。

表17-1　中国铁建2015—2018年净商业债务及利息收入对营业利润的贡献　　金额单位：万元

项目	2018年	2017年	2016年	2015年
应收票据及应收账款	10 916 255.00	15 352 881.70	—	—
其中：应收票据	978 024.50	702 492.60	435 058.00	249 364.00
应收账款	9 938 230.50	14 650 389.10	13 342 760.90	12 802 844.30
合同资产	12 393 815.10	—	—	—
预付款项	1 859 194.50	1 878 400.40	1 995 561.10	2 319 440.20
商业债权	25 169 264.60	17 231 282.10	15 773 380.00	15 371 648.50
应付票据及应付账款	33 470 733.40	32 349 150.90	—	—
其中：应付票据	5 103 642.80	4 141 130.40	2 851 148.90	2 627 910.90
应付账款	28 367 090.60	28 208 020.50	26 146 598.50	22 597 624.30
预收款项	6 439.00	8 568 256.50	8 833 150.80	7 598 110.60
合同负债	8 927 658.50	—	—	—
商业债务	42 404 830.90	40 917 407.40	37 830 898.20	32 823 645.80
净商业债务	17 235 566.30	23 686 125.30	22 057 518.20	17 451 997.30
利息收入（财务费用项下）	307 785.20	329 058.30	273 275.80	291 887.60
营业利润	2 532 176.60	2 090 980.40	1 813 133.60	1 660 904.30
利息收入对营业利润的贡献（%）	12.15	15.74	15.07	17.57

资料来源：根据中国铁建2015—2018年的财务报表计算而得。

17.4.2 中国铁建的筹资来源

表17-2列示的是中国铁建2015—2018年的筹资来源。从中可以看出，除商业信用融资外，4年来中国铁建基本延续同样的资本结构和再融资模式，没有进行股权再融资，主要依靠债权融资来解决企业的资金需求。其债权融资方式主要为短期借款、长期借款和发行各种公司债券，三项合计被称为有息负债，2015—2018年分别约为1 218亿元、1 444亿元、1 240亿元和1 691亿元。其中关于应付债券的明细统计见表17-3。

表17-2　　　　　　　　　中国铁建2015—2018年的筹资来源　　　　　　　　单位：万元

项目	2018年	2017年	2016年	2015年
实收资本（或股本）	1 357 954.20	1 357 954.20	1 357 954.20	1 357 954.20
其他权益工具	2 039 292.20	1 340 023.30	840 023.30	—
短期借款	6 178 108.40	2 949 909.80	3 042 852.20	4 337 088.00
长期借款	6 984 047.70	5 882 679.30	6 903 243.20	4 739 844.80
吸收存款	588 149.70	80 483.40	148 076.40	511 684.20
拆入资金	—	—	—	600 000.00
应付票据及应付账款	33 470 733.40	32 349 150.90	28 997 747.40	25 225 535.20
其他应付款	5 542 904.20	4 979 754.60	5 062 527.80	4 690 317.20
一年内到期的非流动负债（不含一年内到期的长期应付职工薪酬）	1 937 437.60	2 988 018.40	1 212 995.20	3 189 769.60
其他流动负债	499 827.20	6 720.00	51 048.00	359 517.90
应付债券	3 745 842.20	3 567 792.30	4 490 203.70	3 105 894.80
长期应付款（不含专项应付款）	140 657.90	196 263.60	184 318.30	220 876.50
其他非流动负债	108 246.50	76 767.70	121 285.60	—
减：货币资金	14 380 159.80	14 120 618.50	12 870 199.40	12 193 400.90
净负债	44 815 795.00	38 956 921.50	37 344 098.40	34 787 127.30
资本（股东权益）	20 733 485.50	17 864 884.50	14 871 598.60	12 881 916.50
资本和净负债	65 549 280.50	56 821 806.00	52 215 697.00	47 669 043.80

资料来源：根据中国铁建2015—2018年的财务报表及杠杆比率附注披露整理而得。

表17-3　　　　　　　　　　中国铁建2018年合并报表应付债券明细

债券名称	面值	发行日期	债券期限（年）	发行金额	年利率（%）
中国铁建2013年度第一期中期票据	100亿元	2013.6.20	7	100亿元	5.10
铁建宇翔有限公司2023年到期的利率为3.5%的8亿美元债券	8亿美元	2013.5.16	10	8亿美元	3.50
中国铁建2021年到期的人民币34.5亿元1.5%票息可转股债券	34.5亿元	2016.12.21	5	34.5亿元	1.50
中国铁建2021年到期的5亿美元零息可转股债券	5亿美元	2016.1.29	5	5亿美元	0.00
中国铁建房地产集团有限公司2015年第一期公司债券	30亿元	2015.9.29	5	30亿元	4.80
中国铁建房地产集团有限公司2016年第一期公司债券	28亿元	2016.1.8	5	28亿元	3.70
中国铁建房地产集团有限公司2016年第二期公司债券	30亿元	2016.1.20	5	30亿元	4.58
中国铁建房地产集团有限公司2016年第三期公司债券	15亿元	2016.4.19	5	15亿元	4.80
中国铁建房地产集团有限公司2016年第四期公司债券	15亿元	2016.5.24	5	15亿元	5.10
中国铁建房地产集团有限公司2018年度第一期中期票据	22亿元	2018.1.19	5	22亿元	5.94
中铁十六局2016年第一期非公开发行公司债券	10亿元	2016.9.6	5	10亿元	4.00
中铁建（北京）物业管理有限公司2017年度第一期非公开定向发行资产支持票据	9.6亿元	2017.12.13	7	9.6亿元	6.90
中铁二十四局2016年度第二期非公开定向债务融资工具	6亿元	2016.3.24	3	6亿元	4.13
中铁十五局2016年度第一期非公开定向债务融资工具	4亿元	2016.3.4	3	4亿元	4.50
中国铁建2011年度第一期中期票据	75亿元	2011.10.14	7	75亿元	6.28
中铁二十局2015年第一期非公开定向债务融资工具	7亿元	2015.3.13	3	7亿元	6.50
中铁二十三局2015年度第一期非公开定向债务融资工具	1亿元	2015.2.11	3	1亿元	6.30
中铁二十三局2015年度第二期非公开定向债务融资工具	1亿元	2015.2.12	3	1亿元	6.30
中铁二十五局2015年度第一期非公开定向债务融资工具	4亿元	2015.1.30	3	4亿元	6.50
中国铁建投资集团有限公司2015年度第一期非公开定向债务融资工具	10亿元	2015.7.28	3	10亿元	4.85
重庆铁发遂渝高速公路有限公司2015年度第一期非公开定向债务融资工具	2亿元	2015.2.11	3	2亿元	6.00
面值合计				404.1亿元+13亿美元	

资料来源：根据中国铁建2015—2018年财务报表的应付债券附注整理而得。

从表17-3可以看出，中国铁建发债主体多元化，仅中国铁建房地产集团有限公司2016年就发行了4期公司债券，合计发行金额为88亿元。发债币种不仅有人民币，还有美元，如中国铁建2021年到期的5亿美元零息可转股债券。中国铁建发行债券的种类繁多，包括公司债券、非公开发行公司债券、非公开定向债务融资工具、中期票据、非公开定向发行资产支持票据和可转股债券。其中发行金额最大的为中期票据，中国铁建2011年度第一期中期票据发行金额为75亿元，2013年度第一期中期票据发行金额为100亿元。中国铁建房地产集团有限公司2018年度第一期中期票据发行金额为22亿元。中国铁建2018年合并报表应付债券面值合计为404.1亿元外加13亿美元。表17-3的统计数据还不包括中国铁建发行的永续债。中国铁建于2016年发行可续期公司债券（第一期），本金总额为人民币80亿元。2017年发行可续期贷款，本金总额为人民币50亿元。2018年公开发行可续期公司债券（第一期、第二期、第三期），本金总额为人民币70亿元。这些永续债按照财政部2019年颁布的《永续债相关会计处理的规定》的要求皆计入了股东权益的其他权益工具项目（见表17-2）。

17.4.3 中国铁建偿债能力评价

根据国资委令第14号，衡量国企债务风险状况的指标共两层，基本指标包括资产负债率和已获利息倍数2个指标，修正指标包括速动比率、现金流动负债比率、带息负债比率和或有负债比率4个指标。由于中国铁建没有重大或有负债，故此处不计算或有负债比率这个指标。

中国铁建是怎样实现降杠杆的目标的呢？表17-1显示，中国铁建2015—2018年的商业债务呈单调增加态势，从2015年的约3 282亿元增加到2018年的约4 240亿元，4年来增加了958亿元左右。与其说中国铁建主要依靠有息负债融资，不如说其主要依靠商业信用融资。所以，可以肯定中国铁建的付息能力是没有问题的。表17-4列示了中国铁建2015—2018年的偿债能力指标及其与同规模企业行业均值的对比。从中可以看出，已获利息倍数呈改善趋势，自2016年起已大于3倍，且一直高于行业均值。表17-4还显示，中国铁建的资产负债率虽然一直高于行业均值，但一路呈单调下降趋势，2018年比2015年下降了4.08个百分点。这在大型央企中降杠杆的效果算是比较显著的。尤其需要说明的是，中国铁建2015—2018年商业债务占资产比处于46%~50%，占比较高，中国铁建的带息负债比率一直低于行业均值。中国铁建有硬性约束力的资产负债率即带息负债占资产比处于15%~20%，可以断定中国铁建的长期偿债能力没有问题。中国铁建的速动比率虽然在2016年和2017年低于行业均值，但在2015年和2018年均高于行业均值。中国铁建的现金流动负债比率在2015—2017年均高于行业均值，但在2018年略低于行业均值，2015—2018年呈单调下降趋势，下降的幅度较大，下降了9.5个百分点。所以，中国铁建需要重点关注其短期偿债能力恶化的趋势，努力改善其经营活动现金流状况。

中国铁建采用杠杆比率来管理资本。这里的杠杆比率是指净负债与资本和净负债之和的比率。如表 17-2 所示，净负债包括所有借款、吸收存款、其他流动负债、应付票据及应付账款、其他应付款、应付债券、长期应付款（不含专项应付款）、一年内到期的非流动负债（不含一年内到期的长期应付职工薪酬）以及其他非流动负债等抵减货币资金后的净额。之所以排除应交税费、应付职工薪酬、长期应付职工薪酬和专项应付款，是因为上述各项是企业必须履行的义务。表 17-4 显示，中国铁建的杠杆比率在 2015—2018 年也呈单调下降趋势，从 2015 年的 72.98% 下降至 2018 年的 68.37%，下降了 4.61 个百分点。这从另一个方面证实了中国铁建降杠杆工作是卓有成效的。中国铁建的其他权益工具在 2016—2018 年分别约为 84 亿元、134 亿元和 204 亿元，为永续债融资。仅这一项就使中国铁建 2016—2018 年的资产负债率分别下降了 1.11%、1.63% 和 2.22%，杠杆比率同期分别下降 1.61%、2.36% 和 3.11%。可见，永续债是给地方国企和央企降低企业杠杆率的一种制度红利。

表 17-4　　　　中国铁建 2015—2018 年的偿债能力指标及与行业均值对比

指标		2018 年	2017 年	2016 年	2015 年
已获利息倍数（倍）	中国铁建	3.61	3.28	3.06	2.62
	同规模企业行业均值	3.10	3.00	2.80	1.70
资产负债率（%）	中国铁建	77.41	78.26	80.42	81.49
	同规模企业行业均值	75.00	69.50	67.60	70.00
商业债务占资产比（%）		46.21	49.78	49.82	47.15
带息负债比率（%）	中国铁建	24.83	19.71	24.19	23.83
	同规模企业行业均值	32.00	30.00	42.00	40.00
带息负债占资产比（%）		19.22	15.42	19.45	19.42
速动比率（倍）	中国铁建	0.82	0.71	0.70	0.68
	同规模企业行业均值	0.71	0.75	0.79	0.62
现金流动负债比率（%）	中国铁建	0.91	4.67	7.56	10.41
	同规模企业行业均值	1.40	3.00	3.10	1.40
杠杆比率（%）		68.37	68.56	71.52	72.98
其他权益工具对杠杆比率的影响=其他权益工具÷资本和净负债（%）		-3.11	-2.36	-1.61	—
其他权益工具对资产负债率的影响=其他权益工具÷总资产（%）		-2.22	-1.63	-1.11	—

资料来源：①根据中国铁建的财务报表、杠杆比率附注披露整理而得。

②同规模企业行业均值摘自国资委发布的企业绩效评价标准值（2016—2019 年）。

17.4.4 从合并倍数判定中国铁建的筹资及风险承担主体

表17-5列示的是中国铁建2015—2018年部分项目的合并倍数。从营业收入和总资产的合并倍数远大于1可以看出，中国铁建的经营活动主要在子公司进行，资产也主要分布在子公司。但同时也可以看出子公司资产的利用效率较母公司要高许多，因为子公司的资产周转速度要比母公司快许多。所以，对中国铁建的财务诊断与分析要立足于合并报表。

中国铁建的应收账款和存货的合并倍数远大于1，说明两金压控（即压缩控制应收账款资金占用和减少存货积压）的压力主要集中于子公司。中国铁建的长期股权投资的合并倍数远小于1，在2015—2016年更为明显，说明这个项目主要是对子公司的投资。中国铁建的短期借款、长期借款、应付债券和利息费用的合并倍数均大于1或远大于1，说明中国铁建的有息负债主要由子公司负担。除此之外，中国铁建的永续债只由母公司发行，呈逐年大幅增长态势。

表17-5还显示，中国铁建靠内部积累所形成的内源性融资即未分配利润也主要来源于子公司，因为该项目的合并倍数远大于1。根据融资优序理论，企业在融资方式的选择上通常会按照内源融资、外源债务融资和权益融资的顺序进行。内源融资具有原始性、自主性、低成本和低风险的特点，是企业重要的资金来源和首选融资方式。中国铁建的外部融资远高于内源融资，由此抬高了融资成本和偿债风险，所以该公司应减少外部融资的使用规模。

表17-5　　　　中国铁建2015—2018年部分项目的合并倍数　　　　金额单位：万元

项目		2018年	2017年	2016年	2015年
应收账款 （2018年含合同资产）	合并	28 382 951.90	14 650 389.10	13 342 760.90	12 802 844.30
	母公司	382 728.40	437 039.80	441 263.60	173 882.00
	合并倍数	74.16	33.52	30.24	73.63
存货	合并	15 989 136.80	26 660 415.80	26 578 067.20	24 559 113.90
	母公司	0	204 851.40	501 942.00	404 376.20
	合并倍数	—	130.15	52.95	60.73
长期股权投资	合并	2 897 855.50	1 786 952.50	793 642.60	415 779.60
	母公司	9 448 729.00	9 080 431.10	8 517 381.70	7 852 739.40
	合并倍数	0.31	0.20	0.09	0.05
总资产	合并	91 767 058.20	82 188 745.90	75 934 503.40	69 609 633.00
	母公司	16 677 067.90	15 777 278.90	15 345 308.30	13 238 347.00
	合并倍数	5.50	5.21	4.95	5.26

续表

项目		2018年	2017年	2016年	2015年
短期借款	合并	6 178 108.40	2 949 909.80	3 042 852.20	4 337 088.00
	母公司	1 100 000.00	0	0	0
	合并倍数	5.62	—	—	—
长期借款	合并	6 984 047.70	5 882 679.30	6 903 243.20	4 739 844.80
	母公司	575 043.90	842 427.10	1 257 098.10	336 789.30
	合并倍数	12.15	6.98	5.49	14.07
应付债券	合并	3 745 842.20	3 567 792.30	4 490 203.70	3 105 894.80
	母公司	1 619 297.20	1 578 527.00	2 316 789.40	1 741 115.20
	合并倍数	2.31	2.26	1.94	1.78
其他权益工具	合并	2 039 292.20	1 340 023.30	840 023.30	0
	母公司	2 039 292.20	1 340 023.30	840 023.30	0
	合并倍数	1.00	1.00	1.00	—
未分配利润	合并	9 276 835.60	7 920 462.90	6 609 985.50	5 441 107.20
	母公司	1 064 456.00	1 091 008.40	888 920.60	846 107.00
	合并倍数	8.72	7.26	7.44	6.43
利息费用	合并	963 359.50	930 509.60	919 784.50	1 054 866.20
	母公司	241 087.80	211 776.30	211 800.40	261 330.10
	合并倍数	4.00	4.39	4.34	4.04
营业收入	合并	73 012 304.50	68 098 112.70	62 932 709.00	60 053 873.00
	母公司	1 697 883.80	1 666 032.40	1 386 628.90	759 034.30
	合并倍数	43.00	40.87	45.39	79.12

资料来源：根据中国铁建2015—2018年的财务报表计算而得。

● 17.5　结论与建议

　　综上可知，中国铁建由于对上游供应商有较强的议价能力，通过商业信用获得了绝大部分的资金来源，所以其利息支付能力有保障，有息资产负债率较低，没有长期偿债风险。中国铁建在资金供应链上的优势地位可使其获得一笔额外的利息收人，从而显著地提升了盈利能力。中国铁建由于经营现金流的恶化导致其短期偿债能力堪忧。中国铁建的有息负债筹资主要集中在子公司，除永续债外，筹资和风险承担主体亦是子公司。中国铁建的筹资渠道呈现多元化的特点，仅债券筹资就多达7个品种。这势必导致资金监管的困难，加大了企业的财务风险（戴志军，2019）。

表17-6列示了中国铁建2018年债务风险状况指标与国际和国内标准值的对比。从中可以看出，虽然中国铁建在2015—2018年资产负债率下降明显，但2018年仍达到77.41%，与60.40%的国际标准值相比仍有较大差距，与2018年全国国有大型企业平均资产负债率64%相比仍有不小的差距。资产负债率是衡量企业利用债权人的资金进行经营活动的能力和反映债权人贷款安全程度的指标，较高的资产负债率必然会给企业带来较高的财务风险，所以需要引起管理者的高度关注。建筑央企2018年资产负债率的管控线为75%。中国铁建通过发行永续债计入股东权益而非应付债券使有息负债的增长速度低于权益的增长速度，因而，其降杠杆工作取得了一定成效。但是，从表17-6依旧可以看出，中国铁建的现金流动负债比率相比国际标准还差得太远。所以，中国铁建下一步应大力改善其经营现金流状况，而经营现金流状况的改善又在于加速应收账款和存货的周转，即做好两金压控乃是工作的重中之重。

表17-6　中国铁建2018年债务风险状况指标与国际和国内标准值的对比

指标	中国铁建	建筑行业国际标准值	全国国有大型企业标准值
资产负债率（%）	77.41	60.40	64.00
已获利息倍数（倍）	3.61	5.20	2.90
速动比率（倍）	0.82	0.96	0.78
现金流动负债比率（%）	0.91	16.40	12.00
带息负债比率（%）	24.83	53.30	43.10

资料来源：国务院国资委考核分配局（2019）。

【总结与结论】

为了保证中国经济在可控的风险水平上运行，国资委自2016年以来密集出台了一系列监管要求，重点监控央企和国企的债务风险尤其是降杠杆工作的成效。在此背景下，本章针对重点央企中国铁建2015—2018年的财务报表展开深度分析，侧重诊断该企业的债务风险状况，包括商业信用规模及对营业利润的影响、筹资来源、偿债能力评价、融资和风险承担主体判定等方面，并提出中国铁建降低和防范债务风险的进一步努力方向。本章的建议对其他类似企业防控债务风险亦具有借鉴意义。

【练习题库】

★ 思考题

1.企业财务诊断的基本方法有哪些?

2.国资委制定的衡量国企债务风险状况的指标有哪些? 为什么选取这些指标?

3.中国铁建降杠杆时采用了什么措施? 哪些措施是有效的?

4.对比 2019 年和 2020 年的年报,中国铁建的债务风险持续下降了吗?

【延伸阅读文献】

[1] 王冬梅. 会计报表分析经典案例解读 [M]. 北京:科学出版社,2020.

[2] 王冬梅,林旭锋. 会计准则修订对报表项目和财务分析指标可比性的影响 [J]. 财会月刊,2021(12):83-90.

[3] 孙旭,王冬梅.识别和评价我国上市公司财务风险的新途径——基于京东方 A 的讨论 [J]. 财务管理研究,2021(7):14-23.

综合练习题一

一、判断题

1. 会计科目是会计要素进一步细分后的项目名称, 科目与账户不再区分。（　　）

2. 净资产属于六大会计要素之一。（　　）

3. 支出属于利润表上的三大会计要素之一。（　　）

4. 利得是企业拥有或控制的经济资源, 该资源预期会为企业带来经济利益的流入。（　　）

5. 企业在日常活动中形成的、会导致所有者权益减少的、与向所有者分配利润无关的经济利益的总流出, 可称之为成本。（　　）

6. 存货是资产负债表上的一个项目, 而不是一级科目。（　　）

7. 预付账款属于流动资产类的账户, 企业的待摊费用也通过此账户核算。（　　）

8. 税金及附加属于费用类的账户, 企业的印花税、消费税、资源税、城市维护建设税和教育费附加等均通过此账户核算。（　　）

9. 现行国家统一会计制度的一级科目列表中还保留有"待摊费用"与"长期待摊费用"账户。（　　）

10. 资产减值损失属于营业利润的计算口径, 而财务费用其实不应该计入营业利润。（　　）

11. 企业进行无形资产摊销时所编制的会计分录属于调整分录。（　　）

12. 资本公积的唯一来源是出资额超过注册资本的部分, 其主要用途是转增资本。（　　）

13. 计提利息费用时所编制的会计分录属于结转分录。（　　）

14. 长期股权投资在资产负债表上是以扣除长期股权投资减值准备后的净额列示的。（　　）

15. 盈余公积的主要用途是弥补企业以后期间的亏损, 也可以转增股本。（　　）

16. 计提存货跌价准备时所编制的会计分录属于调整分录。（　　）

17. 在通过净利润调整计算经营活动现金净流量时, 应收票据的增加因属于没有现金流入的收入应调增。（　　）

18.在通过净利润调整计算经营活动现金净流量时，应交税费——应交消费税的增加应调减。 （　　）

19.在通过净利润调整计算经营活动现金净流量时，预收账款的减少应调增。 （　　）

20.在通过净利润调整计算经营活动现金净流量时，应付利息的增加应调增。 （　　）

21.在通过净利润调整计算经营活动现金净流量时，应付职工薪酬的增加应调增。 （　　）

22.企业在进行利润分配之前，要将"本年利润"账户的贷方余额结转到"利润分配"账户的贷方。 （　　）

23.亏损的企业在结转损益时，要将"本年利润"账户的借方余额结转到"利润分配"账户的借方。 （　　）

24.账项调整时所编制的会计分录称为结转分录。它是企业编制利润表前所做的分录，与通常的会计分录不一样，由会计软件系统自动生成。 （　　）

25.缴纳所得税属于现金流量表的经营活动。 （　　）

26.支付酒店的装修费用时，应借记"长期待摊费用"而非"预付账款"账户。 （　　）

27.信用减值损失与资产减值损失不一样，不属于营业利润的统计口径。 （　　）

28.无形资产净额是无形资产原值减去累计摊销后的余额。 （　　）

29.在实际工作中，原始凭证分为外来和自制两种。 （　　）

30.编制记账凭证和登记账户、试算平衡及编制会计报表的理论依据都是一样的。 （　　）

31.编制合并报表时所编制的会计分录称为冲销分录。它是基于报表项目编制的，与通常的会计分录不一样。 （　　）

32.附有质保条款的商品销售，在确认销售收入的同时，还需要确认或有负债的金额。 （　　）

33.固定资产减值准备一旦计提，不得再行转回。 （　　）

34.在我国，法定盈余公积金累计提取额达到注册资本的50%时不得再继续提取。 （　　）

35.应收账款的保理业务属于现金流量表的经营活动，不属于筹资活动。 （　　）

二、单项选择题

1.报销出租车费时所附的"的票"属于（　　）。

A.外来原始凭证　　B.记账凭证　　　　C.结算凭证　　　　D.自制原始凭证

2.下列属于筹资活动的是（　　）。

A.缴纳所得税　　　　　　　　　B.支付工资

C.购买原材料　　　　　　　　　D.支付股票发行时的承销费

3.生产用固定资产的减值准备的计提，应记入（　　）账户。

A.制造费用　　　　　B.销售费用　　　　　C.管理费用　　　　　D.资产减值损失

4.结转损益时，应编制的会计分录种类是（　　）。

A.抵销分录　　　　　B.结转分录　　　　　C.调整分录　　　　　D.冲销分录

5.计提工资时，应编制的会计分录种类是（　　）。

A.抵销分录　　　　　B.结转分录　　　　　C.调整分录　　　　　D.冲销分录

6.更正错账时，应编制的会计分录种类是（　　）。

A.抵销分录　　　　　B.结转分录　　　　　C.调整分录　　　　　D.冲销分录

7.合并报表时，应编制的会计分录种类是（　　）。

A.抵销分录　　　　　B.结转分录　　　　　C.调整分录　　　　　D.冲销分录

8.下列不属于现金流量表上的"现金"概念的是（　　）。

A.满足企业日常需要的库存现金　　　　　B.其他货币资金

C.银行存款中可以随时支取的部分　　　　D.三个月以内的短期股票投资

9.外购存货的成本不包含（　　）。

A.一般纳税人的增值税进项税额　　　　　B.小规模纳税人的增值税

C.消费税　　　　　　　　　　　　　　　D.发票上的价款和运保费

10.坏账准备的计提，应记入（　　）账户。

A.信用减值损失　　　B.销售费用　　　　　C.管理费用　　　　　D.资产减值损失

11.时鲜蔬菜瓜果类存货发出的计价最适合采用（　　）。

A.后进先出法　　　　B.个别计价法　　　　C.先进先出法　　　　D.加权平均法

12.贵重的珠宝玉器最适合采用（　　）进行发出存货的计价。

A.个别计价法　　　　　　　　　　　　　　B.先进先出法

C.后进先出法　　　　　　　　　　　　　　D.加权平均法和移动加权平均法

13.笔记本电脑计提折旧时适合采用的折旧方法是（　　）。

A.年限平均法　　　　B.双倍余额递减　　　C.年数总和法　　　　D.工作量法

14.旅游景点索道设备折旧的计提最适合采用（　　）。

A.工作量法　　　　　B.年限平均法　　　　C.年数总和法　　　　D.双倍余额递减法

15.双倍余额递减法计提固定资产折旧时最后两年使用（　　）继续计提折旧。

A.工作量法　　　　　B.年限平均法　　　　C.年数总和法　　　　D.双倍余额递减法

16.房屋建筑物最适合采用（　　）计提折旧。

A.工作量法　　　　　B.年限平均法　　　　C.年数总和法　　　　D.双倍余额递减法

17.利息费用有可能记入（　　）账户。

A.制造费用　　　　　B.销售费用　　　　　C.管理费用　　　　　D.在建工程

18.下列不需要计提减值准备的项目是（　　）。

A.固定资产

B.在建工程

C.长期股权投资

D.以公允价值计量且其变动计入当期损益的金融资产

19.以公允价值计量且其变动记入当期损益的金融资产被处置时,处置收入与账面价值之间的差额应计入( )。

A.公允价值变动损益   B.盈余公积和未分配利润

C.投资收益   D.其他综合收益

20.以公允价值计量且其变动计入其他综合收益的金融资产中的其他权益工具投资被处置时,处置收入与初始投资成本之间的差额应计入( )。

A.资本公积   B.盈余公积和未分配利润

C.投资收益   D.其他综合收益

21.以公允价值计量且其变动计入其他综合收益的金融资产中的其他债权投资被处置时,处置收入与初始投资成本之间的差额应计入( )。

A.资本公积   B.盈余公积和未分配利润

C.投资收益   D.其他综合收益

22.以公允价值计量且其变动计入当期损益的金融资产中的股票投资在资产负债表日账面价值与初始投资成本之间的差额应计入( )。

A.资本公积   B.盈余公积和未分配利润

C.投资收益   D.公允价值变动损益

23.以成本法核算的长期股权投资被处置时,处置收入与初始投资成本之间的差额应计入( )。

A.资本公积   B.盈余公积和未分配利润

C.投资收益   D.其他综合收益

24.企业对被投资单位不具有控制、共同控制或重大影响,且在活跃市场上没有报价、公允价值不能可靠计量的权益性投资按( )核算。

A.以公允价值计量且其变动计入其他综合收益的金融资产

B.长期股权投资成本法

C.长期股权投资权益法

D.以公允价值计量且其变动计入当期损益的金融资产

25.存货跌价准备的计提,应记入( )账户。

A.制造费用   B.销售费用   C.管理费用   D.资产减值损失

26.税金及附加不包含( )。

A.印花税   B.小规模纳税人的增值税

C.房产税和车船税   D.城市维护建设税和教育费附加

27.在建工程在建期间在建人员所发生的差旅费,应记入( )账户。

A.制造费用   B.销售费用   C.管理费用   D.在建工程

28.营业利润中不包含( )。

A.资产减值损失   B.公允价值变动损益

C.投资收益   D.营业外收入

29.销售部门的业务招待费,应记入( )账户。

A.制造费用   B.销售费用

C.管理费用   D.在建工程

30.与企业日常活动相关的政府补助,应计入(　　　)。

A.投资收益   B.其他收益

C.营业外收入   D.其他业务收入

31.下列关于杜邦模型的说法中,不准确的是(　　　)。

A.杜邦模型将利润表和资产负债表有机地联系在一起

B.杜邦模型发现了企业盈利的主要驱动因素

C.从杜邦模型中可以看出企业所采用的业务层战略,是从财务层面进行战略诊断的有效工具

D.杜邦模型有一种对称的美感,应是普遍适用的真理

32.下列关于"其他资本公积"的表述中,不正确的是(　　　)。

A."其他资本公积"属于资产负债表上的项目

B."其他资本公积"属于利润表上的项目

C."其他资本公积"属于所有者权益项目

D."其他资本公积"不同于其他综合收益

33.当被投资企业产生其他综合收益时,投资方应相应调整其(　　　)。

A.其他资本公积

B.盈余公积

C.长期股权投资

D.长期股权投资和其他综合收益

34.合并方以支付现金形成同一控制下的控股合并所产生的长期股权投资,当初始出资额小于享有被投资单位可辨认净资产公允价值的份额同时也小于被投资单位可辨认净资产的账面价值时,其差额应计入(　　　)。

A.资本公积   B.投资收益

C.营业外收入   D.留存收益

35.当负债的账面价值大于其计税基础时,应产生(　　　)。

A.应纳税暂时性差异和递延所得税资产

B.可抵扣暂时性差异和递延所得税负债

C.应纳税暂时性差异和递延所得税负债

D.可抵扣暂时性差异和递延所得税资产

三、编制现金流量表片段

X公司2018年度现金流量表片段见附表1。

附表1　　　　　　　　X公司2018年度现金流量表片段　　　　　　单位：万元

项　目	金　额	经营活动现金净流量的计算
（1）本期净利润	150	**150**
（2）本期折旧费用	80	
（3）本期计提资产减值准备	20	
（4）存货增加	60	
（5）应交税费减少	50	
（6）预收账款增加	110	
（7）应付职工薪酬减少	115	
（8）预付账款增加	85	
（9）公司债券溢价摊销	30	**−30**
（10）处置长期股权投资的投资损失	10	
（11）支付给银行的利息费用	40	
经营活动现金净流量		

Y公司2019年度现金流量表片段见附表2。

附表2　　　　　　　　Y公司2019年度现金流量表片段　　　　　　单位：万元

项　目	金　额	经营活动现金净流量的计算
（1）本期净利润	250	**250**
（2）本期无形资产摊销	50	
（3）本期固定资产折旧	120	
（4）存货减少	80	
（5）应付职工薪酬增加	60	
（6）预收账款增加	100	
（7）应交税费减少	105	
（8）预付账款增加	75	
（9）公司债券折价摊销	35	**35**
（10）处置国库券的投资收益	30	
（11）支付给银行的利息费用	25	
（12）处置固定资产的收益	15	
经营活动现金净流量		**495**

Z公司2020年度现金流量表片段见附表3。

附表3　　　　　　　　**Z公司2020年度现金流量表片段**　　　　　　　单位：万元

项　目	金　额	经营活动现金净流量的计算
（1）本期净利润	150	**150**
（2）本期折旧费用	45	
（3）本期计提资产减值准备	120	
（4）存货增加	110	
（5）应收票据减少	70	
（6）预收账款增加	200	
（7）应付票据减少	110	
（8）预付账款增加	60	
（9）公司债券溢价摊销	50	**−50**
（10）处置长期股权投资的投资收益	80	
（11）支付给银行的利息费用	35	
（12）固定资产报废损失	25	
经营活动现金净流量		235

XX公司2021年度现金流量表片段见附表4。

附表4　　　　　　　　**XX公司2021年度现金流量表片段**　　　　　　　单位：万元

项　目	金　额	经营活动现金净流量的计算
（1）本期净利润	350	**350**
（2）本期计提的存货跌价准备	20	
（3）本期固定资产折旧	80	
（4）存货增加	60	
（5）其他应付款增加	40	
（6）预收账款减少	105	
（7）应交税费增加	95	
（8）应付账款减少	65	
（9）公司债券溢价摊销	35	**35**
（10）处置固定资产的损失	30	
（11）支付给银行的利息费用	20	
（12）处置交易性金融资产的投资收益	10	
经营活动现金净流量		430

　　某商品流通企业 2020 年 12 月份实现销售收入 800 万元，其中，赊销收入 200 万元；发生营业成本 560 万元，其中，本期购进的 400 万元存货全部销售完毕，还有 160 万元存货系以前期间的留存。本期计提的销售设备的折旧费 120 万元，支付贷款利息 5 万元。

　　要求：分别采用直接法和间接法编制出经营活动现金净流量，金额单位以万元表示。假定不考虑相关税费。附表 5 列出了编制该企业现金流量表直接法和间接法的对比以及与利润表之间的关系，请填充空白使之完整。

附表5　　　　　　　　现金流量表直接法和间接法的编制对比　　　　　　　　单位：万元

利润表		直接法		间接法	
营业收入	800	销售商品、提供劳务收到的现金		−没有现金流入的收入	
营业成本	560	购买商品、接受劳务支付的现金		+没有现金流出的成本	
销售费用（折旧）	120	—	0	+没有现金流出的费用	
财务费用	5	—	0	剔除不属于经营活动范围内的损益	
净利润	115	—	—		115
	—	经营活动现金净流量	200	经营活动现金净流量	200

四、业务题

　　1.诚信实业有限责任公司 2021 年 6 月份发生如下经济业务：

　　（1）6 月 2 日，销售产品一批，销售价款 5 000 000 元，增值税税率 13%，产品已发出，款项尚未收到。该批产品的成本为 4 000 000 元。付款条件为：2/10，n/30。

　　（2）6 月 8 日，收回应收账款。

　　（3）6 月 18 日，用银行存款支付研发部门的新技术开发支出 20 000 元，该项支出符合资本化的条件。

　　（4）6 月 21 日，计提职工工资 1 000 000 元，其中，生产人员工资 550 000 元，车间管理人员工资 150 000 元，销售人员工资 100 000 元，行政管理部门人员工资 200 000 元。

　　（5）6 月 23 日，生产车间经研究决定处置设备一台，原价 180 000 元，已提折旧 160 000 元，收到处置净收入 40 000 元。

　　（6）结转各收入、成本和费用项目，确定利润总额并结转利润分配。

　　要求：编制所有经济业务的会计分录（包括结转分录），并填列附表 6 中的空白之处。

　　注：本题所用的会计账户为：主营业务收入、应交税费——应交增值税（销项税额）、应收账款、主营业务成本、库存商品、生产成本、制造费用、销售费用、管理费用、应付职工薪酬、固定资产清理、固定资产、累计折旧、资产处置收益、银行存款、研发支出——资本化支出、无形资产、财务费用、本年利润、利润分配。

附表6

诚信实业有限责任公司利润表（简表）

2021年6月 单位：万元

项 目	金 额
营业收入	500
营业成本	
管理费用	
销售费用	
财务费用	
资产处置收益	2
利润总额	62

2.真诚有限责任公司2021年10月份发生如下经济业务：

（1）10月4日，销售产品一批，销售价款800万元，增值税税率13%，产品已发出，款项尚未收到。该批产品的成本为500万元。付款条件为：1/10，n/30。（应收账款采用净额法核算）

（2）10月8日，用银行存款支付研发部门的新技术开发支出20万元，该项支出符合资本化的条件。

（3）10月18日，收回应收账款。

（4）10月21日，计提职工工资110万元，其中，生产人员工资55万元，车间管理人员工资15万元，销售人员工资10万元，行政管理部门人员工资30万元。

（5）10月23日，生产车间经研究决定处置设备一台，原价18万元，已提折旧16万元，收到处置净收入1万元。

（6）结转各收入、成本和费用项目，确定利润总额并结转利润分配，不考虑所得税因素。

要求：编制所有经济业务的会计分录（包括结转分录），并填列附表7使之完整。

注：本题所用的会计账户为：主营业务收入、应交税费——应交增值税（销项税额）、应收账款、主营业务成本、库存商品、生产成本、制造费用、销售费用、管理费用、应付职工薪酬、固定资产清理、固定资产、累计折旧、资产处置收益、银行存款、研发支出——资本化支出、无形资产、本年利润、利润分配。

附表7

真诚有限责任公司利润表（简表）

2021年10月 单位：万元

项 目	金 额
营业收入	
减：营业成本	
管理费用	
销售费用	
加：资产处置收益	
利润总额	259

3.永信实业股份有限公司2021年10月份发生如下经济业务：

（1）10月16日，销售产品一批，销售价款3 000 000元，增值税税率13%，产品已发出，款项尚未收到。该批产品的成本为1 500 000元。付款条件为：2/10，n/30。

（2）计提职工工资800 000元，其中，生产人员工资450 000元，车间管理人员工资150 000元，行政管理部门人员工资200 000元。

（3）生产车间经研究决定处置设备一台，原价180 000元，已提折旧160 000元，收到处置净收入40 000元。

（4）用银行存款支付研发部门的新技术开发支出20 000元，该项支出符合资本化的条件。

（5）10月25日，收回应收账款。

（6）结转各收入、成本和费用项目，确定利润总额并结转利润分配。

要求：编制所有经济业务的会计分录，包括结转分录。

注：本题所用的会计账户为：主营业务收入、应交税费——应交增值税（销项税额）、应收账款、主营业务成本、库存商品、生产成本、制造费用、管理费用、应付职工薪酬、固定资产清理、固定资产、累计折旧、资产处置收益、银行存款、研发支出——资本化支出、无形资产、财务费用、本年利润、利润分配。

4.永济公司2021年12月份发生如下经济业务：

（1）12月26日，销售产品一批，销售价款4 000 000元，增值税税率13%，产品已发出，款项尚未收到。该批产品的成本为3 500 000元。付款条件为：1/10，2/20，n/30。

（2）计提职工工资300 000元，其中，生产人员工资200 000元，车间管理人员工资50 000元，行政管理部门人员工资50 000元。

（3）生产车间经研究决定处置设备一台，原价90 000元，已提折旧80 000元，收到处置净收入15 000元。

（4）用银行存款支付研发部门的新技术开发支出15 000元，该项支出符合资本化的条件。

（5）12月29日，收回应收账款。

（6）结转各收入、成本和费用账户，确定利润总额并结转利润分配。

要求：

（1）编制所有经济业务的会计分录，包括结转分录。

（2）永济公司2021年12月份实现的利润是多少？

注：本题所用的会计账户为：主营业务收入、应交税费——应交增值税（销项税额）、应收账款、主营业务成本、库存商品、生产成本、制造费用、管理费用、应付职工薪酬、固定资产清理、固定资产、累计折旧、资产处置收益、银行存款、研发支出——资本化支出、无形资产、财务费用、本年利润、利润分配。

5.三高公司为增值税一般纳税人，2021年9月份发生如下经济业务：

采用分期收款方式销售设备一台，设备售价为 800 000 元，造价（即成本）为 600 000 元，该设备适用的增值税税率为 13%。合同规定，购货企业在成交时支付货款的 50%，其余货款在以后 4 个月内平均支付。三高公司已收到首期货款。假定三高公司在每次收款时确认增值税的纳税义务。

要求：编制该经济业务各个时点的会计分录。

注：本题所用的会计账户为：银行存款、应收账款、主营业务收入、应交税费——应交增值税（销项税额）、主营业务成本、库存商品。

6. A公司 2021 年 11 月 2 日自证券市场购入 B 公司发行的股票 10 万股，共支付价款 905 000 元，其中包括交易费用 5 000 元。A公司将这笔股票投资作为以公允价值计量且其变动计入当期损益的金融资产（交易性金融资产）核算。2021 年 12 月 31 日，B 公司股票的收盘价为 10 元/股。2022 年 3 月 10 日，A公司收到 B 公司宣告发放的现金股利每 10 股 5 元。2022 年 3 月 20 日，A公司出售该笔交易性金融资产收到 1 300 000 元。假设不考虑其他因素的影响。

要求：

（1）编制 A 公司自取得至出售该笔交易性金融资产的会计分录。

（2）计算 A 公司自取得至出售该笔交易性金融资产所取得的投资收益。

（3）计算 A 公司出售该笔交易性金融资产时对其利润总额的影响。

注：本题所用的会计账户为：交易性金融资产——成本、交易性金融资产——公允价值变动、公允价值变动收益、投资收益、银行存款、应收股利。

7. A公司 2021 年 12 月 20 日自证券市场购入 B 公司发行的股票 100 万股，共支付价款 855 万元，其中包括交易费用 5 万元。A公司将这笔股票投资作为以公允价值计量且其变动计入当期损益的金融资产（交易性金融资产）核算。2021 年 12 月 31 日，B 公司股票的收盘价为 9 元/股。2022 年 3 月 20 日，A公司收到 B 公司宣告发放的现金股利每 10 股 5 元。2022 年 4 月 25 日，A公司出售该笔交易性金融资产收到 950 万元。假设不考虑其他因素的影响。

要求：

（1）编制 A 公司自取得至出售该笔交易性金融资产的会计分录。

（2）计算 A 公司自取得至出售该笔交易性金融资产所取得的投资收益。

（3）计算 A 公司出售该笔交易性金融资产时对其利润总额的影响。

注：本题所用的会计账户为：交易性金融资产——成本、交易性金融资产——公允价值变动、公允价值变动收益、投资收益、银行存款、应收股利。

8. 2020 年 1 月 5 日，华联公司以每股 1.50 元的价格购入 D 公司股票 1 800 万股作为长期股权投资，并支付交易税费 12 万元。该股份占 D 公司股份的 40%，华联公司采用权益法核算。假定 D 公司可辨认净资产的公允价值为 7 000 万元。2021 年 12 月 31 日，华联公司决定出售 10% 的长期股权投资，出售时华联公司账面上对 D 公司长期股权投资的构成为：投资成本 2 800 万元、损益调整 360 万元、可转入损益的其他综合收益 100 万元、其他权益变动 240 万元，出售取得价款 930 万元。

要求：

（1）计算华联公司对D公司的长期股权投资的初始投资成本。

（2）计算10%的长期股权投资被处置时所确认的投资收益。

（3）在此过程中还有其他损益需要确认吗？是多少？

9.甲公司和乙公司分别属于某公司的两家子公司。2019年1月1日，甲公司将价值1 200万元的厂房出售给乙公司作为固定资产使用，作价1 600万元，使用年限4年。

要求：编制当期及其后两期的抵销分录。

10.附表8列示了中国铁建2015—2018年杜邦模型验算的结果。

附表8 　　　中国铁建2015—2018年杜邦模型验算

指 标	2018年	2017年	2016年	2015年
销售净利润率（%）	2.72	2.48	2.36	2.23
资产周转率（次）	0.80	0.83	0.83	0.86
权益乘数（倍）	4.43	4.60	5.11	5.40
净资产收益率（%）	9.57	9.47	9.99	10.38

要求：

（1）计算中国铁建2015—2018年的资产负债率各是多少。

（2）分析中国铁建净资产收益率下降的原因是什么。

综合练习题二

请就以下题目撰写不少于 3 000 字的短文，文末附参考文献。

1.新收入准则实施后的难点总结。

2.现有的长期股权投资准则存在什么弊端？有可能做怎样的修订和完善？

3.随着"大智移云"的推行，会计职业将面临怎样的挑战？又存在哪些机会？

4.请模拟东华软件收入确认的账务处理。

5.什么是应收账款核算的净额法？请举例说明其账务处理。

6.中国铁建发行过哪些永续债产品？请参考财政部 2019 年关于永续债会计处理的规定模拟其账务处理，并说明其在会计报表上的列报要求。

7.蓝色光标 2016—2019 年计提过哪些资产减值损失？请分别模拟其账务处理。

8.企业并购时会签署对赌协议，请模拟东华软件获得业绩补偿时的账务处理。

9.请模拟光线传媒收入确认的账务处理。

10.全聚德 2017—2019 年的理财产品投资被分类为哪类金融资产？请模拟其三年的账务处理且分别列出其在三张会计报表上以何项目列报？

11.格力电器 2016—2019 年计提过哪些资产减值损失？请分别模拟其账务处理。

12.金风科技的租赁业务是如何进行账务处理的？试参考新租赁准则举例说明。

13.长期股权投资在权益法下，如果被投资方除股本和净损益外所有者权益中的其他权益发生变动，投资方的长期股权投资亦随之变动，处置时也要对这部分变动进行调整。试举例说明投资方的账务处理。

主要参考文献

［1］蔡艳萍，陈浩琦．实体企业金融化对企业价值的影响［J］．财经理论与实践，2019，40（3）：24-31.

［2］财政部会计司．《企业会计准则第14号——收入》应用指南［M］．北京：中国财政经济出版社，2018.

［3］财政部会计司．《企业会计准则第22号——金融工具确认和计量》应用指南［M］．北京：中国财政经济出版社，2018.

［4］财政部会计司．《企业会计准则第24号——套期会计》应用指南［M］．北京：中国财政经济出版社，2018.

［5］财政部会计司．《企业会计准则第37号——金融工具列报》应用指南［M］．北京：中国财政经济出版社，2018.

［6］陈妍村，干胜道．我国制造业企业金融化趋势及其影响因素研究——基于企业生命周期视角［J］．财会月刊，2018（19）：7-14.

［7］戴德明，林钢，赵西卜．财务会计学［M］．10版．北京：中国人民大学出版社，2018.

［8］戴泽伟，潘松剑．高管金融经历与实体企业金融化［J］．世界经济文汇，2019（2）：76-99.

［9］杜勇，张欢，陈建英．金融化对实体企业未来主业发展的影响：促进还是抑制［J］．中国工业经济，2017（12）：113-131.

［10］傅磊．企业财务诊断［M］．杭州：浙江人民出版社，2004.

［11］付雅雪．我国上市公司向战略性新兴产业转型对财务绩效的影响研究［D］．北京：中国科学院大学，2019.

［12］干胜道，陈妍村，王文兵．非金融业上市公司过度金融化治理研究［J］．财会月刊，2016（34）：3-5.

［13］高立法，曲云翠．企业财务诊断与治理［M］．北京：中国时代经济出版社，2004.

［14］巩娜．企业金融化、股权激励和公司绩效［J］．经济管理，2021，43（1）：156-174.

［15］胡聪慧，燕翔，郑建明. 有限责任、上市公司金融投资与股票回报率［J］. 会计研究，2015（10）：82-88.

［16］胡奕明，王雪婷，张瑾. 金融资产配置动机："蓄水池"或"替代"——来自中国上市公司的证据［J］. 经济研究，2017，52（1）：181-194.

［17］黄光明，刘放. 实体企业持股金融机构是否提升了风险承担水平［J］. 财会月刊，2018（18）：59-66.

［18］黄贤环，王瑶，王少华. 谁更过度金融化：业绩上升企业还是业绩下滑企业［J］. 上海财经大学学报，2019，21（1）：80-94，138.

［19］黄贤环，吴秋生，王瑶. 金融资产配置与企业财务风险："未雨绸缪"还是"舍本逐末"［J］. 财经研究，2018，44（12）：100-112.

［20］后小仙，郑田丹. 金融化、财政激励与企业投资结构［J］. 审计与经济研究，2021（3）：117-127.

［21］侯雪筠，杨忠海，李欢. 会计学［M］. 3版. 北京：科学出版社，2020.

［22］滑笑盈. 财务诊断在一汽的应用及启示［J］. 财务与会计，2018（7）：35-37.

［23］国务院国资委考核分配局. 企业绩效评价标准值2019［M］. 北京：经济科学出版社，2019.

［24］戢志军. 中国铁建股份有限公司财务诊断与分析研究［D］. 北京：中国科学院大学，2019.

［25］晋盛武，晋青青. 金融化对企业投资的影响［J］. 财会月刊，2018（12）：160-166.

［26］荆新，等. 会计学［M］. 北京：中国人民大学出版社，2020.

［27］李建军，马思超. 中小企业过桥贷款投融资的财务效应——来自我国中小企业板上市公司的证据［J］. 金融研究，2017（3）：116-129.

［28］李维安，等. "实业+金融"的产融结合模式与企业投资效率——基于中国上市公司控股金融机构的研究［J］. 金融研究，2014（11）：109-126.

［29］李卫星. 中国铁建和中国中铁财务分析比较研究［D］. 成都：西南交通大学，2013.

［30］林钢. 中级财务会计［M］. 4版. 北京：中国人民大学出版社，2020.

［31］蔺元. 我国上市公司产融结合效果分析——基于参股非上市金融机构视角的实证研究［J］. 南开管理评论，2010，13（5）：153-160.

［32］刘贯春. 金融资产配置与企业研发创新："挤出"还是"挤入"［J］. 统计研究，2017（7）：51-63.

［33］刘珺，盛宏清，马岩. 企业部门参与影子银行业务机制及社会福利损失模型分析［J］. 金融研究，2014（5）：96-109.

［34］刘姝雯，等. 企业社会责任与企业金融化：金融工具还是管理工具［J］. 会计研究，2019（9）：57-64.

［35］陆蓉，兰袁．中国式融资融券制度安排与实体企业金融投资［J］．经济管理，2020，42（8）：155-170.

［36］穆林娟，佟欣．实体企业金融化及其经济后果研究——以雅戈尔集团股份有限公司为例［J］．财务管理研究，2020，4（1）：51-58.

［37］彭俞超，韩珣，李建军．经济政策不确定性与企业金融化［J］．中国工业经济，2018（1）：137-155.

［38］彭俞超，黄志刚．经济"脱实向虚"的成因与治理：理解十九大金融体制改革［J］．世界经济，2018（9）：3-25.

［39］戚聿东，张任之．金融资产配置对企业价值影响的实证研究［J］．财贸经济，2018，39（5）：38-52.

［40］瞿晓龙．提高财务诊断效率［J］．财会研究，2007（6）：48-49.

［41］任新鹏．轻资产盈利模式对企业绩效的影响研究——以大中型企业为例［D］．北京：中国科学院大学，2016.

［42］宋军，陆旸．非货币金融资产和经营收益率的U型关系——来自我国上市非金融公司的金融化证据［J］．金融研究，2015（6）：111-127.

［43］宋璐，李端生．业绩期望落差、金融化程度与归类变更盈余管理——来自A股实体上市公司的经验证据［J］．统计学报，2020（4）：69-80.

［44］孙晨．哈佛分析框架下中国铁建财务报表分析［D］．长春：吉林财经大学，2014.

［45］孙英．企业财务诊断与加强财务管理对策［J］．经济研究导刊，2013（22）：137，190.

［46］万良勇，廖明情，胡璟．产融结合与企业融资约束——基于上市公司参股银行的实证研究［J］．南开管理评论，2015，18（2）：64-72.

［47］王冬梅．会计报表分析经典案例解读［M］．北京：科学出版社，2020.

［48］王冬梅，等．财务分析新论［M］．大连：东北财经大学出版社，2017.

［49］王冬梅，吕本富．财务供应链管理提高企业短期财务绩效的实证研究［J］．数学的实践与认识，2010，40（2）：57-66.

［50］王方明．公司财务分析与诊断［M］．杭州：浙江人民出版社，2009.

［51］王虹，孙璐．会计学［M］．北京：经济管理出版社，2019.

［52］王红建，等．实体企业金融化促进还是抑制了企业创新——基于中国制造业上市公司的经验研究［J］．南开管理评论，2017，20（1）：155-166.

［53］王少华，郭伟，黄贤环．中国实体企业金融化适度性的甄别模型构建与运用［J］．江西财经大学学报，2020（4）：3-14.

［54］王欣．我国建筑业上市公司财务杠杆水平及合理值域实证分析［D］．南昌：华东交通大学，2017.

［55］王永钦，等．识别中国非金融企业的影子银行活动——来自合并资产负债表的证据［J］．管理世界，2015（12）：24-40.

［56］王中杰. 试论企业财务诊断的几个理论问题［J］. 财经理论研究，1994（4）：68-72.

［57］文春晖，等. 过度融资、挤出效应与资本脱实向虚——中国实体上市公司2007—2015年的证据［J］. 经济管理，2018，40（7）：39-55.

［58］吴成颂，黄送钦，钱春丽. 高管背景特征对银行风险承担的影响——来自中国上市银行的经验证据［J］. 现代财经，2014（5）：3-14.

［59］吴绍寅. 产融结合能够缓解融资约束吗［D］. 厦门：厦门大学，2017.

［60］徐光伟，张占，刘星. 国有参股是抑制还是促进了家族企业投资金融化［J］. 财会月刊，2021（12）：42-48.

［61］徐晓莉. 会计信息可比性、实体企业金融化与企业直接对外投资［J］. 财会通讯，2019（21）：19-24.

［62］闫雨. 建筑业上市公司资本结构对EVA影响的研究［D］. 哈尔滨：东北农业大学，2017.

［63］姚荣荣，黄贤环. 财务公司能抑制企业金融化吗［J］. 财会月刊，2021（12）：49-56.

［64］张成思，张步昙. 再论金融与实体经济：经济金融化视角［J］. 经济学动态，2015（6）：56-66.

［65］张成思，张步昙. 中国实业投资率下降之谜：经济金融化视角［J］. 经济研究，2016，51（12）：32-46.

［66］张慕濒，诸葛恒中. 全球化背景下中国经济的金融化：涵义与实证检验［J］. 世界经济与政治论坛，2013（1）：122-138.

［67］张慕濒，孙亚琼. 金融资源配置效率与经济金融化的成因——基于中国上市公司的经验分析［J］. 经济学家，2014（4）：83-92.

［68］张卫国，眭鑫，于连超. 社会信任与企业金融化［J］. 财会月刊，2019（17）：150-156.

［69］张新民. 资产负债表：从要素到战略［J］. 会计研究，2014（5）：19-28.

［70］张星文，梁戈夫. 企业适用财务诊断指标体系的研究［J］. 会计之友，2005（2）：25-26.

［71］赵峰. 当代资本主义经济是否发生了金融化转型［J］. 经济学家，2010（6）：15-23.

［72］中国注册会计师协会. 会计［M］. 北京：中国财政经济出版社，2021.

［73］周华. 会计学［M］. 3版. 北京：中国人民大学出版社，2019.

［74］周雪峰，左静静. 实体企业金融化对民企创新投资的影响［J］. 财会月刊，2018（12）：167-176.

［75］DEMIR F. Financial liberalization private investment and portfolio choice：Financialization of real sectors in emerging markets［J］. Journal of Development Economics，2009，88(2)：314-324.